애견
가이드북

애견
가이드북

애견을 기르는 사람들을 위한
최고의 안내서

캐롤린 데이비스

범우사

First published in Great Britain in 2004 by
Hamlyn, a division of Octopus Publishing Group Ltd
2-4 Heron Quays, London E14 4JP

Copyright ⓒ Octopus Publishing Group Ltd 2004

이 책의 한국어판 저작권은 Duran Kim 에이전시를 통한
Hamlyn 출판사와의 독점 계약으로 범우사에 있습니다.
현행 저작권법에 의하여 한국 내에서 보호를 받는 저작물이므로
서면으로 출판사의 허락을 받지 않고, 복사를 하거나 정보 저장 장치,
혹은 복제 시스템을 이용하는 등 전기적, 기계적 방법을 사용해
이 책에 있는 내용의 일부 또는 전부를 복제하거나 도용할 수 없다.

수의사의 조언을 대신에 이 책에 있는 정보에만 의존해서는 안 된다.
그리고 이 책을 만드는 과정에서 어떠한 애견에게도 피해가 가지 않았음을 밝히며,
이 책에서는 언급하는 정보가 특별히 암컷에만 해당할 때는 그 사실을 명시했다.

애견 가이드북

초판 1쇄 발행 2005년 3월 15일

지은이 | 캐롤린 데이비스
옮긴이 | 최민철
펴낸이 | 윤형두
펴낸데 | 범우사
등록 | 1966년 8월 3일(제406-2003-048호)
주소 | 경기도 파주시 교하읍 문발리 출판단지 525-2
전화 | (031) 955-6900~4
팩스 | (031) 955-6905
홈페이지 | www.bumwoosa.co.kr

ISBN 89-08-04335-7 03520
* 책값은 뒤표지에 있습니다.

차례

머리말 6

애견 고르기 8

애견의 행동 58

애견 돌보기 84

애견 훈련시키기 104

건강관리 128

찾아보기 190

도움을 주신 분들 192

머리말

제가 이 책을 쓰고 있는 동안에도 저먼 셰퍼드 종인 할이 제 옆에 웅크리고 있습니다. 우리 가족은 8년 동안 할과 함께 행복한 시간을 보내고 있으며, 할은 애견을 기르는 주인들이 바라는 모든 면을 갖고 있습니다. 할은 온화하고 유순하며, 잘 놀고, 주인의 말을 잘 따릅니다. 뿐만 아니라, 우리 가족은 오랫동안 할과 함께 생활하여 그의 성격을 잘 이해하게 되었고, 할이 가진 좋은 면을 높이 평가하고 있습니다. 할을 바라보고 있노라면, 사람들이 애견을 기르는 이유가 무엇인지 명확하게 알 수 있습니다. 한마디로 말해서, 할은 너무나도 멋진 친구입니다.

애견은 나이가 많든 적든, 많은 사람들에게 여러 면에서 좋은 친구가 되어 줍니다. 특히, 혼자 살고 있는 사람들에게 애견은 더할 나위 없이 좋은 친구가 될 수 있습니다. 애견은 주인의 잘못을 판단하지 않습니다. 또한, 애견은 사람에게 화를 내지도 않고, 거짓말을 하거나 속이지도 않습니다. 물론, 주인이 잘 돌봐주지 못하면 애견의 상태는 몹시 나빠지지만 그렇다고 하더라도 애견은 사람들을 비난하지 않습니다. 애견이 주인에게 보여주는 신뢰와 진실된 마음은 그 어떤 것과도 비교될 수 없습니다.

애견은 사람의 스트레스를 해소하는 데에도 큰 도움이 된다고 이미 알려져 있습니다.

애견은 다른 주변 사람들보다도 오히려 주인의 감정을 잘 이해하고 받아줍니다. 애견은 주인이 불평을 늘어놓거나 불만을 얘기할 때 기꺼이 들어주며, 특별한 순간에 기쁨을 함께할 사람이 곁에 없을 때에도 든든한 친구가 되어 주며, 힘든 순간에 위안이 되어 줍니다.

하루 종일 힘든 일을 하고 지쳐서 집으로 돌아왔을 때 애견이 우리를 몹시 반겨주고, 애견을 데리고 산책을 나가 하루 동안의 정신적·육체적 스트레스를 해소하는 것보다 더 행복한 일이 얼마나 있겠습니까.

그러나, 애견과 함께 가치 있고 아무런 문제없는 관계를 만들어 나가려면 애견이 어떤 생각을 하고 어떤 감정을 느끼는지 주인이 잘 알고 있어야 합니다. 삶이 늘 그러하듯이, 더 많은 노력을 할수록, 더 많은 것을 얻게 됩니다.

애견과 주인이 서로 긍정적으로 교감을 하고 존중할 때에만 올바른 관계가 형성됩니다. 애견을 올바르고 긍정적인 방향으로 이끌어주려면, 행동 규칙을 정해 두어야 합니다. 애견이 그 규칙을 이해하고 주인이 바라는 대로 행동하여 모든 사람들이 부러워하고, 사랑하고, 아껴 주도록 해야 합니다. 여러분이 기르는 모든 애견들은 그런 대접을 받을 자격이 있습니다.

이 책은 여러분이 애견을 기르면서 부딪히는 다양한 상황들을 보여줄 것이며, 이전에는 생각지도 못했던 주제들에 대해서도 이야기를 할 것입니다. 이 책을 읽는 현명한 주인은 무작정 애견을 한 마리 데려오기보다 자신과 애견 모두를 위해서 많은 것들을 고려해야 한다는 것을 이해하게 될 것입니다. 또한, 이미 애견을 기르고 있는 독자들은 애견과 훨씬 가치 있고 즐거운 관계를 만들어 나가기 위한 유익한 정보가 될 것이라고 믿습니다.

애견 고르기

애견을 기르려고 할 때는 자기 자신에게 다음과 같은 질문을 해봐야 한다. '나는 애견을 기르고 싶다. 그렇지만 과연 내가 애견을 잘 기를 수 있을까?' 애견을 기르려고 할 때에는 가족들과 함께 결정을 내려야 한다. 충동적으로 결정을 내리면 안 되고, 오랫동안 깊이 생각해 본 후에 결정을 내려야 한다. 일단 애견을 데려오면, 애견은 가족의 일원이 되며 이후 여러 해 동안 함께 생활을 하게 된다. 따라서 애견과 함께 생활하게 될 가족 구성원들이 모두 찬성해야 하며 애견을 기를 때 생기는 여러 의무와 책임을 나눌 준비가 되어 있어야 한다.

왜 개는 좋은 애완동물인가?

개는 오랫동안 최고의 애완동물로 여겨져 왔다. 대부분의 개들은 집에서 기르는 애완동물로 주인에게 기쁨을 주는 역할을 하고 있지만, 특수한 임무를 수행하는 개도 여전히 많다. 가령 시청각 장애가 있는 사람들을 위해 눈과 귀가 되어주는 개도 있고, 가축몰이개나 경비견의 역할을 하는 개도 있다. 개는 인명을 구조할 때에도 큰 도움이 된다. 결국, 개는 사람들이 바라는 여러 가지 일을 해내는 뛰어난 애완동물인 것이다. 개가 사람의 삶에 어떤 이로움을 주는지 다음 체크리스트를 살펴보자.

Checklist
- ✓ 애정
- ✓ 동료애
- ✓ 안전
- ✓ 위안
- ✓ 운동의 활력소
- ✓ 서로의 즐거움
- ✓ 청각 장애인을 위한 귀
- ✓ 새로운 친구를 사귀는 방법

나이에 상관없이 개를 기르면 안락함과 기쁨을 얻을 수 있다.

개에 관한 사실

영국, 미국, 유럽, 호주에 있는 애견 협회에 따르면 현재 집에서 기르는 개의 종류는 몸집이 작은 치와와에서부터 일어섰을 때 어깨 높이가 91cm나 되는 아이리시 울프하운드에 이르기까지 300여 종에 달한다. 모든 개의 조상은 늑대이며, 늑대는 한때 포유동물 중에 북반구에 가장 널리 분포되어 있었다.

동료애

음식, 휴식처, 애정을 주면 애견은 그에 대한 보답으로 주인에게 조건 없는 사랑과 충성심을 보여 준다. 행복하고 건강한 애견을 기르는 것은 삶에서 얻을 수 있는 가장 큰 즐거움 중에 하나이며, 애견과 함께 길을 걷거나 애견 훈련 수업에 참가하였을 때 새로운 친구를 사귈 수 있는 기회도 생긴다. 다른 애완동물과 마찬가지로 애견을 기르면 사람이 나이가 들어도 정신이 퇴보하지 않고, 활기차게 생활할 수 있으며, 휴식을 하고 질병에서 회복하는 데 커다란 도움이 된다.

운동과 즐거움

애견을 산책시키면 애견의 건강에도 도움이 되지만, 사람의 건강에도 큰 도움이 된다. 20분씩 빠른 걸음으로 산책만 하더라도 몸이 건강해지고 심장 혈관이 튼튼해진다. 애견과 함께 뛰어 놀고

이 사실을 아십니까?

- 애견을 두드려주면 애견을 두드리는 사람의 혈압에 도움이 된다는 사실이 밝혀졌다. 다시 말해서, 애견이 좋아할 뿐 아니라, 사람에게도 도움이 된다는 것이다.
- 정신적으로, 혹은 감정적으로 다른 사람들과 어울리지 못하는 사람들에게 애견은 커다란 위안과 도움을 준다.

애견을 훈련시키면 애견과 사람에게 모두 유익하다. 공을 던져주고 찾아오게 하는 것만큼 재미있는 놀이도 없다.

애정

애견에 대한 주인의 사랑은 애견을 특별하게 만든다. 애견을 키우는 사람들은 애견이 사랑과 높은 충성심을 보여주기를 원한다. 개는 사회적 동물로 오랫동안 운송용 동물로 길들여졌기 때문에, 주인을 기쁘게 하기 위해 노력하며, 주인은 그 대가로 안락하게 생존하기 위해 필요한 것들을 제공해 준다. 사람을 유달리 잘 따르는 종류의 개도 있다. 이런 종류의 애완견을 원하는 사람들은 애견의 종류별 특성에 대해 자세히 살펴보고 주인이 안아주고 보살펴 주는 것을 좋아하는 애견을 선택해야 한다. 반대로, 애정이 많지 않은 종류도 있는데, 이런 종류를 원할 때에도 충분히 특성을 이해한 후에 애견을 골라야 한다.

안전과 독립

두말할 나위 없이, 혼자 사는 사람들의 경우, 실내에 누군가가 함께 있으면 자신감이 생긴다. 애견을 건강하게 키우고 잘 돌보기 위해서는 우선 주인부터 체계적이고 올바른 생활을 해야 한다.

애견은 그 자체로서 효율적인 경고 장치로서의 역할을 한다. 불이 나는 등 나쁜 일이 생기면 주인에게 빨리 알려주며, 사람의 목숨을 구한다. 뿐만 아니라, 개는 청각이 뛰어나기 때문에, 청각 장애인들을 위해 가치를 헤아릴 수 없을 만큼 훌륭한 역할을 수행해 내며, 특수 훈련을 받으면 장애인이나 시각 장애인을 도울 수도 있다.

애견을 키우면 사람의 건강에도 도움이 된다. 애견과 함께 놀고 산책을 하면 규칙적인 운동이 된다.

개에 관한 사실

'모든 아이에게는 애견과 애견을 사 줄 부모가 필요하다'라는 오래된 속담이 있다. 2002년 잡지 〈당신의 애견(Your Dog)〉에 소개된 적이 있는 워릭 대학의 조사 결과를 보면 애견과 함께 자란 아이들은 학교생활을 더 잘 하고, 더 자신감이 있고, 편안하게 행동하며, 책임감이 강하고, 애완동물에 대해 건전한 사고방식을 갖게 된다고 한다.

교배종 또는 순종?

애견을 고르기 전에, 그 종류와 외모 등 몇 가지 사항에 대해 미리 결정을 해야 한다. 자신이 이상적으로 생각하는 애견의 외모, 색깔, 종류, 성격 등이 자신의 생활 습관이나 기대치에 잘 어울리는지 생각해 보아야 한다. 다음 체크리스트에 있는 사항들을 생각해 볼 필요가 있다.

Checklist
- ✓ 애견에 대한 경험
- ✓ 자신의 생활 방식과의 적합성
- ✓ 애견의 성격
- ✓ 애견의 크기와 나이
- ✓ 애견의 교육과 초기의 사회화 정도
- ✓ 분양비용
- ✓ 기대 수명과 건강 상태
- ✓ 성별
- ✓ 애견 품종의 특성
- ✓ 생김새
- ✓ 일상적인 관리와 필요한 운동량
- ✓ 양육비용
- ✓ 필요한 식사량
- ✓ 휴가 때 애견을 돌봐주는 비용
- ✓ 필요한 시설들
- ✓ 잠재적인 유전적 결함
- ✓ 훈련 가능성
- ✓ 아이들과 어울림

자신의 주거지와 운동을 할 수 있는 장소를 고려해, 애견의 크기를 선택해야 한다. 주거지와 운동 장소에 적합한 애견을 선택해야 한다. 덩치가 큰 도베르만은 많은 공간을 필요로 하며, 몸집이 작은 치와와는 특별히 공간의 제약을 받지 않는다.

생활양식

주인의 생활양식에 따라, 기르기에 적당한 애견의 종류도 달라진다. 애견의 일생에 있어서, 주인은 신체적, 정신적 건강에 대한 책임이 있으며, 휴가를 가거나 집을 비우는 등 애견을 돌볼 수 없는 상황이 되면, 자신을 대신해 애견을 돌볼 수 있는 사람을 찾아야 한다.

다른 종에 비해서 특히 세심한 관리를 필요로 하는 종류가 있다. 향후 15여 연 동안 매일 빠뜨리지 않고 관심을 갖고 관리를 할 수 있다는 자신감이 있을 때에만 이런 종류를 선택하는 것이 좋다. 털을 자주 다듬어 주거나 깎아주어야 하는 애견을 키울 때에는, 미리 털을 관리하는 방법을 익혀 두어야 한다. 뛰어 노는 것을 좋아하고 에너지가 넘치는 외향적인 성격의 애견을 기르고 싶다면, 애견과 놀아줄 만큼의 충분한 시간이 있어야 한다. 애견을 고르기 전에 이런 사항들을 미리 고려하는 것은 너무나도 당연해 보이지만, 동물 보호 기관에서는 주인이 잘 돌보지 못하고 버린 수천 마리의 유기견을 돌보고 있는 실정이다.

애견을 선택할 때, 순종이나 순종이 아닌 것을 선택하는 것은 주인의 몫이다. 그러나 좀 더 많은 정보를 알아두면 자신에게 알맞은 애견을 더 잘 선택할 수 있다. 자신의 생활양식과 기대치에 맞춰, 자신이 바라는 대로 애견을 잘 키워 친구로 만들기 위한 자세한 지침을 설명하고자 한다.

애견 고르기

유용한 정보

충동적으로 애견을 구입하기 전에, 애견에 대해 충분히 공부하여 자신의 생활양식과 잘 맞는 종류를 선택해야 한다. 시간을 할애해 애견의 심리에 대해서 충분히 파악해 두면, 스트레스가 없고 즐거운 관계를 만들어 나갈 수 있다.

개인적 취향

애견을 기르려는 사람들은 누구나 자신이 원하는 색깔, 종류, 성격 등을 고려한 이상적인 애견의 모습을 그리고 있을 것이다. 예쁘고, 주인을 잘 따르면서도 모든 면에서 완벽하게 행동하는 애견을 원하는 경우가 많다. 그러나 개는 살아 있는 동물이다. 다시 말해서, 자신만의 독특한 특징을 갖고 있는 하나의 생물체이다. 따라서 애견을 기르려는 사람이 자신의 마음속에 그려 왔던 것과 똑같은 애견을 슈퍼에서 물건을 사듯이 살 수는 없다. 다만 자신이 선호하는 색깔이나 종류, 개의 행동 방식, 자신이 기르고자 하는 방식에 적합한지, 애견을 잘 다루고 상호 교감할 수 있는지 정도만 선택할 수 있다. 혈통에 따라서, 어떤 애견은 주인에게 냉담한 반응을 보이기도 하고, 애정이 담긴 행동을 취하기도 한다. 그러므로 혈통을 알면 좀 더 쉽게 애견을 고를 수 있다.

개 종류

개는 크게 세 종류로 나눌 수 있다.
- 순종
- 교배종(서로 다른 순종을 교배시켜 탄생한 종)
- 잡종(부모 중 한 쪽 혹은 양쪽 부모가 모두 교배종인 애견)

애견을 구입할 때 드는 비용도 애견 선택에 상당한 영향을 미치겠지만, 순종이 교배종이나 잡종보다 항상 더 나은 것은 아니다. 사실, 건강의 측면에서 본다면 오히려 잡종이 더 건강하다.

순종의 경우 유전 형질이 제한되어 있고, 선택적으로 교배를 시키기 때문에 신체적인 문제가 더 많이 발생한다.

목양견인 콜리나 사냥견인 스패니얼은 운동을 지속적으로 시켜주고 많은 자극을 주어야 한다.

자주 받는 질문

Q 저희 집에는 두 명의 아이가 있습니다. 얼마 전, 저희 가족은 구조견을 한 마리 기르기로 결정을 하였습니다. 어떤 점에 주의하는 것이 좋을까요?

A 동물 보호 센터에 가면 다양한 연령의 순종, 교배종, 잡종 등 다양한 종류의 개가 있습니다. 아직 자녀분들이 어리기 때문에 혈통을 알 수 없는 개는 피하는 것이 좋습니다. 다 자란 개들은 보통 강아지보다 참을성이 없고, 아이들을 물 수도 있습니다. 대부분의 구조 센터에서는 다 자란 개를 분양하는 것에 어려움이 따른다는 점을 알고 있기 때문에 새 주인을 찾아줄 때 신중하게 결정을 내릴 것입니다.

순종, 교배종, 잡종

종류	좋은 점	나쁜 점
순종	• 순종견에 대해서 공부를 해두면, 외모나 성격 등 자신이 원하는 종을 고를 수 있다. • 여러 종류와 색깔의 개가 있기 때문에, 각자 취향에 맞춰 고를 수 있다. • 순종은 세심한 배려를 받으며 자라기 때문에, 건강 상태에 대해 걱정할 필요가 없다.	• 교배종보다 값이 비싸다. • 유전 질환이나 특정 질병에 걸리기 쉬운 종이 있다. • 자신이 원하지 않거나, 자신의 생활 방식에 맞지 않는 특수한 성격을 갖고 있는, 혹은 특별 관리가 필요한 종이 있다. • 순종 중에는 희귀하거나 수요가 공급보다 많아서 얻기 어려운 종이 있다.
교배종	• 순종보다 저렴하다. • 부모의 특성을 알기 때문에, 외모나 성격에 대해 짐작할 수 있다. • 보통 순종보다 건강하지만, 어떤 종을 교배했는지, 형질의 유전 정도에 따라 달라진다. • 특정한 종을 선택해 교배를 시키기 때문에 어떻게 키워졌는지 잘 알 수 있으며, 이후에 얼마나 사람들과 잘 어울리고 건강할 지 예측할 수 있다. 그러나 항상 예측이 들어맞는 것은 아니다.	• 항상 구할 수 있는 것이 아니다. 특히, 특정한 종을 교배한 종류를 원할 경우 구하기가 더욱 어렵다. • 각 종은 특정 성격과 행동 특성을 갖기 때문에, 교배를 시켰을 때 주인이 감당하기 힘든 정도의 성격이나 행동을 보일 수 있다. 예를 들어, 보더 콜리와 잉글리시 스프링어 스패니얼을 교배시키면 이와 같은 결과를 초래한다. 단, 모든 규칙에는 예외가 있다는 점을 항상 잊어서는 안 된다.
잡종	• 무료로 얻을 수 있거나, 값이 저렴하다. • 종류와 색깔이 다양하다. • 쉽게 구할 수 있다. • 건강상의 문제가 거의 없다.	• 부모의 특성을 알 수 없기 때문에, 어떤 외모, 행동, 성격이 나타날 지 예측할 수 없다. • 자신이 원하는 나이, 색깔, 성별의 개가 나타날 때까지 기다려야 한다. • 이전에 올바른 보살핌을 받았는지 알 수 없기 때문에, 질병의 징후, 행동 문제, 성격 결함 등이 있는지 잘 살펴보아야 한다.

이 사실을 아십니까?

개는 모양과 크기가 다양하기 때문에 모든 취향과 요구 사항을 만족시킬 수 있다. 그러나 사람들은 특정한 모습을 만들어 내기 위해 개의 외모를 바꾸기도 한다. 주로 사용하는 방법이 꼬리를 짧게 자르거나 귀를 자르는 것이다(이런 시술은 반드시 수의사 중 이런 시술을 전문으로 담당하는 의사가 시행해야 한다). 개의 신체 부위를 절단하는 이런 시술에 대해서 각 나라마다 다른 법률을 적용하고 있다(또한 계속 변하기 때문에, 해당 국가의 최신 법률 개정 정보를 찾아보는 것이 좋다). 현재, 많은 국가에서 이런 시술을 법으로 금하고 있다. 도베르만은 귀와 꼬리를 자르는 시술을 모두 적용하는 경우가 많고, 그레이트 데인은 귀를 자르는 시술을, 로트와일러는 꼬리를 자르는 시술을 많이 적용한다. 일부 종은 과장된 외모를 갖고 있는데, 가령 얼굴이 납작하게 눌러진 단두형의 개가 그 예가 될 수 있다. 그러나 정상에서 많이 벗어난 외모를 갖고 있는 동물은 기형으로 인한 건강상의 문제가 생길 수 있다.

이름에 담겨 있는 의미는?

순종견은 목적에 따라 이름이 다르게 지어져 있다. 즉, 이름을 보면 어떤 목적으로 키워졌는지 알 수 있는 것이다.

- 하운드 – 하운드는 눈으로 보고 추적하는 종류와 냄새를 맡고 찾아내는 종류가 있다. 하운드에 해당되는 종으로는 그레이하운드, 비글, 바센지, 로디지안 리지백 등이 있다.
- 건독 – 사냥감을 발견하고 쫓아가 찾아오는 역할을 한다. 대표적인 종으로는 포인터, 리트리버, 스패니얼 등이 있다.

기본적인 애견 종류의 특징

애견 종류	특징
목양견	훈련에 잘 적응하며, 본능적으로 매우 적극적이다. 아주 민감하며 이들의 지능과 에너지를 잘 조절하지 않으면, 공격적인 행동을 할 수 있다. 매우 충성스럽고, 운동을 많이 시켜 주어야 하고, 정신적인 자극을 많이 주어야 한다.
하운드	애정이 많고 우호적이지만 매우 독립적인 성향을 띠기 때문에 다른 종류의 개보다 훈련시키기가 힘들다.
건독	사냥을 할 때 함께할 수 있는 개로, 본능적으로 주인을 잘 따르며, 본성이 순하고, 주인을 즐겁게 해 주며, 학습 능력이 뛰어나다.
테리어	활동적이고 호기심이 많으며 강인하고 끈기가 있다. 소리를 많이 내며, 낯선 사람을 보면 경계하고 아이들의 행동이라 해도 항상 잘 참아주는 것은 아니다.
경비견, 사역견	종류, 사육 방법, 초기 환경, 초기 사회화 등에 따라 성격이 많이 달라지며, 의지가 강하고 적절하게 조련하지 않으면 다루기 힘들어진다.
애완견	크기가 작으며 사람과 잘 어울린다. 훈련을 잘 시키면 집을 잘 지킨다.

- 테리어 – 땅을 파서 벌레를 찾아 죽인다. 베들링턴 테리어, 불 테리어, 저먼 헌팅 테리어, 파슨 잭 러셀 테리어가 대표종이다.
- 실용견(비수렵견) – 이전에는 특정한 일을 시키기 위해 사육하는 경우가 많았으나, 현재는 반려견으로 키우는 경우가 많다. 원래는 운송용 가축이었던 달마시안과 중국에서 고기와 털을 이용하기 위해 길렀던 차우차우가 대표적인 실용견이다.
- 사역견 – 안보 분야에서 활동하는 경비견에서부터 짐을 끌거나 구조 활동을 하는 사역견을 통칭하는 단어로, 로트와일러, 도베르만, 레온베르거, 복서, 시베리안 허스키, 피레니안 마운틴 도그, 세인트 버나드, 아키타, 도그 드 보르도, 그레이트 데인 등이 이에 속한다.
- 목양견 – 소나 양 등 가축을 모는 개 종류이다. 이 그룹에 속하는 개로는 저먼 셰퍼드 도그, 콜리, 십도그, 뉴펀들랜드, 웰시 코기, 브리아르 등이 있다.
- 애완견 – 몸집이 작은 종류로 실내에서 키우는 종류이다. 몸집은 작지만 경비의 역할을 훌륭하게 수행해 내며 위험한 상황이 닥치면 용감하게 대처한다. 페키니즈, 포메라니안, 미니어처 핀셔, 아펜

특별한 순종견의 특징

품종	종류	특징
그레이하운드	하운드(시각)	덩치가 크고 몸집이 호리호리하다. 본성이 순하고 사람을 잘 따른다. 달리는 것도 좋아하지만 가만히 앉아서 쉬는 것도 좋아한다. 나이 든 그레이하운드는 집에서 애완용으로 기르기에 적합하다. 애완용으로 기르려면 고양이 등 다른 애완동물들과 잘 어울리도록 해야 한다. 씻어주고 털을 관리해 주어야 한다.
로디지안 리지백	하운드(후각)	덩치가 크고 몸이 단단하다. 성격이 온순하고 훈련을 잘 시키면 주인을 아주 잘 따른다. 다 자라서도 튼튼한 몸을 유지하려면 훈련을 잘 시켜야 한다. 많은 양의 운동을 필요로 하며 충분한 생활공간이 필요하다. 털 관리는 너무 자주 해 줄 필요는 없다.
복서	사역견	덩치는 중간 크기로 몸이 튼튼하다. 어렸을 때부터 훈련을 잘 시키고 운동을 많이 시켜야 주인을 잘 따르고 사람과 잘 어울릴 수 있다. 운동을 많이 해야 하며, 적당한 정도의 생활공간이 있으면 되고, 가끔 털 관리를 해 주면 된다.
피레니안 마운틴 도그	목양견	덩치가 크고 몸이 튼튼하며 힘이 좋다. 동물이나 사람들과 잘 어울리도록 훈련시키면 성격이 온순하고 유순하여 모든 가정에 적합한 애완견이 될 수 있다. 넓은 공간이 필요하며 운동을 많이 시켜주어야 하고, 규칙적으로 털 관리를 잘 해 주어야 한다.
와이마라너	건독	덩치가 보통 이상의 큰 체형으로 몸이 튼튼하다. 겁이 없고, 사람을 보호하고, 복종하고, 우호적이다. 제대로 훈련을 시키면 사람과 잘 어울린다. 넓은 공간이 필요하며 운동을 많이 시켜주어야 한다. 털 관리를 너무 자주 해 줄 필요는 없다.
베들링턴 테리어	테리어	덩치가 작고 몸집이 호리호리하다. 조용하고 온화하며 애정이 많고 사람과 잘 어울린다. 그러나 의지가 강하지 않고, 다른 개와 자주 다툰다. 주기적으로 털을 다듬고 깎아 주어야 한다. 관리를 자주 하면 털을 흘리고 다니지 않고 알레르기가 있는 사람들에게 도움이 된다.
차이니즈 크레스티드	애완견	몸집이 아주 작으며 몸집이 호리호리하다. 사람을 잘 따르며 민첩하고 똑똑한 경비견의 역할도 한다. 머리 윗부분과 꼬리를 제외하면 털이 없기 때문에 털 관리를 자주 해 줄 필요가 없으며, 알레르기가 있는 사람이 기르기에 적합하다.

핀셔, 캐벌리어 킹 찰스 스패니얼, 오스트렐리안 실키 테리어, 요크셔 테리어 등이 있다(요크셔 테리어는 1840년대 요크셔에 살던 직공들이 쥐를 잡기 위해 처음 기르기 시작했다).

자신에게 가장 알맞은 개

순종이라고 해서 항상 다른 개들보다 더욱 사랑스럽고 똑똑하며 어리광을 많이 피는 것은 아니다. 또한, 각 종의 외모는 기호에 따라 선택할 수 있는 요인일 뿐이다. 사역견은 주인의 관심이 많이 필요하고 반려견은 온화하며 잡종견은 튼튼하다. 어떤 품종 어떤 동물이든, 동물의 성격은 주인이 기르고 훈련시키는 방식에 따라 달라진다. 순종견을 선택하든 순종이 아닌 개를 선택하든, 중성화 수술, 예방 접종, 먹이, 관리 비용 등은 차이가 없다. 유일한 비용의 차이는 처음 개를 구입할 때 드는 비용이다.

다음 페이지에 나와 있는 도표를 보면 만족스럽고 행복한 관계를 맺을 수 있도록 자신의 생활양식에 알맞은 개를 고르는 방법이 나와 있다.

개에 관한 사실

1928년 영국 윌트셔에 있는 아베리 근교에서 이루어진 신석기 시대 유물 발굴 작업을 하던 중 윈드밀 힐 도그로 불리는 개를 발견하였다. 이것은 약 5,000년 전에도 유럽 각지에서와 마찬가지로 영국에서도 개를 길들여 길렀다는 사실을 보여주는 것이다. 그 무렵의 바빌로니아(현재의 이라크) 유물을 보면 전쟁에 참가하거나 경비견의 역할을 하였던 덩치가 큰 마스티프 품종을 그린 그림을 볼 수 있다. 마스티프는 덩치가 작고 몸집이 호리호리한 윈드밀 힐 도그와 외모가 대조를 이루며, 약 2,000년 후에 아시리아인들은 마스티프를 길러 사냥에 이용했다.

자주 받는 질문

Q 저는 개를 기르고 싶지만, 알레르기가 있습니다. 알레르기를 일으키지 않을 만한 종류가 있을까요?

A 미국에서 실시한 최근의 한 조사를 보면 천식 환자들에게는 고양이보다 개가 오히려 더 나쁘다고 합니다. 고양이를 기르면 고양이 침에도 있고 피지선에서도 분비되는 알레르기 유발 물질인 Fel d1이 문제를 일으키고 개는 침과 소변에 들어있는 알레르기 유발 물질인 Can d1이 주로 문제를 일으킵니다. 또한, 개와 고양이에게서 모두 미세한 비듬 등이 생기기 때문에 알레르기에 좋지 않습니다. 알레르기가 있는 사람들은 여러 품종 중에서 함께 살기에 더 적합한 종이 있다고 얘기합니다. 예를 들면, 푸들이나 비숑 프리제와 같이 털이 빠지지 않는 종이나 사실상 털이 거의 없는 종이 그 범주에 속합니다. 그러나 애견의 털과 피부에 알레르기 유발 물질이 거의 붙어있지 않도록 하려면 항상 청결하게 관리해 주어야 합니다. 털에 붙어있는 알레르기 유발 물질을 제거하고 공기 중에 떠돌아다니지 못하도록 하는 제품이 있습니다. 이 제품을 사용하면서 주기적으로 청소기를 사용하면 알레르기 증상을 완화시키는데 도움이 됩니다. 하지만 애완동물과 접촉하기만 해도 심각한 알레르기 반응을 일으키는 사람들도 있습니다.

푸들은 털이 빠지지 않고, 개 특유의 냄새도 거의 나지 않기 때문에 개에 알레르기가 있는 사람들이 선호하는 품종입니다.

어떤 품종의 개가 적합할까?

털이 긴 종류는 털을 깨끗하게 유지하고, 외모를 건강하게 가꿀 수 있도록 매일 올바른 방법으로 털을 관리해 주어야 한다.

젊고 활동적인 부부; 큰 집; 도시와 떨어진 시골 지역; 개 줄을 묶지 않고 자유롭게 뛰놀 수 있도록 풀어 줄 기회가 많다. → 노련한 주인; 집을 지키고 함께 생활할 개를 필요로 한다. → 중간 크기에서 대형 개를 선호한다.

- 털이 많고 침을 흘리는 것을 싫어 하지 않는다. → 브리아르, 러프 콜리, 저먼 셰퍼드 도그, 뉴펀들랜드, 세인트 버나드, 레온베르거, 아프간 하운드, 보르조이, 스코티시 디어하운드
- 털을 관리하기 쉬운 종류를 선호한다. → 로디지안 리지백, 그레이트 데인, 로트와일러, 러처, 블러드하운드, 쇼트 헤어드 저먼 셰퍼드 도그, 잉글리시 스프링어 스패니얼, 아이리시 울프하운드, 포인터, 세터, 도베르만, 불마스티프

활동적인 사람; 좁은 집과 정원; 밀집된 주거 지역; 자유롭게 뛰놀도록 하려면 차를 타고 이동해야 한다. → 노련한 주인; 함께 운동을 하고 즐기기 위해서 활동적이고 활발한 개를 원한다. → 몸집이 작은 개를 선호한다.

- 관리가 쉬운 부드러운 털의 개를 원한다. → 휘핏, 랭카셔 힐러, 잭 러셀 테리어, 치와와, 쇼트 헤어드 닥스훈트, 보스턴 테리어
- 털을 관리하는 것을 좋아한다. → 미니어처 푸들/토이 푸들, 캐벌리어/킹 찰스 스패니얼, 포메라니안, 요크셔 테리어, 말티스, 아펜핀셔, 웨스트 하이랜드 화이트 테리어, 아메리칸 코커 스패니얼, 댄디 딘몬트 테리어, 보더 테리어, 베들링턴 테리어

애견 고르기

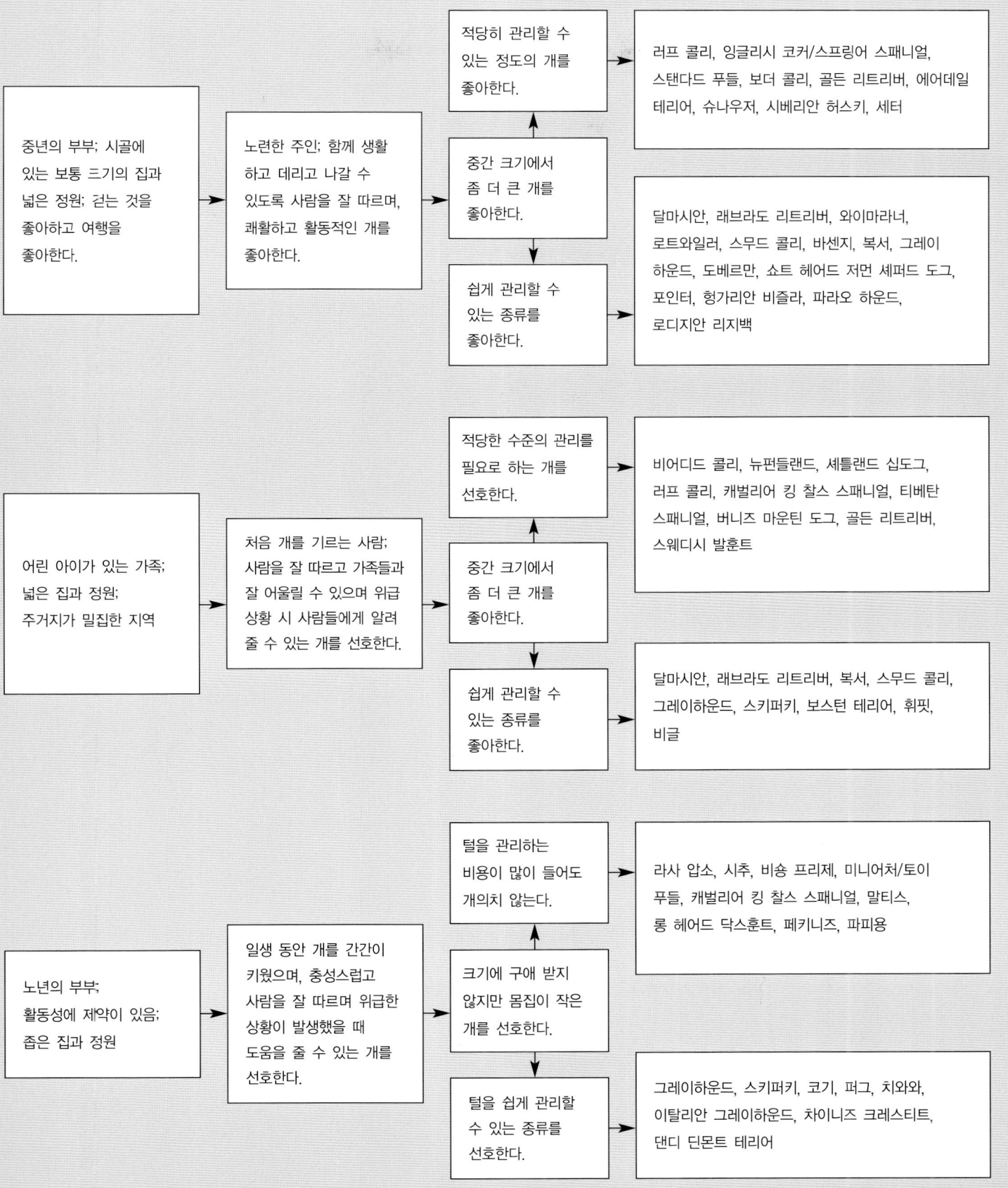

강아지 또는 성견?

많은 사람들은 처음 개를 키운다고 생각하면 당연히 강아지를 키우게 될 것이라고 생각하지만 강아지를 키우는 것이 자신이 처한 환경이나 생활 방식에 항상 가장 적합한 것이 아닐 수도 있다. 다 자란 개는 이미 성격이 형성되어 있기 때문에 까다롭거나 바람직하지 않은 특징을 미리 알 수 있기 때문이다. 결정을 하기 전에 다음 체크리스트에 있는 사항들을 점검해 보자.

Checklist
- ✓ 자신의 생활 방식
- ✓ 자신의 환경
- ✓ 애견을 돌봐 줄 시간
- ✓ 자신의 필요
- ✓ 다른 애완동물(만약 있는 경우에)
- ✓ 나이가 알맞은 지 여부(사람과 애견 모두)

강아지 또는 성견: 한 눈에 비교할 수 있는 장단점

연령	좋은 점	나쁜 점
강아지	• 강아지는 다 자란 개(성견)보다 적응력이 좋다. 그러나 이는 환경과 각 강아지의 성격에 따라 차이가 있다. • 강아지가 자라서 어른이 되어 가는 과정을 지켜볼 수 있다. • 운이 좋다면 오랜 기간 동안 강아지와 함께 즐거운 시간을 보낼 수 있다. • 자신이 원하는 방식으로 강아지를 길들일 수 있다.	• 강아지를 키우면 하루에 여러 번씩 정해진 시간에 먹이를 주어야 하고, 식사 후에 변을 볼 수 있도록 밖에 데리고 나가야 하며, 바람직한 행동을 하도록 길들이기 위한 훈련에 많은 시간이 소모된다. • 가족들이 모두 바쁜 가정의 경우, 강아지가 이전에 이런 환경을 접해 본 적이 없거나 사람이나 다른 애완동물과 잘 어울리며 지낸 경험을 하지 못했다면, 잘 적응하지 못한다. • 집 안에 어린아이들이 있으면, 강아지들은 스스로를 보호하지 못하기 때문에, 아이들이 강아지를 공격하거나 괴롭히지 못하도록 항상 지켜보아야 한다. • 중성화 수술을 하지 않은 경우가 많다.
성견	• 다 자란 개를 키울 때는 강아지를 키울 때만큼 많은 시간이 필요하지 않다. • 이미 배변 훈련이 되어 있을 가능성이 크다. • 이미 성격이 형성되어 있다. • 사람이나 다른 동물들과 잘 어울릴 가능성이 크다. • 사람의 명령을 잘 따르도록 훈련을 받은 경우가 많다. • 중성화 수술을 받은 경우가 많다.	• 분양받은 때의 나이에 따라 오래 살지 못할 수도 있다. • 주인이나 다른 애완동물과 친해지는데 시간이 오래 걸릴 수도 있다. • 가족 내에서 동화되기가 어렵다. • 질병을 앓고 있을 수도 있다. • 바람직하지 않은 행동 특성을 갖고 있을 수도 있다.

원래 애견을 키우고 있다면, 새로 분양받은 애견이 이전부터 집에 있던 애견보다 주인을 더 잘 따르도록 해야 한다.

유용한 정보

아이와 애견 모두를 위해서 아이가 애견을 쫓아가서 붙잡으려고 할 때 가만히 내버려 두어서는 안 된다.

애견과 어린이

아주 어린아이들은 애견에게 다가가고 애견을 다루는 방법을 잘 모르기 때문에, 아이들이 애견을 다치게 하지 않도록 하려면 주의 깊게 지켜봐야 한다. 아이들은 새로운 애완동물을 건드려보고 함께 놀고 싶어 하지만, 애견이 먹이를 먹고 있거나 잠을 자고 있을 때 귀를 찌르거나 방해하면 애견과 친해질 수 없다.

다정하고 따뜻하게 애견을 다루는 법을 배운다면 아이들과 애견은 가장 좋은 친구가 될 수 있다.

이에 관한 자세한 정보는 88-89페이지에 수록되어 있다.

암컷 또는 수컷?

강아지나 개가 중성화 수술을 받은 상태라면 암컷과 수컷의 차이가 크지 않기 때문에 성별은 그다지 중요하지 않다. 주인이 기르고 다루는 방식에 따라 애견이 주인을 따르고 충성심을 보이는 정도가 달라진다.

중성화 수술에 대한 자세한 정보는 144-147페이지에 있다.

한 마리 또는 두 마리?

원래 애견을 키우고 있었다면, 과연 새로운 애견을 한 마리 더 데리고 오는 것이 좋은 생각일까? 두 마리의 애견을 키우면 좋은 점이 많지만, 새로 데리고 오는 애견이 이전부터 집에 있던 애견보다 주인을 더 따르도록 세심한 배려를 하지 않으면, 애견을 훈련시키는 데 어려움이 생길 수도 있으며, 서로 바람직하지 않은 행동을 배울 수도 있다.

이와 관련한 좀 더 자세한 정보는 82-83페이지에 나와 있다.

이 사실을 아십니까?

어린 강아지를 고를 때, 족보를 알 수 없는 잡종견을 선택하면, 다 자랐을 때 덩치가 생각했던 것보다 훨씬 더 커질 수 있다. 반면, 순종 강아지는 어른이 되었을 때의 크기를 예측할 수 있다. 대부분의 강아지는 태어날 때는 크기가 비슷하지만, 발이 큰 강아지는 어른이 되었을 때 몸집이 클 가능성이 크다.

언제 애견을 데려올 것인가

애견을 키우고 싶다는 생각이 들면, 잠깐 동안 그 생각을 멈추고, 과연 자신이 키우게 될 애견도 현재 자신이 처한 상황에서 함께 살고 싶어 할 지 생각해 보아야 한다. 강아지를 키우든 다 자란 개를 키우든, 애견을 집에 데려올 무렵의 개인적인 상황에 대해 먼저 생각해 보아야 한다. 애견을 집에 데려오기 전에 고려해야 할 것들은 다음과 같다.

Checklist
- ✓ 자신이 원하는 애견을 찾았는가
- ✓ 휴가를 갈 계획인가
- ✓ 해야 할 일이 많은가
- ✓ 스트레스가 많은가
- ✓ 임신 중인가
- ✓ 1년 중 어느 때인가
- ✓ 가족이 동의하는가
- ✓ 개인적인 상황들은 괜찮은가

올바른 시기

애견을 기르려고 마음을 먹었다 하더라도, 다음과 같은 때에는 애견을 데려오기에 적합하지 않다.

- 이사를 하려고 할 때
- 업무나 인간관계로 인해 바쁠 때
- 직장을 옮기려고 할 때
- 애견이 불필요한 존재가 될 수도 있을 때
- 질병을 앓고 있을 때
- 배우자와 별거 중일 때
- 가족 구성원이 사망하여 슬픔에서 벗어나지 못하고 있을 때
- 임신 중일 때
- 휴가를 계획하고 있을 때
- 일자리를 잃을 수도 있는 상황에 처했을 때
- 기념할 만한 일이 있어서 가족의 일상생활에 큰 변화가 생기려고 할 때

물론, 이상에서 언급한 사항들에 예외적인 경우도 있고 많은 사람들이 스트레스로 힘들어할 때 애완동물로부터 위안을 얻곤 한다. 이런 경우, 주인이 스트레스를 받으면 애완동물도 똑같이 스트레스를 받기 마련인데, 사람들은 동물에게 먹이를 주고 돌봐주기 때문에 애완동물이 스트레스를 받을 거라는 사실을 알지 못한다. 그러나 주인이 기분이 좋지 않으면 동물들도 그 사실을 알 수 있을 뿐만 아니라 걱정을 하게 된다(이런 현상을 '분노의 전이'라고 한다). 애완동물이 주인의 기분이 좋지 않다는 것을 느끼게 되면 여러 가지 이상 행동을 보이기도 한다. 가령, 사람의 관심을 필요로 하는 행동을 하거나, 집 곳곳에 변을 보고 다닐 수도 있다. 따라서 애견을 데려오기 전에 자신이 정신적으로, 금전적으로 안정되어 있어서 애견에게 안정적이고 행복한 안식처를 제공해 줄 수 있는지 생각해 봐야 한다.

애견과 주인 모두를 위해서 모든 가족 구성원들이 애견을 새 가족으로 받아들이기에 적합한 상황인지 생각해 보아야 한다.

휴가

휴가를 다녀온 후에 애견을 데려오는 것이 좋다. 그렇지 않으면 짧은 시간 동안 애견은 두 번이나 변화를 겪어야 하기 때문이다. 우선, 처음 애견을 데려올 때 애견은 주인이 한 번 바뀌고, 새주인이 휴가를 가면 애견은 동물 병원이나 다른 사람에게 맡겨지게 된다. 애견이 정신적, 신체적으로 건강해지려면 상당 기간 동안 이사를 하는 등의 특별한 변화 없이 새로운 집에서 안전하게 느

애견, 특히 어린 강아지는 귀엽다는 이유로 충동적으로 사거나 얻어 오는 경우가 많지만, 애견을 키우기에 상황이 적합한지 진지하게 고려해야 한다.

낄 수 있도록 배려해 주어야 한다.

원하는 애견 찾기

다음과 같은 이유로 자신이 기르고 싶은 애견을 찾는 것이 쉽지 않을 때가 있다.
- 특정 종류, 색깔, 성별 등을 원할 경우 자신이 원하는 때에 원하는 강아지를 찾지 못할 수도 있다. 이럴 때에는 원하는 종류가 나타났을 때 알 수 있도록 자신의 요구 사항을 강아지 사육자에게 알려주는 것이 좋다.
- 강아지의 종류는 계절에 따라 차이가 있다.
- 동물 구조 센터 등에는 수요가 많기 때문에 기다려야 하는 경우가 많다.
- 동물 구조 센터에서는 자신이 원하는 애견을 찾지 못할 수도 있기 때문에, 원하는 종류가 나타날 때까지 기다릴 각오를 해야 한다.

자주 받는 질문

Q 저는 애견을 한 마리 키우고 싶은데, 지금 임신 중입니다. 출산을 하기 전에 애견을 데려오는 편이 나을까요, 아니면 출산을 한 후에 애견을 데려오는 편이 나을까요?

A 논란의 여지가 있기는 하지만, 아이를 낳은 후에 새로운 애완동물을 데려오는 것이 더 좋습니다. 왜냐하면 아이를 낳은 후에 애완동물을 데려와야 애완동물이 새로 태어난 아이를 불청객으로 받아들이지 않고 가족의 일원으로 받아들이기 때문입니다. 이미 애완동물을 기르고 있는 중이라면 주혈 원충병이나 개회충증(89페이지 참조)에 대해 걱정을 할 수도 있지만, 애완동물의 몸에 기생충이 생기지 않도록 잘 관리하고, 실내 위생 상태를 청결히 하면, 우려할 필요가 없습니다.

어디서 애견을 데려올 것인가

자신이 원하는 애견을 찾으려면, 순종 강아지 브리더(사육사), 새끼 강아지를 낳으려고 하는 순종이 아닌 애견을 키우는 사람, 동물 구조 센터 등 여러 곳에서 정보를 얻을 수 있다. 어떤 곳에서 애견을 데려올 것인지를 결정하는 것은 자신의 몫이지만 각 경로의 장점과 단점에 대해서 충분히 알아보는 것이 좋다.

Checklist
- ✓ 브리더
- ✓ 다른 가정
- ✓ 구조 센터
- ✓ 떠돌이 개
- ✓ 애완동물 가게
- ✓ 친구, 가족

이 사실을 아십니까?

강아지는 1년 내내 비슷한 수가 태어나는 것이 아니다. 늦겨울보다 봄이나 여름에 강아지가 더 많이 태어난다.

애견 찾기

지역 신문, 애완동물 가게, 동물 병원 게시판, 애견 잡지, 친구나 가족, 동물 구조 센터 등을 통해 자신이 원하는 애견을 얻을 수 있다. 강아지는 생후 6주가 지나야 어미로부터 떨어져도 안전하게 생활할 수 있으므로, 강아지를 원할 경우 6주가 지났는지 확인하는 것이 중요하다. 6주가 되면, 젖을 떼고 강아지를 위해 만들어진 음식을 먹을 수 있으며, 사람이나 다른 동물과도 어울릴

브리더로부터 강아지를 살 때에는 강아지의 양쪽 부모를 보여 달라고 요청해야 한다. 양쪽 부모를 다 볼 수 없다면 적어도 어미만이라도 확인하는 것이 좋다. 부모를 확인하면 강아지가 자라서 어떤 외모와 성격을 갖게 될 지 짐작할 수 있다. 실내에서 가족의 일원으로 애견을 기르면 실외에서 기르는 애견보다 사람들과 더 잘 어울리게 된다.

유용한 정보

천성적으로 조용하고 차분한 애견도 있고, 아주 활발한 애견도 있다. 이런 정반대의 강아지가 한 어미로부터 태어나는 경우도 있다. 어린아이나 다른 애완동물이 있는 시끄럽고 북적대는 집은 내성적이고 민감한 애견에게 적합하지 않으며, 장난을 많이 치고 성격이 활발한 애견은 조용하고 차분한 가정에 어울리지 않는다.

수 있다. 6주가 지났더라도 좀 더 키워서 배변 훈련을 시키고, 예방 접종을 한 후에 분양을 하는 브리더도 있다.

어떤 곳에서 애견을 데려오는 것이 가장 좋은가?

어느 한 곳을 집어서 가장 좋다고 말할 수는 없다. 모든 선택 사항을 고려해 보는 것이 좋다.

브리더

강아지를 (순종이든 잡종이든) 브리더로부터 데려올 때, 가능하면 한 어미에게서 태어난 모든 강아지들을 보고 그 중 한 마리를 고르는 것이 좋다. 여러 새끼들의 생김새뿐 아니라, 행동과 건강 등의 요소가 선택에 영향을 미치게 된다. 이 때, 건강해 보이고 (28페이지 참조), 활발하고, 잘 놀고, 성격이 온순하며, 사람을 잘 따르는 강아지를 고르는 것이 좋다. 건강하지 않은 강아지를 고를 경우 문제가 생길 수 있으므로, 건강해 보이지 않는 강아지는 (29페이지 참조) 되도록 피하는 것이 좋다.

브리더로부터 순종견을 얻을 수 있는 경우가 종종 있다. 예를 들어, 더 이상 그 개가 필요 없는 경우, 순종 개가 예기치 않은 교미를 통해 강아지를 낳은 경우, 순종이라 하더라도 사육 프로그램에 적합하지 않은 경우에 순종견을 얻을 수 있는 기회가 생기는 것이다. 브리더들은 위의 경우에 해당되는 개가 새끼를 낳지 않도록 중성화 수술을 시킬 것을 권한다.

친구나 가족

강아지를 잘 훈련시킬 수 있는 시간이 많지 않다면 다 자란 애견을 고르는 것도 좋다. 가족이나 친구가 잘 교육시킨 애견을 얻어서 키우는 것도 좋은 방법이다.

동물 구조 센터나 동물 복지 기관

동물 보호소에서 애견을 고르기로 결정을 했다면, 직원에게 애견에 대한 정보를 최대한 많이 얻어내야 한다. 예를 들어, 태어난 후 동물 보호소에 오기 전까지 계속해서 혼자 떠돌아다닌 애견이라면 배변 훈련이 되어 있지 않았을 수도 있다.

떠돌이 개

가끔 유기견이 자신을 귀여워해주는 집에 그냥 들어가기도 하고 유기견으로 보이는 개를 우연히 마주치는 기회가 생기기도 한다. 그러나 유기견을 발견하면, 누군가 어디에서 자신이 아끼는 애견이 사라져서 슬퍼하고 있을지도 모른다는 생각을 해야 한다. 그

분양 비용은 얼마일가?

애견을 얻는 방법	가격
순종견 브리더	개의 종류, 개가 쇼에 나갈 만큼 상태가 좋은지 등에 따라 가격의 차이가 크다. 따라서 여러 곳을 돌아보는 것이 좋다.
친구나 가족	잡종인 강아지나 다 자란 개는 잘 키울 수 있을 것으로 여겨지는 친구나 가족에게 무료로 주는 경우가 많다. 한 쪽 부모가 순종이거나 완전 순종인 경우는 분양해 주는 이유에 따라 가격이 달라진다.
동물 구조 센터	중성화 수술, 예방 접종의 비용 정도만 지불하면 된다.
떠돌이 개	무료
애완동물 가게	가격이 다양하다. 순종견은 순종이 아닌 애견보다 비싸다.

잘 운영되고 있는 동물 구조 센터의 직원이라면, 애견을 고르러 온 사람이 관심을 보이는 애견에 대해 정확한 설명을 해 주고, 올바른 선택을 할 수 있도록 도움을 줄 것이다.

러므로 지역 관청이나 지역 동물 복지 보호 시설 등에 떠돌이 개가 있다는 것을 알리고, 애완동물 가게나 동물 병원 등에 포스터를 붙이고, 동물 병원에 데려가 개의 몸속에 주인을 확인할 수 있는 마이크로 칩이 내장되어 있는지 등을 확인하여 주인을 찾아주기 위해 노력해야 한다. 떠돌이 개라는 것이 확인되면, 동물 병원에 데려가 건강 상태를 확인하고 필요한 경우 중성화 수술을 시켜주어야 한다.

애완동물 가게나 대형 사육장

애완동물이 제대로 관리를 받고 있는지, 생활공간이 충분하고, 음식과 물이 충분한지, 건강해 보이는지 살펴봐야 한다. 여러 마리의 개를 쾌적하게 생활할 수 있는 크기가 아닌, 작은 공간에 모아두거나, 같은 공간에 있는 개가 계속 바뀐다면, 질병에 감염될 위험이 크다. 그러나 질병에 걸렸다 하더라도 개를 집에 데려온 후에야 밝혀지는 경우가 많다. 따라서 애완동물 가게나 대형 사육장에서 개를 구입하는 것은 좋은 방법이 아니다.

개에 관한 사실

동물 구조 센터에서 애견을 데려온다면, 하나의 소중한 생명을 구했을 뿐 아니라, 스스로 자신이 키울 애완동물을 찾았다는 사실에 기쁨이 더욱 커질 것이다(아무도 데려가지 않는 동물은 대부분 안락사된다). 사람들은 어린 강아지를 더욱 선호하고, 나이가 많은 개를 데려가기를 꺼린다. 따라서 만약 조용하고 키우기 편한 애견을 원한다면, 성숙하고 나이가 많은 개를 선택하는 것도 좋은 방법이다. 또한, 나이가 많은 개는 주인이 일을 하러 가 혼자 남겨진 시간을 잘 참아내며, 운이 좋다면, 이전에도 다른 주인을 위해 훌륭한 애완견의 역할을 했던 개를 고를 수도 있다.

주기적으로 애견 쇼가 열리고, 하루나 이틀 동안 행사를 진행하는 나라도 있다. 쇼를 보기 위해 입장하는 비용은 비싸지 않으며, 카탈로그에 애견을 쇼에 데리고 나가는 브리더들의 목록을 보여준다.

자주 받는 질문

Q 저희는 순종견을 키우고 싶습니다. 하지만, 어떤 종이 가장 좋은지 잘 모르겠습니다. 각기 다른 종의 애견을 키우는 브리더를 만나기 위해 전국을 돌아다니지 않고도 각 종의 특성에 대해 배우고, 그 생김새를 알아두려면 어떻게 해야 하나요?

A 애견 쇼를 보러 가는 것도 좋은 방법입니다. 애견 쇼를 보러 가면 다양한 연령, 종, 색깔의 애견을 한 번에 볼 수 있습니다. 특정한 품종의 강아지가 자랐을 때 어떤 모습이 되는지 직접 볼 수 있고, 자신이 관심을 갖고 있는 종에 대해 정보를 얻을 수도 있습니다. 애견 잡지나 인터넷에 있는 동호회 등에서 애견 쇼에 대한 정보를 얻을 수 있습니다. 만약 쇼를 보러 가기가 힘들다면, 애견에 대해 종류별로 설명을 하는 책을 보십시오. 어떤 종을 기를지 결정을 하면, 자신이 원하는 종의 애견을 키우는 브리더에 대한 자세한 정보를 얻기 위해서 순종 애견에 대한 인증을 담당하는 기관(자세한 사항은 애견 잡지에서 확인할 수 있음)에 연락을 하시면 됩니다.

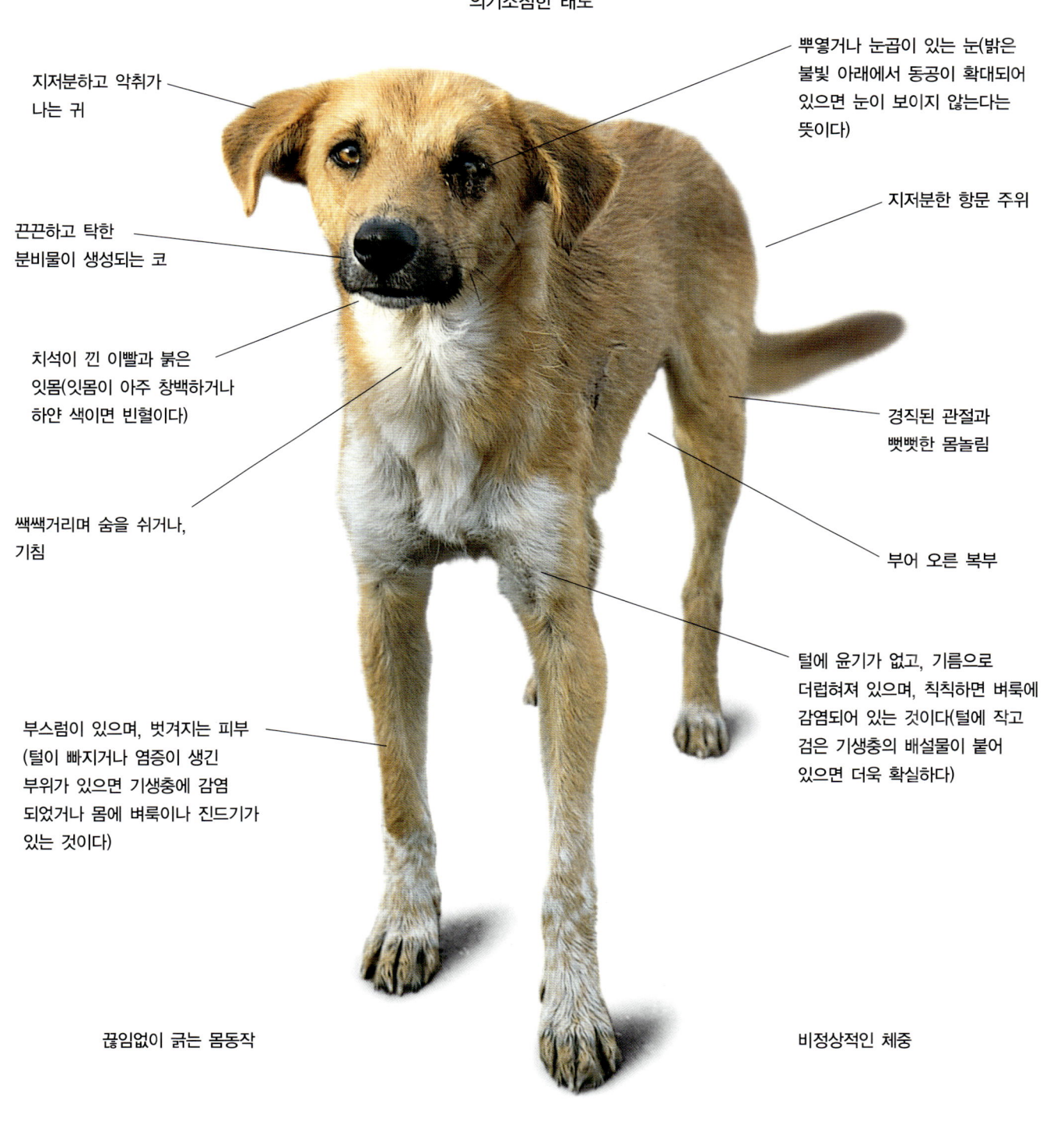

꼭 필요한 용품

애견을 위해 제작된 용품과 상품의 종류는 너무나도 다양하며, 많은 상품들이 애견에게 꼭 필요한 물건인 것처럼 광고를 한다. 그러나 이들 중 대부분은 꼭 필요한 물건이 아니다. 새로 애견을 한 마리 기른다고 해서 그토록 많은 물품이 필요하지는 않으며, 실제로 필요한 물품은 그리 값이 비싸지도 않다. 다음 체크리스트를 보면 기본적으로 필요한 것이 무엇인지 알 수 있으며, 필요한 경우 다른 물품들을 추가로 준비해도 된다.

Checklist
- ✓ 밥그릇과 물그릇
- ✓ 잠자리와 이불
- ✓ 장난감
- ✓ 응급 처치 장비(157페이지 참조)
- ✓ 목걸이와 이름표
- ✓ 애견 줄
- ✓ 이동용 크레이트
- ✓ 털을 다듬을 도구
- ✓ 배설물 집게
- ✓ 실내용 애견 집
- ✓ 실외용 애견 집과 우리(만약 공간이 있다면)

밥그릇과 물그릇

애견을 키울 때에는 넘어지지 않는 애견 전용 밥그릇과 물그릇이 필요하다. 사기 그릇이나 스테인리스 스틸 그릇은 위생 측면에서도 뛰어나며, 애견이 물거나 씹을 수 없기 때문에 가장 좋다. 플라스틱 그릇은 좋지 않다. 내용물이 쏟아져도 상관없도록 그릇 밑에 흡수 매트나 신문지를 깔아두는 것이 좋다.

배설물 집게

배설물 집게는 애견이 실내나 실외에서 변을 보았을 때 배설물을 쉽고 위생적으로 집을 수 있도록 만들어진 도구이다. 변기에 버리면 막힐 수도 있으므로, 애견의 배설물은 신문지나 생화학분해가 되는 비닐에 싸서 가정용 쓰레기와 함께 버리면 된다. 외출 중에는 생화학 분해가 되는 작은 비닐을 준비하여 배설물을 담아와서 버리든지, 개 배설물을 버리도록 만들어 놓은 쓰레기통에 버리면 된다.

방사선 치료 중인 개의 배설물을 처리하는 방법에 대해서는 수의사나 지방 쓰레기 처리 업체에 문의하면 된다.

잠자리와 이불

애견을 위한 잠자리를 고를 때에는, 다 자란 후에도 사용할 수 있을 만큼 큰 것을 고르는 편이 좋으며, 외부의 찬 기운이 들어오지 못하도록 양 옆이 올라간 것을 사용하는 것이 좋다. 또한, 세탁이 편리한 소재로 만들어진 침구를 사용하는 것이 좋다(옆 페이지에 있는 도표 참조). 이불은 누웠을 때 편안할 수 있을 정도로 푹신한 것이 좋으며, 세탁이 편리하고, 빨리 마르는 소재가 좋다. 담요, 털 이불, 낡은 이불, 쿠션이나 오래된 베개, 푹신푹신한 애완동물용 이불 등을 사용하면 된다. 단열 효과가 있는 재질을 사용하는 것

밥그릇과 물그릇은 개의 먹이를 충분히 담을 수 있을 만큼 큰 것을 골라야 한다. 스패니얼과 같이 귀가 긴 애견을 기른다면, 귀가 음식과 물에 닿지 않도록 만들어진 특수한 그릇을 사용하는 것이 좋고, 애견이 바닥에 그릇을 놓고 먹이를 먹는 것을 힘들어하면 밥그릇을 올려둘 수 있는 스탠드를 구입하는 것도 좋다.

한눈에 살펴보는 애견을 위한 잠자리와 이불

잠자리 종류	좋은 점	나쁜 점
마분지 상자	• 저렴하다. • 쉽게 구할 수 있다. • 양 측면이 높게 만들어져 있어서 바람이 들어오지 않는다.	• 주기적으로 교체해 주어야 한다. • 상자 이외의 다른 이불이 필요하다. • 씹을 수도 있다.
플라스틱	• 비싸지 않다. • 위생적이다. • 청소하기 쉽다. • 높이가 높은 경우 밖에서 바람이 들어오지 않는다.	• 다른 이불이 필요하다. • 씹을 수도 있다.
대바구니	• 보기 좋다.	• 비싸다. • 외부에서 바람이 들어온다. • 먼지나 털 등이 끼어서 청소가 어렵다. • 다른 이불이 필요하다. • 씹을 수도 있다.
쿠션이나 인조털이 있는 침대	• 편안하다. • 별도의 이불이 필요 없다.	• 자주 씻어주지 않으면 벼룩이 생길 수 있다. • 씻고 말리기가 어렵다. • 비싸다. • 씹을 수도 있다.
콩 주머니처럼 생긴 침대	• 편안하다. • 따뜻하다. • 애견들이 좋아한다.	• 커버를 씻으려면 안에 들어 있는 폴리스틸렌 알맹이들을 모두 꺼내야 하기 때문에 시간이 많이 걸린다. • 안에 들어 있는 알갱이가 빠져 나오면, 치우는 데 시간이 많이 걸린다. • 씹을 수도 있다.

애견이 자란 후에도 편안하게 누울 수 있을 만큼 큰 침대를 사는 것이 좋다. 양 옆이 높게 만들어져 있으면 바람이 들어오지 않고, 침구가 두꺼우면 따뜻할 뿐 아니라, 욕창이 생기지 않도록 보호해 준다.

32 애견 고르기

애견들은 공을 가지고 노는 것을 좋아한다. 애견에게 공을 줄 때에는 입 속에 공을 넣어 목에 걸리지 않도록 하기 위해 입의 크기보다 큰 것을 주어야 한다.

유용한 정보

개가 실내에서 특정한 곳에 접근하지 못하도록 하기 위해 칸막이를 설치하더라도, 사람들이 보이도록 하여 외로움을 느끼지 않도록 배려해야 한다.

이 좋다. 어떤 종류의 이불을 사용하든 주기적으로 세탁하여 먼지를 제거하고 벼룩에 감염되지 않도록 해야 한다.

장난감

장난감이 있으면 사람과 개가 함께 놀 수 있을 뿐 아니라, 애견은 장난감을 갖고 놀면서 냄새를 쫓아가고, 시각을 활용하고, 따라다니고, 쫓아다니며, 발로 붙들고, 물고, 흔들고, 먹이를 죽여서 먹기도 하는 본능을 충족시킬 수 있다. 살아있는 먹이처럼 움직이는 장난감을 주면 애견과 주인 모두 즐거운 시간을 보낼 수 있다.

장난감을 던지면 무언가를 쫓아가서 잡으려고 하는 개의 본능을 자극하기 때문에 대부분의 개를 놀이에 끌어들일 수 있다. 또한, 개의 이런 본능을 이용해 훈련을 시킬 수도 있다. 장난감을 숨겨두어 냄새를 맡아 찾아내도록 하면 냄새를 따라가서 먹이를 찾아 죽이려는 본능을 충족시켜줄 수 있다. 장난감을 흔드는 것은 개가 살아있는 먹이를 잡을 때 그 먹이를 놀라게 하거나 치명적인 상처를 입혀 저항하지 못하도록 하기 위해 하는 동작이다. 많은 개들이 하듯이 장난감을 씹거나 물어뜯어서 조각을 내는 행위는 시체를 물어뜯어 살점을 뜯어먹고자 하는 본능을 충족시켜준다.

껌이나 발을 이용해 갖고 놀 수 있는 장난감을 주면 애견의 주의를 집중시킬 수 있다. 발을 이용해 갖고 노는 장난감 안에는 비스킷이 들어있어, 애견이 머리를 써서 꺼내어 먹도록 만들어져있다. 애견들은 질리지 않고 이런 장난감을 오랫동안 잘 갖고 논다. 껌을 줄 때에는 각 애견에게 적당한 크기의 것을 주어야 하며, 질식의 우려가 있으므로 껌을 줄 때에는 반드시 옆에서 지켜보는 사람이 있어야 한다.

시중에서 애견을 위한 수많은 장난감들이 판매되고 있다. 공에 줄을 달아 당겼다가 풀어주는 장난감도 있고, 추진 장치가 달려 있어서 사람이 그냥 던져주는 것보다 더 멀리 날아갈 수 있는 장난감도 있다. 아주 활동적인 애견들은 추진 장치가 달려 있는 장난감을 던져주면 장난감을 찾아오기 위해 더 멀리 달려갈 수 있기 때문에 매우 좋아한다.

올바른 용품이 있으면 애견을 기르는 것이 더욱 쉬워진다.

목걸이와 이름표

목걸이의 디자인은 다양하지만 넙적한 가죽이나 천으로 만든 줄, 혹은 나일론이나 가죽과 체인을 섞어서 만든 줄이 적당하다. 나일론이나 가죽과 체인을 섞어서 만든 줄에는 방울을 달아 애견의 주의를 집중하게 만들 수 있기 때문에 훈련을 시키기에 적합하며, 나일론이나 가죽과 섞여 있기 때문에 목에 손상이 가지 않는다.

목걸이를 걸어줄 때에는 목걸이와 목 사이에 손가락이 두 개 정도 들어갈 공간을 남겨 두어야 한다. 목이 줄에 쓸려 상처가 생기지 않았는지 주기적으로 살펴보아야 하며, 성장 중인 애견의 목에 목걸이가 너무 꽉 끼지 않는지 확인해야 한다.

애견 줄

목걸이와 마찬가지로 애견 줄도 길이와 모양이 다양하지만 주인과 애견에게 가장 적당한 것을 고르는 것이 중요하다. 애견에게 알맞은 길이의 줄을 고르고, 주인이 잡기에 적당한 넓이의 줄을 고르면 쉽고 편하게 애견을 통제할 수 있다.

줄을 고를 때에는 가볍게 긴장감을 줄 수 있는 것을 선택하는 것이 좋다. 줄이 너무 짧으면, 애견이 끌려 다니게 되고, 너무 길면 다루기가 어렵다. 원하는 대로 길이를 조절할 수 있는 모양의 가죽이나 천(조련사들이 선호하는 줄)으로 만들어진 줄을 사용하는 것이 좋다. 이런 줄을 사용하면 밖에 데리고 나가 산책을 시킬

자신이 키우는 애견의 목에는 이름과 전화번호가 적힌 이름표가 달린 목걸이를 걸어 주어야 한다. 목걸이를 걸어 두어야만 잃어버리거나 사고가 생겼을 때 주인을 찾을 수 있다.

다양한 종류의 목걸이와 줄이 시판되고 있지만, 편안하고 효율적으로 애견을 다루고 훈련시키려면 자신이 키우는 애견에게 적당한 것을 골라야 한다.

유용한 정보

차도 옆을 지나가거나 다른 동물 곁을 지나갈 때에는 신축성이 있는 줄을 사용하지 않는 것이 좋다. 애견을 빨리 당길 수 없기 때문에 사고가 발생할 수도 있다. 뿐만 아니라, 신축성이 있는 소재는 더러워지거나 젖어서 빨리 닳을 수도 있으므로, 주기적으로 점검을 하여 필요할 때 적절하게 사용할 수 있도록 해야 한다.

때에나 훈련을 시킬 때에나 모두 도움이 된다.

신축성이 있는 애견 줄도 판매가 되고 있지만, 필요할 때 쉽게, 빨리 애견을 가까이 당길 수 있는 줄을 사용하는 것이 좋다. 자신이 키우는 애견의 몸무게에 적합한 줄을 골라야 한다. 너무 약한 줄을 고르면, 필요할 때 적절하게 애견을 통제하지 못할 수도 있다(힘을 주었을 때 끊어져 줄을 잡고 있는 사람의 얼굴이나 몸에 줄이 튕겨져, 심각한 상처를 입힌 사례가 보고 된 바 있다). 안전 측면에서 생각해 본다면, 쉽게 흥분하는 애견을 기르고 있다면, 신축성이 있는 줄은 사용하지 않는 것이 좋다.

크레이트

애견을 위한 잠자리로도 활용할 수 있고, 배변 훈련을 시키기에도 좋은 장소가 된다. 또한, 필요한 경우 다른 가족이나 애완동물로부터 보호하기 위해 넣어둘 수도 있으며, 애견과 함께 여행을 할 때에도 안전하게 넣어둘 수 있다. 크레이트는

주의 사항

목 둘레를 감싸는 체인은 사용하지 않는 것이 좋다. 이런 종류의 체인을 사용하면 애견이 불편해 할 수도 있고, 몸에 상처가 생길 수도 있다.

출입구의 형태와 크기가 다양하다. 튼튼하게 잘 만들어진 것은 비싸기 때문에, 애견이 다 자란 후에도 사용할 수 있을 정도로 충분히 큰 것을 고르는 것이 좋다. 너무 싼 것을 구입하면 조잡하고 허술하게 만들어져 있어, 다시 구입해야 하므로 결과적으로 손해가 된다.

플라스틱으로 코팅을 한 철제 크레이트는 도금을 한 철제 크레이트나 코팅을 하지 않은 철제 크레이트보다 소리가 나지 않고 청소하기가 쉽다. 양문형 크레이트는 사용하기에 더욱 편리하며, 특히 자동차에서 사용하기에 좋다.

자주 받는 질문

Q 실내에 크레이트를 꼭 마련해야 하나요?

A 꼭 필요하지는 않지만, 준비해 두면 매우 요긴하게 사용할 수 있습니다. 애견을 처음 데려와서 친해지기 위해 시간이 걸릴 때 크레이트가 있으면, 좀 더 편안하게 느끼며, 새로운 애견이 나타났을 때, 원래 있던 애완동물들이 불안해하거나 어수선하게 행동하는 것을 막을 수 있습니다. 강아지를 잠깐 동안 돌볼 수 없어서 불안할 때, 크레이트에 넣어두면, 강아지가 전선이나 다른 해로운 물질을 갖고 놀다가 다치는 것을 막을 수 있습니다. 애견을 데리고 여행을 할 때에도 유용하게 사용할 수 있습니다. 애견 집에 넣어 차 안에 두면, 애견과 다른 탑승자가 모두 불편을 느끼지 않고, 친구에게 맡길 때에나 함께 여행을 갈 때에도 요긴하게 사용할 수 있습니다.

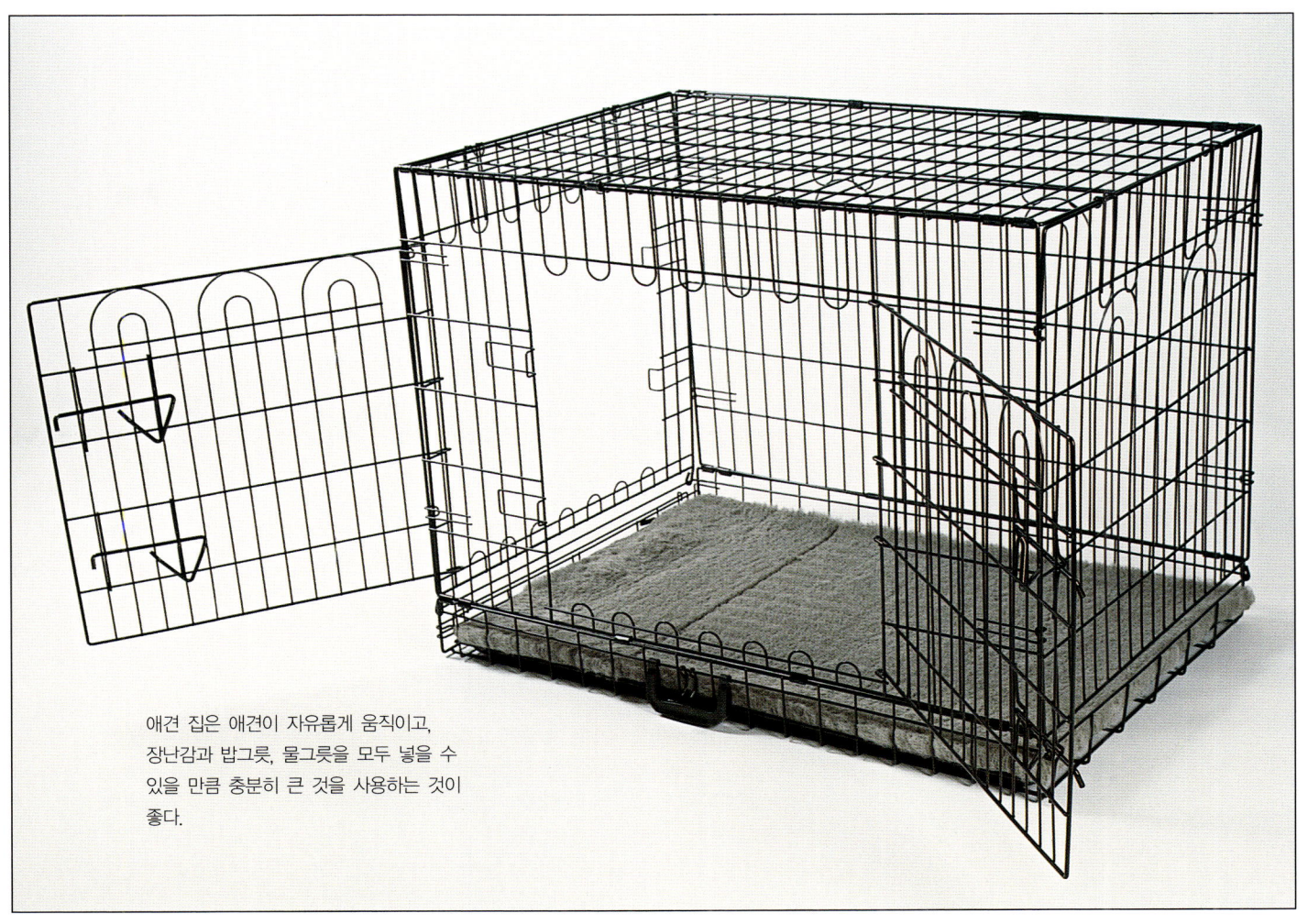

애견 집은 애견이 자유롭게 움직이고, 장난감과 밥그릇, 물그릇을 모두 넣을 수 있을 만큼 충분히 큰 것을 사용하는 것이 좋다.

애견의 털 종류에 맞게 털을 관리하는 도구를 골라야 한다. 벼룩 제거용 빗(오른쪽)은 털에 붙어 있는 벼룩을 제거하는데 도움이 되고, 슬리커 브러쉬(중간)는 몸에서 떨어진 털을 제거하는데 도움이 되며, 빗살이 성긴 빗(좌측)은 긴 털이 엉켰을 때 사용한다.

유용한 정보

벼룩 없애는 목걸이를 목에 걸어주고, 동시에 벼룩을 없애는 다른 치료도 병행하면 약물의 과다 투약으로 병에 걸릴 수 있다.

털 관리 도구

모든 애견은 주기적으로 털을 다듬어 주어야 하며 종류에 따라 그 주기는 달라진다. 털을 다듬어 주는 목적은 애견의 피부와 털이 좋은 상태를 유지할 수 있도록 하고, 외모를 가꾸고, 집안 곳곳에 털을 흘리고 다니지 않도록 하고, 털이 엉키는 것을 막기 위한 것이다.

털이 짧은 종의 경우, 빳빳한 빗이 가장 좋다. 털이 중간 정도의 길이라면, 빳빳한 빗과 털에 윤기를 주기 위해 사용하는 장갑을 이용하는 것이 가장 좋다. 털이 긴 종류의 경우 털이 뭉쳤다면, 철제 빗을 이용해서 엉킨 부위를 풀어 주어야 한다. 애견 브리더나 애견 미용 센터를 방문하면 각 애견에 맞는 방법으로 털을 다듬어 줄 수 있는 방법을 알려줄 것이다.

주기적으로 털을 자르고 깎아주어야 하는 종류를 기르는 사람은 몇 주에 한 번씩 미용 센터에 데려가는 것보다 도구를 구입하여 집에서 직접 하는 것이 훨씬 좋다. 털을 멋지게 가꾸기보다 적당한 길이를 유지하는 정도로만 관리할 생각이라면 직접 하는 편이 훨씬 저렴하다. 그러나 전문적인 털 관리를 하려면 기술이 필요하기 때문에 보이는 것만큼 쉽지 않다. 애견의 털을 적당히 잘 깎아주려고 한다면, 전문가의 시범을 보고 배우는 것이 좋다.

기생충 관리

애견은 몸속이나 털 등에 기생하는 기생충 때문에 병에 걸리기도 한다. 몸속에 있는 기생충이나 털이나 피부 등에 생기는 벼룩, 진드기, 이 등을 주기적으로 제거해 주어야 한다. 가장 효과적인 방법은 동물 병원에 데려가 치료를 받도록 하는 것이며, 슈퍼에서 파는 약물과는 달리 효과가 뛰어나므로 값이 비싸더라도 값어치가 있다. 자세한 정보는 142페이지에 나와 있다.

우리

애견을 위한 우리를 만들어 두면 다음과 같은 좋은 점이 있다.
- 정원에 두었을 때 습관적으로 달아난다면 도망치지 못하도록 막아준다.
- 물에 젖거나 몸이 더러워졌을 때 몸을 말릴 수 있다.
- 개를 무서워하거나 싫어하는 손님이 왔을 때 애견을 가두어 둘 수 있다.
- 손님이 애견을 데려왔는데, 서로 어울

전문가에게 맡겨 털을 관리할 계획이라면, 애견을 테이블 위에 올려두고 (처음에는 미끄러지지 않는 소재의 매트에 올려두고 털을 다듬어 줌) 털을 관리하는데 익숙해지도록 해야 한다.

애견 고르기

리지 못할 때, 따로 떼어 놓을 수 있으므로 도움이 된다.
• 필요할 때 애견이 쉴 수 있는 장소가 된다.

차 안에서 개가 마음대로 다닐 수 있도록 내버려 두면 운전자와 다른 탑승자, 애견 모두에게 위험하다. 애견과 함께 이동을 할 때에는 줄이나, 크레이트 등을 이용해 움직이지 못하도록 미리 조치를 취해 두어야 한다.

애견을 위한 구급상자

구급상자를 준비해 두면 작은 상처를 치료하는 데에도 도움이 되며, 응급상황이 발생했을 때 의사가 올 때까지 응급 처치를 할 수 있다. 애완동물 가게나 동물 병원에서 구급상자를 구입할 수 있다. 구급상자와 응급 처치에 대한 자세한 정보는 156페이지에 나와 있다.

개에 관한 사실

현관이나 벽에 고양이 출입구와 같은 애견 출입구를 만들어 두고, 그 곳을 이용하도록 훈련을 시킬 수 있다. 출입구를 만들어 두면 애견이 위험 요인이 있다고 여겨 정원이나 마당을 지키러 나가야겠다는 느낌이 들 때나, 변을 보고 싶을 때 주인의 도움을 받지 않고도 밖에 나갈 수 있다.

애견 먹이 주기

애견을 건강하게 키우려면 매일 적정량의 균형 잡힌 먹이를 주는 것이 중요하다. 요즈음은 애완동물용 음식 산업이 발달하여 다양한 애견용 먹이가 판매되고 있어서, 가장 적합한 제품을 선택하는 것이 쉽지 않다. 그러나 다음 체크리스트를 보면 애견에게 필수적인 영양소가 나열되어 있다. 애견의 나이, 건강, 생활 습관 등을 고려하여 제품을 구입하면 도움이 된다.

Checklist
- ✓ 단백질
- ✓ 탄수화물
- ✓ 지방
- ✓ 비타민
- ✓ 미네랄
- ✓ 섬유질
- ✓ 물

식습관

개는 잡식성 동물로, 고기가 들어있는 음식을 좋아하긴 하지만, 특수 제조된 채식만 공급해 주어도 무리 없이 잘 살아간다. 야생 상태의 개는 먹이를 사냥하고, 죽여서, 먹고 휴식을 취한다.

먹이를 사냥해 한 마리를 하루 만에 통째로 먹은 후에, 이후 2, 3일 동안 전혀 음식을 먹지 않고도 살 수 있다. 개는 음식이 주어졌을 때 배가 지나치게 불러올 때까지 먹으려고 하는 경향이 있는데, 이는 야생 상태에서는 다음 먹이를 찾을 때까지 오랜 시간이 걸리는 경우가 많기 때문에, 본능적으로 행동을 하기 때문이다.

집에서 키우는 애견은 다 자란 개의 경우 하루에 한 번 먹이를 주면 된다. 그러나 두 번 정도 나누어서 먹이를 주면 서로 교감을 할 수 있는 횟수가 많아지고, 애견의 흥미를 높일 수 있다.

저먼 셰퍼드 도그나 그레이트 데인, 세터처럼 가슴 부위가 발달한 종은 한 번에 먹이를 많이 주면 위가 확대되는 등 소화기에 치명적인 질환이 발생할 수 있으므로 여러 번 나누어 주는 것이 좋다.

애견이 신장 결석, 노화, 비만, 소화 장애, 당뇨, 구강, 잇몸 질환 등 특수한 질병을 앓고 있는 경우에는 동물 병원 등에서 판매하는 특수 먹이를 구입하여 주어야 한다. 뿐만 아니라, 털이 긴 종을 위한 먹이도 있고, 나이별 먹이도 시판되고 있다. 또한, 인공 첨가제가 들어 있지 않은 먹이도 있으며, 알레르기를 앓고 있는 애견을 위해 인공 첨가제를 넣지 않은 먹이도 있다.

필수 영양소

개에게 먹이를 주는 것은 어려운 일이 아니며, 사람보다 단백질을 약간 더 필요로 할 뿐, 큰 차이는 없다. 거의 모든 종류의 고기, 곡물, 뿌리채소, 지방 등을 모두 소화시킬 수 있다. 애견에게 먹이를 줄 때 가장 신경을 써야 할 부분은 균형 잡힌 먹이를 주고, 목적에 알맞게 양을 조절해 주어야 한다는 것이다. 가령, 사역견이나 임신 중인 개, 성장 중인 개, 몸이 건강한 다 자란 개 등은 모두 다른 정도의 영양을 필요로 한다. 애견에게 필요한 영양소는 다음과 같다.

알맞은 먹이를 먹고 자라는 강아지들은 건강하게 성장할 가능성이 더욱 크다.

탄수화물

조리한 곡물의 전분이나 당 등을 통해 섭취하는 탄수화물은 애견이 먹는 먹이 무게의 70%(음식물 속에 들어있는 수분을 뺀 후) 또는 전체 칼로리의 2/3까지 차지할 수 있다. 애견 비스킷, 파스타, 쌀 등은 애견에게 탄수화물을 공급해 줄 수 있는 주요 공급원이 되며, 쌀은 밀에 알레르기 반응을 보이는 애견에게는 더할 나위 없이 소중한 탄수화물의 공급원이 된다.

단백질

고기와 식물에 들어 있는 단백질(고기에 훨씬 더 많은 양이 들어있음)은 신체 조직 형성, 손상 회복, 호르몬 형성 등의 역할을 한다. 건조된 애견 음식에는 15% 이상의 단백질이 포함되어 있고, 이 단백질 중 50% 이상은 동물성 단백질(고기와 유제품), 혹은 콩과 같은 고급 식물성 단백질이다.

미네랄

미네랄은 애견 먹이 라벨에 '회분' 이라고 표기하기도 한다. 미네랄 중에서도 칼슘, 인, 탄산나트륨(소금) 등을 균형 있게 공급하는 것이 중요하다. 칼슘과 인은 뼈를 구성하는 미네랄의 대부분을 차지하며, 애견에게 먹이를 줄 때 칼슘과 인의 비중은 3% 정도가 적당하다. 특히, 몸집이 큰 강아지를 키울 때에는, 칼슘을 지나치게 많이 주면 골격이 기형이 될 수 있으며, 인을 너무 많이 공급해 주면(살코기나 사람이 먹다 남은 음식을 먹이로 줄 때 인이 과다 공급될 가능성이 큼) 강아지에게 젖을 먹이는 암캐가 자간 증세를 보일 수 있다.

비타민

일명 레티놀이라도 하는 비타민 A는 성장과 시력에 중요한 역할을 하며, 비타민 B군은 신체 기능, 특히 중추 신경계가 제 기능을 하는데 있어 가장 중요한 역할을 한다. 비타민 D는 인과 마찬가지로 뼈와 이빨을 생성하는데 필요한 칼슘을 생성하도록 한다. 비타민 E(토코페롤)는 세포막을 형성하는데 중요한 역할을 한다. 일반적으로 연결 조직과 피부를 건강하게 유지하는데 중요한 역할을 하는 비타민 C(아스코르브산)는 개가 몸에서 저절로 생성하기 때문에, 비타민 C를 따로 먹일 필요는 없다.

유용한 정보

단백질이 많은 먹이를 주면 간이나 신장 질환을 앓고 있는 애견에게 무리가 간다. 몸에서 과다 단백질을 저장하지 못하고 배출하기 때문에, 배출 과정을 담당하는 간이나 신장이 이미 기능이 약해졌음에도 불구하고, 더 많이 움직이게 된다.

자주 받는 질문

Q 제가 키우는 애견은 활동량이 아주 많고 운동을 많이 합니다. 충분한 에너지를 공급할 수 있도록 단백질이 많이 함유된 먹이를 주는 게 좋을까요?

A 아니요. 활동량이 많은 애견에게는 지방이나 탄수화물이 많이 함유된 먹이를 주는 것이 훨씬 좋습니다. 단백질과는 달리, 지방이나 탄수화물은 간이나 신장에 무리를 주지 않기 때문입니다.

물은 생명을 유지하기 위해서 없어서는 안 되는 것이다. 애견이 항상 신선하고 깨끗한 물을 마실 수 있도록 해 주어야 한다. 매일 물그릇을 갈아 주어야 한다. 깨끗한 물을 이용해 그릇을 자주 씻어 주어야 한다(세제를 사용하면 물그릇에 세제가 남을 수도 있으므로, 세제는 사용하지 않는 것이 좋다). 자주 씻어주지 않으면, 침 때문에 그릇이 끈적거릴 수도 있다.

지방

지방이 있으면, 음식의 맛은 더욱 좋아질 뿐 아니라, 건강을 유지하기 위해 가장 중요한 필수 지방산(불포화 지방산)을 공급하는 주요 공급원이 된다. 필수 지방산은 피부를 통해 수분이 손실되는 것을 막아준다. 필수 지방산이 부족하면 생식 기능, 피부, 털, 상처 치유 등에 문제가 생긴다.

섬유질

섬유질이 부족하면 장 운동이 느려지기 때문에 변비나 소화 불량이 되기 쉽다. 특히, 나이가 많고, 운동량이 적은 애견의 경우 섬유질을 충분히 섭취해야 한다. 조리한 야채나 곡물 등에 섬유질이 많이 포함되어 있다.

균형 맞추기

애견에게 먹이를 줄 때 각 영양소를 골고루 섭취할 수 있도록 해주는 것이 좋다. 특정 영양소를 지나치게 많이 주면, 특정 영양소가 결핍될 때와 마찬가지로 건강에 문제가 생길 수 있다. 애견이 필요 이상의 칼로리(음식물을 통해 생성되는 에너지)를 섭취하면 지방이 축적되어 살이 찌게 된다. 사람과 마찬가지로, 비만해지면 심장 질환, 관절염, 폐기능의 저하 등 많은 건강상의 문제가 발생한다.

시중에서 판매하는 애견 먹이는 (좌측에서 우측으로) 수분이 있는 것, 적당량 수분이 함유되어 있는 것, 건조한 것 등이 있다. 각 종류를 먹여보고 애견이 가장 좋아하는 종류를 찾는 것이 좋다.

먹이 종류

시중에서 판매하고 있는 좋은 제품을 사서 먹이는 것이 가장 쉬운 방법이다. 집에서 직접 조리를 한 고기나 날고기를 주거나, 사람들이 먹고 남은 음식을 주면 비타민과 미네랄 등의 영양소가 부족해지기 쉽다. 그러나 시판되는 제품에는 이런 필수 영양소들이 골고루 들어 있다. 시판되는 제품에는 다음 네 가지 종류가 있다.

1. 수분이 있는 것(캔이나 파우치에 담겨 있다)

캔에 담겨 있는 먹이는 수분 함량이 높으며, 다양한 맛을 내며, 대부분의 애견들은 수분이 많은 이 종류의 먹이를 가장 좋아한다.

2. 적당량의 수분이 함유되어 있는 것(파우치에 담겨 있다)

콩과 같은 채소 단백질이 함유된 먹이가 많고, 캔에 담겨 있는 먹이보다 수분 함량이 적다. 밥그릇에 담아두면 건조해지지도 않고, 먹이가 눅눅해지지도 않는다.

3. 건조한 것

말 그대로, 건조한 먹이에는 최소량의 수분만이 들어있으며, 수분 이외의 애견이 필요로 하는 모든 영양소들이 골고루 들어 있다. 애견에게 먹이를 주기 전에 물에 적셔서 주는 종류도 있고, 건조한 상태 그대로 주는 종류도 있다. 건조한 먹이를 줄 때는 애견에게 마실 물도 충분히 준비해 주어야 한다.

이 사실을 아십니까?

건조된 애견 먹이를 오랫동안 따뜻하고 습한 장소에서 보관하면 부패하고 영양소가 파괴된다. 한두 마리의 애견만 키운다면, 일주일 동안 먹일 음식만 구입하여 항상 좋은 먹이를 줄 수 있도록 하는 것이 좋다.

한눈에 살펴보는 먹이 종류

먹이 종류	좋은 점	나쁜 점
수분이 있는 것(캔)	• 아주 맛있다. • 애견이 필요로 하는 모든 영양소를 담고 있다. • 개봉하지 않으면 오랜 기간 보관할 수 있다.	• 보관하기에 부피가 크고, 들고 다니기에 무겁다. • 냉장고에서 많은 공간을 차지한다. • 쉽게 살이 찐다. • 냄새가 많이 난다. • 이빨에 좋지 않다. • 고기나 다른 함유물 등을 확인할 수 없다. • 인공 첨가제가 많이 들어 있다. • 비싸다. • 빨리 상한다. • 일부 애견들은 소화 장애를 일으키기도 한다.
적당량의 수분이 함유되어 있는 것(파우치나 포일)	• 맛있다. • 애견이 필요로 하는 모든 영양소를 담고 있다. • 캔보다 보관하기가 쉽다.	• 칼로리가 높다. • 냄새가 많이 난다. • 이빨에 좋지 않다. • 고기나 다른 함유물 등을 확인할 수 없다. • 매우 비싸다. • 빨리 상한다. • 냉장고에서 많은 공간을 차지한다. • 인공 첨가제가 들어 있다.
건조한 것(팩)	• 경제적이다. • 냄새가 많이 나지 않는다. • 애견이 필요로 하는 모든 영양소를 담고 있다. • 건조한 먹이를 먹을 때 마찰이 생기기 때문에 이빨에 좋다. • 캔보다 가볍다. • 간편하다.	• 보관하기에 부피가 크다. • 너무 오랫동안 보관하면 상한다. • 수분이 함유된 종류보다 맛이 떨어진다. • 곡물이 많이 함유되어 있어 글루텐에 민감한 반응을 보이는 애견의 경우 문제가 생길 수도 있다.
건조된 보충 식품(팩)	• 경제적이다. • 냄새가 많이 나지 않는다. • 에너지 공급하기에 좋다. • 비타민과 미네랄 등을 보충하기에 좋다. • 건조한 먹이를 먹을 때 마찰이 생기기 때문에 이빨에 좋다. • 캔보다 가볍다.	• 단백질을 공급해 줄 수 있는 재료와 섞어서 주려면 시간이 걸린다. • 너무 오랫동안 보관하면 상한다. • 보관하기에 부피가 크다.
집에서 만든 먹이(조리한 고기, 날고기, 먹다 남은 음식, 곡물, 유제품, 과일과 야채)	• 경제적이다. • 남은 음식을 처리할 수 있기 때문에, 환경에 도움이 된다. • 당근 등 조리하지 않은 야채를 먹으면 이빨에 좋고, 신선한 영양소를 섭취할 수 있다. • 날고기를 씹으면 잇몸과 이빨을 깨끗하게 하는데 도움이 된다. • 집에 있는 재료로 먹이를 준비할 수 있다.	• 필수 영양소가 부족할 수도 있다. • 남은 음식을 너무 많이 주면 살이 찔 수도 있다. • 날고기에 기생충이나 유해한 박테리아가 들어 있을 수도 있다. • 날고기는 빨리 상한다. • 재료를 챙겨서 준비하려면 시간이 걸린다. • 요리할 때 냄새가 많이 난다. • 재료를 저장하고 미리 준비한 음식을 보관하기에 부피가 크다.

일일 권장 급식량

체중(다 자란 개)	먹이량
2kg	110g–140g
5kg	200g–280g
10kg	400g–570g
20kg	680g–900g
35kg	900g–1.1kg
45kg	1.25–1.6kg
70kg	1.7–2.5kg

유용한 정보

의사에게 문의하면 자신이 키우고 있는 애견에게 적합한 몸무게가 얼마인지 알 수 있다. 이상적인 몸무게를 알고 나면, 애견이 그 범위를 벗어나지 않도록 주의를 기울여야 한다. 애견의 몸무게를 잴 수 있는 가장 쉬운 방법은 우선 자신의 몸무게를 재고, 애견을 들어 올려 다시 몸무게를 잰다. 그런 다음, 두 번째 몸무게에서 첫 번째 몸무게를 빼면 애견의 몸무게가 된다.

4. 건조된 보충 식품

캔에 들어 있는 먹이나, 조리한 고기, 혹은 날고기 등에 곁들여 먹이도록 만들어진 먹이의 한 형태로, 곡물이나 비스킷 등으로 만들어져 있다. 이 제품만 먹이면, 애견이 필요로 하는 1일 영양 필요량을 채워줄 수 없다.

얼마나 먹이를 먹여야 하는가

다음에 따라 먹이량이 달라진다.
- 크기
- 활동량
- 나이
- 개의 특성
- 주위 환경

강아지와 사역견, 활동량이 많은 개는 다른 개보다 먹이 섭취량이 많으며, 나이가 많거나, 활동량이 적은 개는 먹는 양이 적다.

칼로리 계산

에너지는 칼로리라고 불리는 열량의 한 단위로 측정한다. 건강한 애견의 경우, 필요로 하는 칼로리와 하루에 소모하는 칼로리의 양이 같다. 이 균형이 잘 유지되면, 건강한 몸을 유지할 수 있고, 체중이 일정한 상태를 유지할 수 있다. 먹이를 잘 먹지 못하는 애견은 체중이 점점 줄어들고, 몸에 축적되어 있는 지방과 단백질을 사용하여 먹이를 통해 얻지 못하는 결핍된 영양소를 보충하기 때문에 몸 상태가 점점 나빠진다. 애견이 필요로 하는 일일 칼로

먹이를 잘 먹지 않는 애견을 다루는 방법

개는 맛이 있고, 영양소가 충분한 먹이를 준다면, 같은 음식을 계속 준다고 해서 질리지 않으며, 규칙적으로 식사를 하면 소화에 도움이 된다. 애견의 입맛이 까다롭다면 그것은 주인의 잘못이다. 배가 고픈 개는 절대로 굶지 않는다. 따라서 정해진 시간에만 먹이를 주고, 이외의 시간에는 아무것도 주지 않으면 하루나 이틀 만에 습관을 고칠 수 있다. 먹이를 주었을 때 20분 이내에 먹지 않으면, 먹이를 치워 버리고 다음 식사 시간이 될 때까지 아무것도 주지 않는다. 그러면, 애견은 다음 번 먹이를 줄 때부터는 음식을 먹을 것이다.

대부분의 개는 욕심이 많아서 이빨이나 위장에 문제가 있지 않으면, 눈앞에 있는 것은 모두 먹어 치운다.

강아지에게 질이 좋은 음식을 먹이면,
빠르게 자라는 강아지가 필요로 하는
영양소를 공급해 줄 수 있다.
필요한 경우, 각 품종에 맞는 음식을
주어야 한다. 특히, 대형견의 경우
그 특성에 맞는 음식을 주어야 한다.

집에서 만든 음식

개들은 집에서 만든 음식을 좋아하지만, 집에서 만든 음식만 주면 모든 영양소를 골고루 섭취하는 것이 힘들어진다. 집에서 만든 음식만 줄 경우에는 비타민과 미네랄이 함유되어 있는 보충제를 먹여주는 것이 좋다(수의사에게 문의하면 자세한 정보를 얻을 수 있다). 간편하게 먹이를 먹이려면(특히, 주인이 바쁠 경우), 시판되고 있는 애견용 먹이를 이용하고 가끔 집에서 만든 음식을 주거나, 아프거나 식욕을 잃었을 때에만 집에서 만든 음식을 주는 것이 좋다. 애견이 아플 때에는, 죽, 뼈 없는 고기나 생선, 스크램블 에그 등을 주면 애견도 좋아하고 소화도 쉽다. 조리한 음식을 줄 때에는 항상 식혀야 주어야 한다.

리 권장량은 몸의 크기, 나이, 활동 정도, 성격 등에 따라 달라진다. 예를 들어, 몸집이 작고 건강한 개가 하루에 두 시간 정도 활동을 한다면 몸의 크기에 따라 125-170칼로리 정도를 필요로 한다. 몸집이 큰 개는 크기에 따라 하루에 1,400칼로리 정도를 필요로 한다.

강아지는 빠른 속도로 성장하기 때문에 몸의 크기에 비해 많은 양의 에너지를 필요로 하며, 몸집이 작기 때문에 에너지 손실량이 높아 에너지 요구량이 높다. 수유 중인 암컷은 50-60% 정도 칼로리를 더 많이 필요로 하며, 활동량이 많은 사역견 등은 40% 정도 칼로리를 더 많이 필요로 한다(얼어붙은 알래스카 지역에서 열리는 유명한 이디타로드 경주에 참가하는 썰매를 끄는 개는 하루에 무려 8,000칼로리를 필요로 한다).

라벨 확인

시판되는 먹이를 구입할 경우, 포장지에 적혀 있는 성분 표시를 보면 하루 섭취량을 알 수 있다. 그러나 제조 회사들은 일일 섭취량을 좀 더 많게 적는 경향이 있다. 애견의 상태에 따라 섭취량을 늘리거나 줄이는 것이 좋다.

날고기와 날고기가 붙어 있는 뼈를 씹으면 이빨에 치석이 생기는 것을 막아주어 잇몸이 건강해진다. 또한, 뼈에는 미네랄이 풍부하다.

44 애견 고르기

애견에게 유해하지 않으며, 건강한 재료를 이용해 애견용 생일 케이크를 만들어 판매하는 곳도 있다. 1년에 한 번 이런 제품을 이용한다고 해서 애견의 건강이 나빠지지는 않는다.

유용한 정보

많은 애견들이 초콜릿을 좋아하지만, 초콜릿을 먹으면 병에 걸릴 수도 있고, 초콜릿을 많이 먹으면, 죽을 수도 있다. 따라서 애견에게 특별 음식으로 초콜릿을 주는 것은 좋지 않다. 대신, 애견에게는 애견용으로 만들어진 초콜릿을 주는 것이 좋다.

나이에 맞는 먹이

애견의 나이에 따라 다른 먹이를 주어야 한다(아래 도표 참조).

특별식

시판되는 먹이를 사 먹인다면, 별도의 보충제(비타민, 미네랄, 오일 등이 함유되어 있음)를 먹일 필요는 없다. 그러나 의사로부터 별도의 지시가 있다면, 보충제를 먹이는 것이 좋다. 영양소를 과다 섭취하면 건강에 오히려 나쁘다.

나이에 맞는 먹이

강아지	강아지는 보통 생후 5-6주가 되면 어미젖을 떼고 음식을 먹을 수 있게 된다. 생후 3주가 되면 서서히 젖을 떼기 시작한다. 젖을 완전히 떼고, 강아지를 위한 먹이를 먹기 시작하면, 강아지 전용 먹이만 먹이는 것이 좋다. 강아지 전용 먹이에는 강아지가 필요로 하는 모든 영양소가 소화하기 쉬운 형태로 모두 들어있기 때문이다. 이 단계에서 영양소를 골고루 잘 섭취하면, 건강하고 균형 잡힌 개로 성장할 수 있다.
젖을 뗄 때부터 생후 20주까지	강아지는 하루에 세 번 먹이를 주고, 저녁에 우유를 주어야 한다.
생후 20주부터 30주까지	하루에 세 번 먹이를 준다.
30주부터 9개월까지	하루에 두 번 먹이를 준다(종류와 성장 속도에 따라).
9개월부터 8년까지	하루에 한 번, 혹은 두 번 먹이를 준다.
8년 이상	애견의 건강 상태에 따라 하루에 한 번 혹은 두 번 먹이를 준다.

언제 먹이를 줄 것인가

애견을 키우는 사람들은 대부분 아침이나 저녁에 먹이를 준다. 애견의 나이에 따라 혹은 애견이 어떤 것을 좋아하느냐에 따라 아침이나 저녁에 두 번 먹이를 주는 경우도 있다. 하루에 두세 번 먹이를 나누어 주는 것을 좋아하는 애견도 있고, 한 번에 하루에 먹어야 할 분량을 모두 먹는 것을 좋아하는 애견도 있다. 단, 한 번에 먹이를 많이 주어도 몸에 해가 가지 않는 종에게만 해당한다(38페이지 '식습관' 참조). 또한, 배가 부른 개는 활동을 하려고 하지 않는다.

매일 같은 시간에 먹이를 주면 주인이 집에 늦게 돌아오거나 정해진 시간에 먹이를 주지 못하면 개가 스트레스를 받기 때문에, 다 자란 개의 경우 매일 정해진 시간에 먹이를 주는 것은 좋지 않다. 언제 먹이를 줄지 알지 못하면, 애견은 먹이를 줄 때 주인의 말을 잘 따르기 때문에 훈련을 시킬 때에도 도움이 되고, 입맛이 까다로운 애견을 교정시키는 데에도 도움이 된다.

먹이를 줄 때 지켜야 할 사항

먹이를 줄 때 지켜야 할 사항은 다음과 같다.
- 애견은 먹이를 먹을 때 주위를 어지럽히는 경향이 있으므로 밥그릇 아래에 매트나 신문 등을 깔아두는 것이 좋다.
- 소화 장애가 생기지 않도록 주기적으로 먹이를 바꾸어 주는 것이 좋다.
- 지나치게 자극적인 음식이나 알코올이 첨가된 음식은 주지 않는 것이 좋다.
- 목에 음식물이 걸려 질식하지 않도록 육류나 생선의 뼈를 제거해야 한다.
- 항상 신선하고 깨끗한 물을 주어야 한다.
- 물그릇과 밥그릇을 항상 깨끗하게 관리해야 한다.
- 사람이 먹는 초콜릿은 개에게 유해한 영향을 미칠 수도 있으므로, 애견에게 먹이면 안 된다.
- 애견이 먹이를 먹지 않거나 물을 마시지 않으려고 하면 동물병원에 데려가야 한다.
- 주인이 식사를 하고 있을 때 애견이 식탁 주위에서 서성이지 못하도록 하여야 한다. 애견이 애처로운 눈빛을 하고 있으면 뿌리치기가 힘들지만 사람이 먹는 음식을 함께 먹으면 살이 찔 수도 있으므로 애견을 위해서 냉정해지는 것이 좋다.

식탁 위에 있는 음식을 조금씩 주다 보면, 식탁 위에 있는 음식을 몰래 먹거나 접시를 핥아먹을 수도 있다. 한 번 이런 습관이 형성되면 고치기가 매우 어려우므로 처음부터 이런 습관이 생기지 않도록 하는 것이 좋다.

음식 위생

- 통조림에 들어 있는 먹이는 일단 개봉하면 쉽게 상한다. 따라서 냉장고에 보관하거나 24시간 내에 사용하는 것이 좋다. 먹다 남은 먹이는 도자기, 스테인리스 스틸 또는 플라스틱 용기 등에 담아두면 먹이가 오염되는 것을 막을 수 있다.
- 가정용 소독약과 세제는 밥그릇과 물그릇을 오염시킬 수 있으므로 되도록 사용하지 않는 것이 좋다. 식염수(1/2리터의 물에 소금 한 스푼 탄 물)나 애견용 그릇 세제를 사용한 후, 깨끗한 물로 헹구는 것이 좋다. 매일 그릇을 씻어야 애견을 건강하게 키울 수 있다.
- 사람의 식기와 애견이 사용한 그릇들은 따로 세척해야 한다.
- 수분이 함유되어 있는 먹이를 사용할 때에는 다음에 다시 사용할 때까지 밀봉하여 먹이를 신선하게 유지하는 것이 좋다.

좋은 환경

애견이 신체적, 정신적으로 건강하게 생활하려면, 환경이 안전해야 하며, 애견이 스스로 자신은 안전하다고 느껴야 한다. 걱정 없이, 애견이 즐겁게 생활할 수 있도록 하려면, 주인이 애견을 행복하게 해 주고 해로운 것으로부터 보호하기 위해 최선을 다 해야 한다. 애견이 속한 환경 내에서(체크리스트 참조) 필요로 하는 것들을 충족시켜 주면 애견과 주인은 모두 만족할 수 있다. 이러한 욕구가 모두 충족되는 한, 애견은 매우 행복할 것이다.

Checklist
- ✓ 안전하고 편안한 휴식 장소
- ✓ 안전하다는 느낌
- ✓ 안전한 자신만의 영역
- ✓ 자신만의 공간
- ✓ 사냥의 본능을 충족시킬 수 있는 장난감
- ✓ 충분한 먹이와 물
- ✓ 주인이나 다른 애완동물과의 어울림

생활환경

애견에게 가장 이상적인 생활공간은, 가족 구성원과 애견이 모두 각각 충분한 공간을 활용할 수 있을 만큼 넓은 집이다. 애견을 운동시킬 만큼 충분한 크기의 정원이 없다면, 하루에 두 번씩 한시간 정도 산책을 시켜 주어야 하며, 줄을 매지 않고도 운동을 할 수 있는 장소를 알아 두어야 한다. 애견이 집에서 생활을 한다면, 집에서 항상 좋은 냄새가 나도록 노력해야 하며, 애견의 털이나 더러운 발자국이 남아 있지 않도록 자주 청소해 주어야 한다. 애견으로 인해 집이 더럽혀지면 가족 구성원 모두에게 스트레스가 되므로, 지나치게 크고, 털이 많으며 침을 많이 흘리는 종류는 선택하지 않는 것이 좋다.

텔레비전이나 잡지에서 보았던 애견의 외모에 현혹되어 애견을 사는 것은 좋지 않다. 애견을 사고자 할 때에는, 액세서리를 사는 것이 아니라, 살아있는 애견을 구입하고 있다는 점을 기억해야 한다. 아파트나 작은 연립 주택에 산다면, 그레이트 데인, 아프간 하운드, 보더 콜리, 저먼 셰퍼드나 사역견, 가축몰이 개 등을 살 생각은 접는 것이 좋다. 이런 종류는 건강하게 생활하려면 충분한 공간이 필요하기 때문에, 좁은 공간에서 생활하면, 정신적으로나 신체적으로 건강한 생활을 할 수가 없다.

마찬가지로, 라사 압소나 올드 잉글리시 십도그처럼 귀엽고 털이 긴 종류를 좋아한다 하더라도, 털을 잘 관리하기 위해 필요한 비용과 털로 인해 발생하는 여러 문제들을 적절히 해결할 마음의 준비가 되어 있지 않다면, 오랫동안 건강하고 보기 좋은 외모를 유지할 수가 없다. 또한, 시골 지역에 살면서 멋진 개를 함께 데리고 다니길 원한다면 페키니즈는 적당하지 않다. 페키니즈는 실내에 머무르는 것을 좋아하고, 자신을 아껴주는 주인으로부터 귀여움을 받고 귀하게 크는 것을 좋아한다. 자신이 원하는 종류의 애견과 자신이 생활하는 환경이 서로 맞지 않으면, 애견과 주인 모두가 힘들게 된다. 그러나 애견을 선택하기 전에 충분히 공부를 해 두면, 자신이 생활하는 환경과 알맞은 종류를 선택하여 함께 행복하게 생활할 수 있다.

많은 사람들은 애견을 고를 때 잉글리시 스프링어 스패니얼과 같은 개를 원하지만, 운동과 훈련을 충분히 시켜주지 못하고, 뛰어난 두뇌를 자극해 주지 못하여, 자신의 선택을 후회하게 되는 경우가 종종 있다.

안전과 안정

사람과 마찬가지로, 애견도 자신의 생활공간 안에서 안전하다고 느껴야 한다. 애견의 정신적 신체적 욕구를 충족시켜주는 것이 애견의 안정감을 높여주기 위한 첫 번째 단계이다. 애견만의 생활공간을 존중해 주면 애견이 더욱 안전하다고 느낀다. 사람이나 (특히 애견이 놀고자 하는 욕구가 없을 때 아이들이 방해하지 않도록 해야 함) 다른 애완동물로부터 방해 받지 않고 쉴 수 있는 공간을 마련해 주고, 그 공간에 너무 가까이 다가가지 않고 멀리서 가끔 살펴 보기만 하면 애견은 감정적으로 더욱 안정감을 느낄 것이다. 사람들이 가끔 자신만의 시간을 원하는 것과 마찬가지로 — 휴식을 취하거나, 사색에 잠기거나 재충전을 위해 방해 받지 않고 잠을 잘 수도 있다 — 애견도 혼자만의 시간이 필요할 때가 있다. 사람들이 개인 공간이나 시간을 침해당했을 때 화를 내듯이 잠자고 있는 개를 건드리면, 애견도 화가 날 수밖에 없다.

정신적 신체적 건강을 위해서 애견이 원할 때 다른 사람이나 애완동물로부터 방해 받지 않고 쉴 수 있는 공간이 필요하다.

실내에서의 안락한 생활

애견을 키울 때에는 애견이 방해 받지 않고 쉴 수 있도록 해 주어야 하며, 사냥하고자 하는 욕구를 충족시킬 수 있는 장난감을 주어야 하고, 신체적 욕구를 충족시키기 위해 충분한 물과 먹이를 주어야 한다(38-45페이지 참조). 애견을 키우는 사람들은 대부분 자신들이 애견에게 사랑과 관심을 주기 때문에, 애견은 항상 가까이 있어야 한다고 생각한다. 사람들의 이런 생각이 애견을 실내에 두는 가장 큰 이유이다.

애견이 실내에 머무르고 싶어지도록 하려면, 즉, 주인과 애견의 관계가 성공적이고 아무런 문제가 없도록 하려면, 애견에게 중요하며, 애견이 필요로 하는 것들을 제공해 주어야 한다.

로 충족시키지 못했기 때문이다. 이런 경우라면, 문제의 원인이 무엇인지 살펴보고 최선을 다해 그 문제를 해결하는 것이 좋다. 충분한 관심을 받지 못하거나 운동을 시켜주지 않아서 문제를 일으키는 것은 아닌지 생각해 보아야 한다. 문제의 근본적인 원인을 찾으면 이미 절반은 해결한 것이나 다름없다.

주인의 성격

자신이 애견을 대하는 태도에 대해서도 생각해 보아야 한다. 어떤 종류의 애견을 선택하든, 애견은 주인의 감정을 느낄 수 있기 때문에, 주인이 항상 스트레스로 가득 찬 생활을 하는 사람이라면, 애견 또한 스트레스를 많이 받을 수밖에 없다. 주인이 차분하고 일관된 태도로 행동을 할 때 애견이 주인을 가장 잘 따른다. 애견에게 소리를 지르거나, 폭력을 사용하면 애견이 겁을 먹게 되고, 당연한 결과로 발달 장애나 행동 장애가 나타나게 된다.

좋은 주인이라면 설사 애견이 올바르지 않은 행동을 하더라도 화를 내지 않고 인내심을 갖고 차분하게 행동해야 한다. 애견을 기를 때에는 항상 '서투른 목수가 연장 탓만 한다'라는 속담을 기억해야 한다. 주인이 생각하기에 나쁜 행동을 한다면, 그것은 주인이 애견을 제대로 훈련 시키지 못했거나 애견의 욕구를 제대

미리 준비해 두는 것이 좋다.

애견을 키울 때 보험에 들지 않으면 오히려 더 큰 경제적 부담이 생길 수도 있다. 보험에 들지 않았다면, 애견이 장기간 동안 치료를 받아야 할 때 엄청난 비용을 지불해야 한다는 뜻이며, 자신이 키우는 애견으로 인해 발생한 대인, 대물 손상으로 인해 기소되어 엄청난 경제적 부담을 지게 될 수도 있다. 여러 회사의 보험 상품을 살펴보고 가장 적당한 보험을 찾거나, 수의사에게 물어보는 것도 좋은 방법이다. 보험에 가입할 때에는 작은 글씨로 씌어져 있는 약관을 꼼꼼하게 읽어보아야 한다.

생활양식

하루 종일 밖에서 일을 해야 한다면, 주인이 옆에 없어도 싫어하지 않는 종류를 선택해야 한다(어린 강아지를 오랜 시간 동안 혼자 내버려 두는 것은 올바른 행동이 아니므로, 다 자란 개를 고르는 것이 좋다). 그럼에도 불구하고, 사람과 함께 있어야 하는 종류를 선택했다면 하루에 한 번 이상 집에 와서 애견을 돌봐 주고 밖에 데리고 나가 변을 볼 수 있도록 도와 줄 사람을 찾아야 한다.

강아지를 기르기 시작하면, 처음 몇 달 동안은 많은 시간을 할애해야 한다. 배변 훈련도 시켜야 하고, 기본적인 복종 훈련도 시켜야 한다. 시간이 지나도, 매일 두 시간 이상 애견을 돌보고 운동시키는데 할애해야 한다. 애견을 훈련시키고 운동시키고 애견과 놀아주는데 이 정도의 시간을 할애할 수 있겠는가? 그렇지 않다면, 다시 생각해 보는 것이 좋다.

주인이 일을 하러 갔을 때 혼자 남겨지는 것을 몹시 싫어하는 종류도 있다. 이런 종류의 애견을 혼자 남겨 두면, 실내에 배변을 하거나 물건을 넘어뜨리거나, 폭력적인 행동을 하거나, 짖거나, 씹는 등 행동 장애가 발생할 수 있다.

유용한 정보

주기적으로 장난감을 바꾸어주면 애견이 지루해 하지 않고, 장난감에 대한 관심을 높일 수 있다. 오랫동안 무언가를 쫓아다니는 것을 좋아하는 종류의 애견은 굴러가는 장난감에 관심을 보이고, 살아있는 먹이를 비틀고 뒤집는 것을 좋아하는 종류의 애견은 튀어 오르고 튕겨나가는 장난감을 좋아한다.

지루함을 달래는 방법

'콩'이라고 하는 장난감에 애견이 좋아하는 것을 넣어주면 주인이 곁에 없을 때 갖고 논다. 필요한 경우, 애견이 주인에게서 멀리 떨어지도록 할 때에도 사용할 수 있다.

1 '콩'에 치즈나 땅콩버터를 가득 채운다. 비스킷을 그 속에 밀어 넣는다.

2 칼을 이용하여 밖으로 빠져 나온 부분을 다듬는다. 애견에게 장난감을 주어 갖고 놀도록 한다.

애견은 장난감을 갖고 놀면서 사냥을 하고자 하는 본능을 충족시킨다. 장난감을 갖고 놀면 정신적으로 신체적으로 건강하게 생활할 수 있다.

놀이

시간을 정해두고 애견에게 관심을 보여주고 놀아주면 애견이 항상 그 시간을 기다리게 되고, 이외의 시간에는 주인의 관심을 끌기 위해 보채거나 조르지 않는다. 이 시간을 좀 더 재미있고 애견과 주인 모두에게 유익하게 보내려면 다양한 애견용 장난감을 구비하는 것이 좋다. 애견이 이전부터 좋아하던 여러 종류의 장난감을 구비하여, 조금 좋아하는 장난감은 매일 갖고 놀도록 하고, 아주 좋아하는 장난감은 훈련을 시킬 때 유용하게 사용하는 것이 좋다.

애견이 따라다니고 갖고 놀기에 알맞은 크기의 공이나 속을 채운 '콩(옆 페이지에 사용 방법을 설명)'이나 흥미를 유발하는 장난감을 주면 애견이 관심을 갖고 즐겁게 놀 수 있다. 두꺼운 종이로 만들어진 상자 안에 신문지를 구겨 넣어두고 장난감과 맛있는 먹이를 숨겨두면 훌륭한 장난감이 된다. 뿐만 아니라, 장난감이나 먹이를 곳곳에 숨겨두고 찾아내게 하면 주인과 애견이 함께 놀 수 있다.

다양한 종류의 장난감을 사려고 하면, 애완동물 가게를 찾으면 된다. 다양한 종류의 장난감들이 가격대별로 준비되어 있으며, 애견의 종류에 맞는 장난감을 고를 수 있다. 불 테리어와 같이 턱이 발달한 종류의 애견은 장난감을 쉽게 망가뜨릴 수 있으므로 경제적이고 쉽게 망가지지 않는 것을 선택하는 것이 좋다.

상호 작용

애견의 종류에 따라 주인이나 다른 동물과 어울리고자 하는 정도가 다르다. 독립적이고 주인이 원하는 것보다 애교가 없는 종류도 있고, 주인의 관심을 받으면서 행복해 하는 종류도 있다. 사람의 관심을 적극적으로 이끌어내려고 하는 애견들은 주인의 관심을 충분히 받지 못하면 스트레스를 받는다.

주인이나 다른 애완동물과 어울리고자 하는 욕구가 크지 않은 애견은 주인이 관심을 보일 때 참는 법을 배우기도 하지만 관심을 즐겁게 받아들이지는 않는다는 사실을 기억해야 한다. 애견에게 많은 애정을 주고자 했던 사람이라면, 애견의 이런 행동이 실망스러울 수도 있으므로 어떤 종이 자신에게 잘 맞는지 처음부터 잘 생각해야 한다. 사실 개는 사회적 동물이기 때문에, 대부분

이 사실을 아십니까?

주변에 쫓아다닐 것이 하나도 없는 애견은 자기 꼬리를 쫓아다닐 수도 있다. 만약 꼬리를 쫓아다니기 시작하면 그 행동이 굳어질 수도 있다 (63페이지에 있는 '상동증' 참조).

유용한 정보

애견에게 옷가지나 신발을 갖고 놀게 하면, 주인이 원치 않더라도, 모든 옷가지와 신발 등을 사냥감으로 생각하게 될 것이다.

의 애견은 자신과 같은 종류의 종을 만나 자연스럽게 교감을 하는 것을 좋아한다. 그러나 호전적인 성격을 가진 종류의 애견들은 암컷이든 수컷이든 성별에 관계없이 낯선 개를 만나는 것을 만나는 것을 좋아하지 않고, 심지어 낯선 사람을 만나는 것도 좋아하지 않는다. 따라서 호전적인 성격의 애견을 밖으로 데리고 나갈 때에는, 안전을 위해서 입에 재갈을 물리는 것이 좋다. 일부 국가에서는 법적으로 재갈을 물리도록 명시하고 있다. 만약 자신이 기르는 애견이 다른 애견과 잘 어울리지 못한다면, 공공 장소에서 훈련을 시킬 때 주의를 기울여야 한다.

환경과의 조화

주변 환경과 잘 어울리도록 하기 위해서 고려해야 할 사항이 몇 가지 있다. 가장 중요한 것은 실내, 정원 등에서의 애견의 안전이며, 그 다음은 이웃과 좋은 관계를 유지하는 것이다.

실외에서의 안전

애견이 외부에서 놀 때에는 자동차 사고를 당할 위험, 다른 개나 사람으로부터 괴롭힘을 당할 위험, 유해한 물질을 삼킬 위험, 다른 개로부터 질병이 감염될 위험 등이 있다.

• 정원과 마당에서의 안전

애견이 밖으로 나가지 못하도록 하기 위해 정원에 애견이 넘거나 뚫고 나갈 수 없는 울타리를 설치하여야 한다. 울타리를 매일 살펴보고 구멍이 있으면 즉시 메우거나 울타리를 다시 설치해야 한다. 종류에 따라 무려 2m에 달하는 높이를 뛰어오르기도 한다. 특히, 짝짓기를 하고자 할 때에는 욕구가 강해져 울타리가 높더라도 잘 뛰어 오른다. 그러므로 자신이 기르는 애견의 종류와 성격에 맞춰 울타리를 튼튼하게 만들어 두어야 한다.

• 독극물

정원에서 사용하는 화학 약품은 안전하게 닫아두고 애견이 다가갈 수 없는 곳에 두어야 한다. 자동차를 정비할 때에는 흘러나온 부동액이나 기름을 깨끗하게 닦아야 한다. 흘러나온 부동액을 보고 핥아먹는 경우가 있기 때문이다. 애견의 털이나 발바닥에 기름이 묻어 있는 상태에서 애견이 스스로 털을 다듬다가 기름을 먹게 되면 몸에 해롭다. 대부분의 애견은 본능적으로 노란 콩이나 포인세티아 등과 같이 독성이 있는 식물은 먹지 않지만, 강아지들은 주변에 있는 모든 것들에 호기심을 보이기 때문에 독성이 있는 식물을 먹을 수도 있다. 이런 경우가 걱정된다면, 애견이 먹었을 경우 치명적인 결과를 초래할 수 있는 풀을 미리 제거해야

대부분의 애견에게 있어 같은 종류의 애견과 함께 있는 것은 무척 중요하다. 따라서, 주기적으로 같은 종류의 애견과 어울릴 수 있게 해 주는 것이 중요하다. 올바르게 행동하는 법을 훈련시키는 수업에 참가하도록 하는 것도 좋은 방법이다.

개에 관한 사실

테리어는 쥐와 같이 작은 동물들을 잡도록 길러진 종이기 때문에, 사냥의 본능이 강하다. 따라서 먹이를 잡았을 때 잡힌 동물이 내는 소리와 유사한 소리를 내는 장난감을 갖고 노는 것을 좋아한다.

한다(수의사에게 물어보면 어떤 식물이 해로운 지 상세하게 설명해 준다). 이미 오염된 작은 동물 등을 먹는 것도 해롭다. 애견이 독성이 있는 물질을 삼킨 것으로 의심되면 159페이지를 보고 응급 처치를 하는 것이 좋다.

• 두꺼비 독

애견은 두꺼비와 개구리에 관심이 많다. 두꺼비와 개구리의 차이를 깨닫기 전에 가끔 두꺼비를 잡기도 한다. 두꺼비는 위협을 받으면 불쾌한 맛이 나는 성분을 뿜어내는데, 이 속에 독소가 섞여 있는 경우도 있다. 두꺼비에서 나오는 독을 먹게 되면 애견은 이상하고 자극적인 물질을 없애기 위해서 머리를 마구 흔들고, 침을 계속해서 흘리고 입을 발바닥으로 긁는다. 애견이 두꺼비 독

유용한 정보

애견에게 막대를 던져주고 쫓아가서 물어오도록 시키는 것은 좋지 않다. 막대가 부서져, 입이나 위에 상처를 낼 수도 있고, 막대에 찔리거나 치명적인 상처를 입는 경우도 있다.

실외에 있는 애견용 집에 애견이 갖고 놀 수 있는 장난감을 하나도 주지 않고 혼자 두면 금방 지루해 하며, 지루함을 달래기 위해 짖어대는 등 이상한 행동을 한다.

을 먹은 것으로 의심되면, 즉시 동물 병원으로 데려가야 한다.

• 뱀에게 물린 경우

애견이 독성이 있는 뱀에 물린 것으로 의심되면 즉시 동물 병원으로 데려가야 한다.

실내에서의 안전

실내는 애견에게 안전할 것 같지만, 실내에도 애견의 건강에 위협이 되는 요소들이 있다.

• 세척 용액과 세제 – 애견이 세척 용액과 세제에 가까이 가지 못하도록 해야 한다.

• 카펫 청소용 가루 – 카펫 청소용 가루를 사용하면 애견의 발바닥, 피부 등에 이상이 생길 수 있고, 호흡기 질환이 생길 수도 있다.

• 전선 – 전선을 물어뜯으면 치명적인 결과가 생길 수도 있지만,

52 애견 고르기

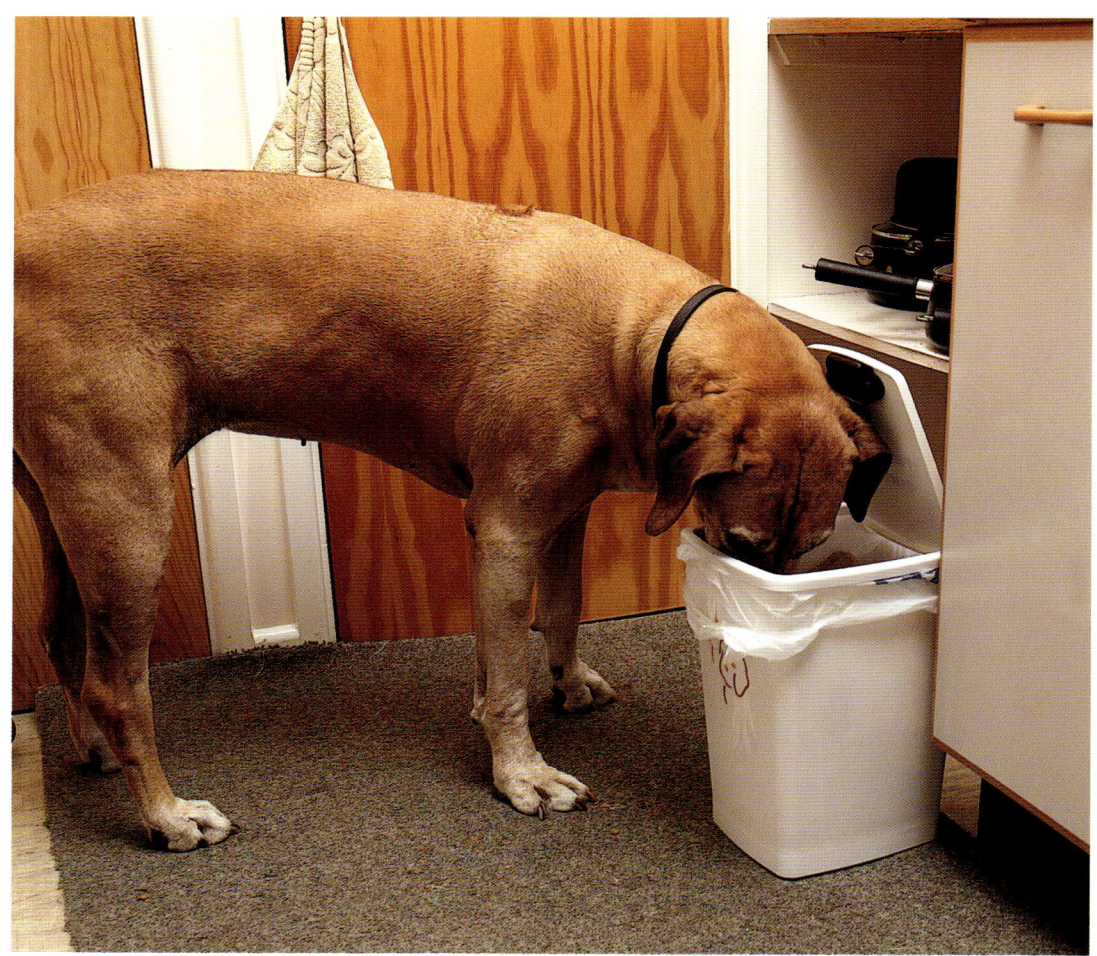

애견이 다니는 곳에 쓰레기통을 두지 않는 것이 좋다. 그렇지 않으면, 쓰레기통을 뒤지고, 쓰레기를 먹거나 캔으로 인해 상처가 생길 수도 있다.

어리고 호기심이 많은 강아지들은 전선만 보면 물어뜯으려고 한다. 애견이 돌아다니는 곳에는 가능한 전선이 드러나지 않도록 하는 것이 좋다.

- **바느질 도구** — 바늘, 실, 단추, 고무줄 등은 상자에 넣고 잠가 두는 것이 좋다.
- **사람을 위한 상비약** — 상자에 넣고 잠가 두어, 애견이 다가가지 못하도록 하는 것이 좋다.
- **뜨거운 물** — 목욕을 할 때에는 애견이 뜨거운 욕조 속으로 뛰어들어갈 경우를 대비해서 화장실 안에 들어오지 못하도록 해야 한다. 만일의 경우를 대비해서 찬물을 먼저 틀고, 이후에 뜨거운 물을 틀어 온도를 맞추는 것이 좋다.
- **소음** — 개는 청각이 매우 민감하여 쉽게 손상되므로, 라디오나 텔레비전 등을 너무 크게 틀어 귀에 손상이 생기지 않도록 주의해야 한다. 어떤 경우이든, 지나치게 큰 소리는 모든 동물에게 스트레스를 주게 마련이다.

상호 교감

애견과 거친 놀이를 함께 하면 애견은 어떤 것이 올바른 행동인지 혼란을 일으킬 수도 있다. 만약 마루에서 애견과 함께 구르고 놀면서 레슬링을 하듯 몸싸움을 한다면, 애견은 이기려고 할 것이다. 경우에 따라 걷잡을 수 없는 상황으로 변하기도 한다. 애견은 본능적으로 가까이 다가와 가족 구성원을 물기도 하고, 이로 인해 사람이 크게 다치기도 한다.

만약 이런 일이 일어난다면, 사고를 일으킨 개가 비난의 대상이 되지만 사실, 사람과 개가 함께 할 수 있는 행동과 그렇지 못한 행동에 대해 충분히 이해시키지 못한 주인의 잘못이 더 크다. 그렇기 때문에, 충동적이고 앞으로 일어날 일을 잘 판단하지 못하는 어린아이들에게, 애견과 함께 있을 때 어떻게 행동해야 할 지를 가르치는 것이 중요하다. 손님이 찾아왔을 때에도, 손님과 애견 모두의 안전을 위해서, 손님이 애견에게 올바르지 않은 행동을 한다면, 조언을 해주는 것이 좋다. 손님이 왔을 때 걱정이 된다면, 애견이 정원에 머무르도록 하는 것도 좋은 방법이다.

모두가 행복할 수 있도록 하려면

개가 짖는 소리를 싫어하는 이웃이 있다면, 주인과 애견 모두 유쾌하지는 않겠지만, 그 사실을 받아들여야 한다. 사실, 개를 좋아하는 사람이라 하더라도 하루 종일 개 짖는 소리를 들어야 한다면 몹시 성가신 일이 될 수밖에 없다.

주인이 집을 비울 때 애견을 실외에 있는 우리에 넣어둘 때에는, 가능한 이웃에서 멀리 떨어진 곳에 두거나 벽을 설치하여 이웃에게 소리가 들리지 않도록 하는 것이 좋다. 그럴 수 없다면, 애견을 실내에 두거나 외출한 동안 애견을 돌봐줄 사람을 찾는 것이 좋다.

애견이 짖을 때마다 액체가 분사되는 장치를 목에 달아두는 것도 도움이 된다. 이 장치를 이용하면, 개가 짖을 때마다 물이나 시트로넬라 향이 나는 액체 등 무해한 물질이 턱 바로 아래에서 분사된다. 애견들은 무언가가 분사되는 것을 좋아하지 않기 때문에, 짖으면 안 된다는 것을 깨닫고 조용해지는 것이다. 그러나 두 마리의 애견을 함께 둘 때에는 이 장치를 사용하지 않는 것이 좋다. 이 기기를 착용하고 있지 않은 애견이 짖을 때, 기기를 착용하고 있는 애견의 턱 아래에서 액체가 분사되면, 애견은 액체가 분사되는 이유를 알지 못하기 때문에, 행동을 교정할 수가 없다. 애견을 조용하게 만들 수 있는 또 다른 방법으로는 여러 시간 동안 관심을 갖고 놀 수 있는 장난감을 주는 것이다.

자주 받는 질문

Q 개를 잃어버렸을 때에는 어떻게 해야 하나요?

A 애견이 밖으로 마음대로 나갈 수 있도록 두면 잃어버릴 위험이 높습니다. 차에 치일 수도 있고, 누군가 훔쳐갈 수도 있으며, 집을 나가 다른 살 곳을 찾을 수도 있고, 유기견으로 보여 마음 좋은 사람이나 구조 센터에서 데려갈 수도 있기 때문입니다. 주인과 함께 산책을 하다가 애견을 도둑맞는 경우도 있습니다. 애견이 집으로 돌아오지 않았을 때 애견에게 어떤 일이 일어났는지 알 수 없을 때 느끼는 고통은 말로 표현하기가 어렵습니다. 만약 애견을 잃어버렸다면 다음과 같은 조치를 취하십시오.

- 애견이 발견될 경우를 대비하여, 실종 신고를 하십시오.
- 관할 파출소 등에 연락하여 길에서 죽거나 다친 개에 대한 신고가 접수되지 않았는지 확인하십시오.
- 동네에 있는 동물 병원이나 동물 구조 센터에 연락해 혹시 자신이 키우는 애견을 데리고 있는지 확인하십시오. 만약 애견에게 마이크로칩을 내장해 두었거나 목걸이나 이름표를 달아주었다면 빨리 확인할 수 있습니다.
- 애견을 보지 못했는지 이웃에게 물어보십시오. 만약 보지 못했다고 대답하면, 차고, 창고, 다른 건물 등에 혹시 애견이 있지 않은지 확인해 달라고 부탁하십시오.
- 동네 상점, 애완동물 가게, 학교, 지역 관청 등에 '이런 개를 찾습니다'라는 문구를 적은 포스터를 붙이고 애견 사진과 자세한 설명을 함께 실으십시오. 애견을 찾아줄 경우 사례를 하겠다고 하면 좀 더 빨리 찾을 수 있습니다.
- 순종을 거래하는 암시장이 있습니다. 그러므로 잃어버린 애견이

애견이 계속해서 집을 벗어나려 한다면, 애견의 관심을 끌 만한 것을 제공해 주고 있지 않다는 뜻입니다. 중성화 수술을 시켜주면 수술을 받지 않은 애견보다 집에 있는 것을 더욱 좋아하게 됩니다.

순종이라면, 다른 사람이 훔쳐갔을 수도 있습니다. 경찰에 신고하고 애견 사진을 주어, 특징 등을 알려주는 것이 좋습니다.

- 잃어버린 애완동물을 찾아주는 센터에 등록하십시오. 인터넷에 접속할 수 있다면 검색 엔진에 '잃어버린 애완동물'이라고 입력하면 정보를 얻을 수 있습니다. 인터넷에서 정보를 얻지 못했다면 수의사나 동물 구조 센터에서 전화번호를 얻을 수 있습니다.

운이 좋다면, 금방 애견을 찾거나 자신이 아끼던 애견에게 어떤 일이 일어났는지 확인할 수 있을 것입니다. 이런 경우, 애견을 잃어버렸다고 알렸던 사람들에게 다시 연락을 해서 더 이상 애견을 찾기 위해 고생하지 않도록 배려해야 합니다.

애견을 집에 데려오기

새로운 애완동물을 집에 데려오는 것은 중대한 일이므로, 무리 없이 안전하게 일을 처리하고 관련된 모든 사람과 애완동물이 불편해 하지 않도록 철저히 준비해야 한다. 애견을 데려오기 전에 애견을 돌보는 데 대한 규칙과 원칙을 세워두는 것이 좋다. 또한, 애견을 데려올 날짜를 미리 정해두고 준비를 하면 체크리스트에 나와 있는 필요한 사항들을 잘 준비할 수 있다.

Checklist
- ✓ 이동용 크레이트와 우리
- ✓ 조용한 장소에 놓아 둔 애견용 침대와 이불
- ✓ 먹이와 물, 그릇
- ✓ 장난감
- ✓ 목걸이, 이름표, 줄
- ✓ 검진 예약

언제 애견을 집으로 데려올 것인가

강아지의 경우, 1주일 정도 휴가를 내어 적응할 수 있도록 도와주는 것이 좋다. 어린 강아지는 다 자란 개보다 더 자주 먹이를 주어야 하고 밖으로 데리고 나가 변을 볼 수 있도록 해 주어야 한다. 이 기간 동안 변을 보는 간격을 조금씩 늘려가는 것이 좋다(강아지는 먹이를 먹은 후에 변을 보고 싶어 하므로, 먹이를 주는 시간을 조절하면 된다). 주인과 떨어져 혼자 있는 시간을 점차 늘리도록 하는 것이 좋다. 이 때, 강아지가 가구에 흠집을 내거나, 실내의 위험 요인들과 부딪치지 않도록 하고, 주인이 다시 출근해야 할 때를 대비해 혼자 있는 연습을 할 수 있도록 제한된 장소에 머무르게 하는 것이 좋다. 다시 출근을 하게 되면 강아지가 충분히 자라서 혼자서도 정신적 육체적으로 무리 없이 지낼 수 있을 때까지 하루에 한 번 이상 들러서 강아지를 돌봐 줄 사람을 알아두는 것이 좋다.

만약 성견을 데려오는 경우라면, 토요일쯤 애견을 데려와 새로운 일상이 시작되고, 가족들이 모두 학교나 직장에 가기 전에 하루 정도 적응을 하도록 하는 것이 좋다. 일주일 정도를 애견과 함께 생활하면, 주인이 늘 곁에 있는데 익숙해져 정상적인 생활을 시작할 때가 되어도 혼자 있는 것을 견디지 못할 수도 있다.

애견을 데려오기 전에 준비할 것

애견을 데려오기 며칠 전에 집에서 애견이 사용할 이불을 브리더(사육사)나 애견이 있는 곳에 먼저 가져다 주어 애견이 이불에 익숙해지도록 하는 것이 좋다. 이렇게 하면 애견 자신이나 어미개, 혹은 함께 태어난 형제 강아지의 냄새가 이불에 배

애견을 새로 데려왔을 때에는 애견이 준비가 되었을 때 가까이 다가오도록 하는 것이 좋다. 강제로 가까이 오게 하면 겁에 질릴 수도 있으며, 이럴 경우 오히려 관계가 나빠지게 된다.

여 애견이 집에 왔을 때, 환경이 낯설더라도 좀 더 편안하게 느낄 수 있다. 집으로 오는 동안이나 집에 도착한 후 모두 냄새가 배어 있는 이불과 함께 있으면 애견이 좀 더 편안하게 느낀다. 애견을 집으로 데리고 올 때, 이불에 변을 볼 경우를 대비해 두 개의 이불을 보내주는 것이 좋다.

필요한 물품을 미리 사 두어야 하는데(30-37페이지 참조), 특히 강아지의 크기에 맞는 이동용 크레이트를 준비해야 한다. 애견 브리더나 이전에 키우던 사람에게 어떤 먹이를 먹였는지 물어보고 어디서 구입할 수 있는지 확인한 후, 미리 준비해 두는 것도 좋다. 또한, 먹이를 얼마나 많이, 자주 먹는지도 확인해야 한다. 애견을 집으로 데리고 올 때에는 크레이트에 미리 애견의 냄새가 배이도록 한 이불을 깔고 그 속에 애견을 넣은 후 안전하게 문을 잠가 두어야 한다. 출발하기 전에 이전에 애견을 키웠던 사람에게 필요한 모든 서류(영수증, 순종 증명서, 애견 등록증, 애견 양도 서류, 예방 접종 증명서 등)를 받아 두어야 한다.

다 자란 개의 경우, 애견을 집으로 데리고 오는 동안 안전할 수 있도록 크레이트, 이동용 줄(줄을 매고 다니는 데 익숙해진 경우에만) 등을 준비해야 한다.

애견용 침대는 애견이 방해 받지 않고 쉴 수 있으면서도 가족으로부터 소외되었다고 느끼지 않을 수 있는 곳에 두어야 한다.

집으로 데리고 오기

크레이트는 뒷좌석 의자에 두고 안전벨트를 매어 주거나 좌석 아래에 발을 내려두는 공간에 두어도 된다. 크레이트는 차 뒤쪽에 두는 것이 좋지만, 트렁크에 넣고 트렁크 문을 닫아버리면 절대 안 된다. 자동차 내부 온도는 애견이 편안하게 느낄 수 있도록 적당하게 조절해야 하며 통풍이 잘 되어야 한다. 차 안이 너무 더우면 장거리를 이동할 때 애견에게 치명적인 결과를 낳을 수 있다. 물병을 준비해 주기적으로 물을 마실 수 있도록 해 주어야 한다. 애견이 마음대로 움직이지 못하는 것을 답답해 하더라도 안전을 위해서 밖으로 나오게 하면 안 된다. 자동차에 타고 있는 사람이 애견에게 계속 말을 걸어주면 진정시키는데 도움이 된다. 크레이트를 담요로 덮어주면 애견이 흥분했을 때에나 짖을 때 도움이 된다.

집에 도착했을 때

애견을 바로 집으로 데리고 와 정원으로 내보내 준다(다른 애견을 키우지 않고 있을 때, 만약 다른 애견을 키우고 있다면 56페이지에 있는 '애견 소개하는 법'을 참조한다). 목에 매어 둔 줄을 풀어주고 마음대로 다닐 수 있도록 해 준다. 그런 다음, 실내로 데리고 들어와 한 시간 여 동안 실내를 돌아볼 수 있게 해 준다. 가족들이 너무 어수선하게 행동하면 스트레스를 받을 수 있으므로, 그렇지 않는 편이 좋다. 또한 아이들이 조용하고 침착하게 행동하도록 일러두는 것이 좋고, 애견이 아이들에게 익숙해져 더 이상 위험의 대상으로 보지 않을 때까지 애견을 너무 많이 건드리지 않도록 하는 것이 좋다(그러나, 아이들은 본능적으로 애견을 보면 만지고 싶어 한다).

다음으로, 애견을 데리고 산책을 하거나 다시 정원으로 나갈 수 있도록 하여 서로 유대감을 형성하는 초기 단계로 함께 어울리는 것이 좋다. 그런 다음, 애견이 자신의 쪽으로 돌아가 방해 받지 않고 쉴 수 있도록 해 주는 것이 좋다. 자신이 쉴 곳을 알려준 후, 혼자 두면 조용해진다.

애견이 다른 애완동물과 어울리도록 하기 위한 자세한 방법은 74-79페이지에 나와 있다.

개에 관한 사실

애견은 낯선 집에 도착해서 처음 며칠 동안 잠을 잘 자지 못하고 끙끙댈 수도 있다. 주인과 같은 침대에 재우거나, 근처에서 재우면 안전하다고 느껴 안심시키는데 도움이 된다. 조금씩 애견용 침대를 주인의 침대에서 먼 곳으로 옮겨, 제자리를 잡아주는 것이 좋다.

보통, 새로 데려오는 애견이 어린 강아지라면 원래 키우고 있던 애견이 위협적인 요인으로 여기지 않기 때문에 별 문제없이 어울릴 수 있다. 그러나 안전을 위해서 '애견 소개하는 법'에 나와 있는 방법을 따르는 것이 좋다.

애견 소개하는 법

원래 애견을 기르고 있었는데, 다 자란 개를 한 마리 더 들여오는 것이라면, 두 마리를 처음 대면시킬 때 양쪽 다 스트레스를 많이 받는다. 영역 다툼이 발생할 가능성을 최소화하기 위해서 새로 애견을 데려올 때에 원래 기르던 애견의 목에 줄을 매어 서로 만나도록 하는 것이 좋다.

만약 두 마리의 성별이 서로 다르다면 문제가 생길 가능성이 줄어든다.

새로운 애견을 집으로 데려오기 전에, 장난감이나 밥그릇과 같이 원래 있던 애견과 다툼을 벌일 소지가 있는 물건들은 미리 치워두는 것이 좋다. 항상 원래 기르던 애견에게 충분한 관심을 쏟도록 하여, 소외된 듯한 기분을 느끼지 않도록 해야 한다. 두 애견 사이의 감정이 나빠지는 일이 없도록 조심해야 한다. 예를 들어서, 먹이를 줄 때에는 처음에는 따로 주어야 하며 두 애견이 친구가 되기 전까지는 애견만 남겨두고 주인이 사라지면 안 된다.

새로운 가정에서 안정을 취하기

강아지는 빨리 새로운 가정에서 자리를 잡고 생활에 금방 익숙해지지만, 다 자란 개는 좀더 시간이 걸린다. 애견을 데려왔을 때 한 동안 불안해하고 동요된 모습을 보이면, 스스로 적응할 수 있도록 시간을 주고 애견만의 공간을 마련해 주어야 한다. 애견의 기분을 공감하도록 노력해야 한다. 그러나 나쁜 습관이 형성되는 것을 방치해서는 안 된다. 가령, 애견의 기분을 맞춰주느라 가구에 올라가도록 내버려 두거나 사람들이 식사를 할 때 음식을 나눠주는 것을 올바르지 않다.

애견을 데리고 산책을 할 때에는, 부르는 소리를 들으면 돌아오도록 훈련이 될 때까지는 줄을 매어 데리고 다녀야 한다. 주머니에 냄새가 나는 맛있는 먹이를 넣고 다니거나 허리 주변에 먹

유용한 정보

가능하면 집에서 가까운 곳에 있는 동물 병원에 다니는 것이 좋다. 그렇게 하면, 응급 시에 빨리 처치를 받을 수 있기 때문에 도움이 된다.

이 사실을 아십니까?

새로 데리고 온 애견에게 갖고 놀 수 있는 장난감을 주면 즐겁게 시간을 보내고 더욱 편안하게 느낀다. 또한, 주인이 함께 놀아주면 유대감이 형성되는데 도움이 된다.

자주 받는 질문

Q 애견을 새로 데려온 후, 얼마나 시간이 지난 후에 건강 검진을 받도록 해야 합니까?

A 애견이 새 환경에 잘 적응할 때까지 기다렸다가 병원에 데려가 애견이 건강한 지 확인하고, 특별한 질병이 없는 지 살펴보는 것이 좋습니다. 만약 건강상의 문제가 있는 것으로 여겨진다면 가능한 빨리 데려가는 것이 좋습니다. 8주 정도의 어린 강아지를 데려왔다면 예방 접종을 맞혀야 합니다. (이전에 예방 접종을 하지 않았다면) 10-12주가 되면 2차 예방 접종을 맞히고 발육 사항을 점검합니다. 점검을 할 때 애견의 몸에 인식용 마이크로칩을 이식하고 필요한 경우 중성화 수술도 함께 시켜주는 것이 좋습니다.

이가 들어있는 작은 가방을 두르고, 애견에게 먹이가 있다는 사실을 알려주는 것도 좋은 방법이다. 애견이 킁킁대며 냄새를 맡아, 먹이가 어디에 있는지 볼 수 있도록 해 주고, 가끔씩 먹이를 주면 된다. 특히, 애견이 주인의 말을 듣지 않고 다른 곳에 관심을 보일 때 그 먹이를 이용하면 도움이 된다. 대부분의 애견은 주인이 자신에게 줄 먹이를 갖고 있다는 것을 알기 때문에 주인 곁을 떠나지 않는다.

서열을 명확하게 알려주기 위해, 항상 사람이 먼저 식사를 한 후에 애견에게 먹이를 주어야 하며, 사람이 식사를 하고 있을 때 주변에서 먹이를 달라고 소리를 내거나 소란을 피우지 못하도록 해야 한다.

애견의 행동

주인이 애완동물이 말하고자 하는 것을 이해하지 못하기 때문에, 부적절한 대우를 받고 있는 경우가 많다. 개는 그들만의 독특한 언어를 갖고 있다. 그러나 애견을 자세히 관찰하면 애견의 행동과 바디 랭귀지를 알 수 있고, 애견이 어떤 기분인지 파악하고 주인에게 원하는 것이 무엇인지, 무엇을 필요로 하는지 알 수 있다. 애견이 말하고자 하는 것을 배우려고 노력하면 애견을 더 잘 이해하고 더 행복하게 살 수 있도록 해 줄 수 있다.

바디 랭귀지

애견은 다양한 얼굴 표정, 목소리, 자세를 이용해 대화를 한다. 많은 사람들은 애견에게 말을 걸고, 가끔 애견의 말을 이해하는 것처럼 보이기도 한다. 애견들은 상당한 수의 자신들만의 공통적인 어휘를 갖고 있으며 애견이 하고자 하는 말을 정확하게 이해할 수 있는 사람도 있다. 이 책을 읽고 있는 독자 여러분도 다음 체크리스트를 보고 이해하면 애견이 하고자 하는 말을 이해할 수 있다.

Checklist
- ✓ 관찰한다
- ✓ 듣는다
- ✓ 배운다
- ✓ 이해한다

차분하고 만족스러우며 호기심이 생길 때
왼쪽에 있는 애견은 귀를 쫑긋 세우고 있으며 우호적이고 흥미로운 표정을 짓고 있다. 이 표정은 현재 차분한 기분이며 만족스럽고 호기심이 많다는 것을 뜻한다. 이 종은 저먼 셰퍼드 도그로 원래는 양몰이를 시키기 위해 사육되었기 때문에, 본능적으로 경계심이 강하다. 또한 이표정을 보면 민첩하고, 관대하면서도 영리한 품종이라는 것을 알 수 있다.

기분이 좋지 않거나 아플 때
몸의 자세를 보면 기분이 우울하고 행복하지 않다는 것을 알 수 있다. 이런 자세를 취하는 것은 환경으로 인해 스트레스를 많이 받거나 (다른 개로부터 위협을 받고 있거나, 가정이 화목하지 않거나, 육체적·정신적 학대를 당할 때) 질병으로 인해 몸이 불편하기 때문이다.

공포를 느껴 공격적인 태도를 취할 때
이 표정은 두려움을 느끼고 방어적인 태도로 공격 자세를 취하고 있는 것이다. 귀를 뒤로 젖히고 불안감으로 인해 입을 넓게 벌리고 있다. 그러나 아랫입술을 내리고 있어 이빨이 다 드러나고 있으며, 곧 물 기세를 하고 머리를 들고 있으며, 필요한 경우 공격하기 위해 상대방의 행동에 시선을 고정시키고 있다. 상대방을 쫓아버리기 위해 맹렬하게 짖어댈 기세를 하고 있다.

겁먹었을 때
겁을 먹으면 두려워하는 대상으로부터 물러서려고 한다. 상대방이 공격할 때 귀와 꼬리를 보호하기 위해 숨기고 있으며, 필요한 경우 빨리 도망가기 위해 상대방의 행동을 주시하고 있다. 눈은 흰 동자가 많이 드러나고 있어, 사태를 파악하기 위해 눈을 크게 뜨고 있다는 것을 알 수 있다. 심장이 빠르게 뛰고 있으며, 빨리 도망칠 수 있는 자세를 하고 있다.

애견의 행동

공격적일 때
일부러 자신의 힘을 과시하면서 상대방으로 하여금 달아날 수 있는 기회를 주는 것이다. 그러나 후퇴를 할 때는 천천히 물러서야 하며 공격을 하는 것처럼 보여서는 안 된다. 이 표정은 자신의 무기인 이빨을 드러내 보이기 위한 표정이다. 입술을 가능한 아래로 내리고 있는 이 표정에서는 겁먹었을 때보다도 훨씬 이빨을 많이 드러내고 있다.

놀고 싶을 때
이 자세는 '나는 당신과 함께 놀고 싶어요' 라는 뜻을 나타낸다. 애견들은 다른 애완동물이나 사람에게 이런 태도를 취한다. 몇 초 동안 이런 자세를 계속 취하는데, 꼬리를 마구 흔들어 대다가, 뛰어올라 달아나면서, 상대방이 자신을 쫓아오고 있는지 돌아본다. 누군가가 가까이 다가오면 반갑게 맞이하기 위해 이런 태도를 취하기도 한다.

불편할 때
이 개의 몸동작을 보면 매우 겁에 질려 있으며 안전하게 숨을 곳을 찾지 못해 매우 불안해하고 있다. 무언가 더 나은 상황으로 바뀌길 간절히 바라고 있으며, 귀를 들어올려 앞으로 어떤 일이 일어날 지 아주 작은 소리라도 잡아내기 위해 노력하고 있다.

경계할 때
처음 보는 개를 대할 때 옆 사진에 있는 사람과 같은 행동을 하는 것은 좋지 않다. 특히 이전에 학대를 받은 경험이 있다면, 사람이 이런 태도를 취하면 위협으로부터 벗어나려고 하게 되고 귀를 보호하기 위해서 귀를 뒤로 젖히고, 위협하고 있는 대상을 더 자세히 살펴보기 위해 눈을 크게 뜨고, 공격을 당할 때 꼬리를 보호하기 위해 꼬리를 다리 사이로 내린다. 처음 보는 개앞으로 손을 내밀고 눈을 마주치면 사람이 공격하려고 하는 것으로 여길 수도 있다.

조사할 때
사람이나 다른 동물, 또는 주변에 있는 사물 등을 킁킁대면서 냄새를 맡는 것은 친구인지, 적인지, 먹을 것인지, 성별이 무엇인지, 짝짓기를 할 준비가 되었는지 등 상대방에 대해 조사를 하는 것이다. 사람들의 옷에는 여러 냄새가 배어 있다. 특히, 다른 동물과 함께 있거나, 그 근처에 다른 동물들이 있다면, 개들은 본능적으로 그 냄새가 무엇인지 알아내려고 한다. 관심을 끌 만한 냄새가 없으면, 조사하고 있는 사람의 체취를 확인하기 위해 사타구니 주변의 냄새를 맡기도 한다. 애견이 이런 행동을 하면 애견의 이런 습성을 이해하지 못하는 주인과 손님들이 난처해 할 수도 있다.

복종할 때
등을 바닥에 대고 구르고, 배를 보이며 상대방이 공격을 할 경우 대응할 수 없는 이런 자세를 취하는 것은 상대방의 서열이 더 높다는 것을 인정한다는 뜻이다. 애견들은 잘못을 하고 벌을 받을 수도 있는 상황이 되면 일부러 이런 태도를 취하여 벌을 받지 않으려고 한다.

복종하는 의미로 이빨을 드러낼 때
지금 이 사진에서처럼 이빨을 드러내는 것은 복종을 한다는 뜻인데, 공격적인 태도로 오인되는 경우가 많다. 사실, 이런 식으로 이빨을 드러내는 것은 사람으로 치자면 미소를 짓는 것으로 친한 사람을 반길 때에나 좋아하는 사람을 만났을 때 이런 표정을 보인다. 다른 개를 향해서는 이런 표정을 잘 짓지 않으며, 주로 사람들에게 많이 보인다. 이런 표정을 짓는 경향은 유전된다.

짖을 때
짖는 것은 애견이 말을 하는 방법으로 사람이나 동물 등 침입자라고 여겨지는 대상에게 경고를 하기 위한 행동이다. 또한 놀이를 할 때 몹시 흥분되었을 때에도 짖는다.

들을 때
머리를 한 쪽으로 꺾으면 소리가 나는 방향으로 귀를 기울여 어디서 소리가 나는지 찾아내려고 하는 것이다.

길게 소리내기
길게 소리를 내면 멀리 떨어져 있는 개와 의사소통을 할 수 있다. 무리(사람이나 다른 동물)와 떨어져 있을 때, 길게 소리를 내고 상대가 응답을 하기를 기다려 소리를 듣고 무리로 되돌아 간다. 우리에 넣어둔 채로, 하루 종일 주인이 외출한 채 집에 혼자 둘 때에도 이런 소리를 낸다.

하품을 하고 입 언저리를 핥을 때
입을 벌리고 혀를 밖으로 내밀었다 넣는 것은 주위 상황에 대해 불편하게 느끼고 있다는 뜻이다. 움직여야 할지 말아야 할지 스스로 고민을 하고 있을 수도 있고, 무언가 불편하다는 것을 주인에게 알리려고 하는 것일 수도 있다. 애견이 이런 행동을 할 때 심심해서 그런 것으로 오해하여 중요한 신호를 알아채지 못하는 경우가 많다.

주인의 관심을 끌고자 할 때

애견들은 앞발을 들어 올리거나, 발짓을 계속하거나 소리를 내면 주인의 관심을 끌거나 맛있는 먹이를 한 조각 얻어먹을 수 있다는 것을 빨리 익힌다. 이 사진에 나와 있는 애견은 머리를 들어올리고 자신이 얻고자 하는 것에 감각을 집중시키고 있으며, 자신감과 결의를 드러내고 있다. 만약 앞발을 들어올리고 머리를 낮추고 있으면 복종한다는 뜻이다. 즉 이빨로 상대를 공격하지 않겠다는 뜻이다.

휴식을 취할 때

눈을 감고 몸을 편안하게 하고 잠을 자고 있으면 주변 환경에 대해 안전하게 느낀다는 것이다. 한 쪽 눈을 감고 한 쪽 귀를 쫑긋 세우고 잠을 자고 있을 때에는 완전히 편안하지 않다는 뜻이며 무언가 자극적인 상황이 발생하면 곧 행동을 개시하려는 태도이다.

강박적인 행동

'상동증'이라고 알려진 무의미한 행동을 강박적으로 반복하는 행위는 어떠한 습관이 완전히 몸에 배어버렸을 때 나타난다. 동물원의 우리 안에서 계속해서 왔다갔다 하는 동물들이 좋은 예가 된다. 이런 행동은 심심할 때 많이 나타나고 이런 행동을 통해 편안함을 느끼기도 한다. 개의 경우에, 상동증의 대표적인 행동으로는 자기 꼬리를 쫓아다니면서 빙글빙글 도느라 주변의 사물들은 개의치 않는 행동 등이 있다. 가끔 꼬리를 잡는데 성공하여 피를 흘리기도 한다. 그러나 피가 나더라도 계속 행동을 반복하는 경우가 많다. 심지어 꼬리가 잘려 나가더라도 계속 쫓아다닌다. 좀 더 흥미로운 환경을 제공해 주고 장난감을 주면 더욱 만족스러운 삶을 살 수 있으며, 강박적인 행동이 사라지게 된다. 상동증의 행동의 원인으로는 다음과 같은 것들이 있다.

- 학대를 하는 등 위협을 느끼는 환경에 자주 처할 때
- 좌절을 느낄 때
- 먹이를 주는 시간이나 운동 시간 등을 기다릴 때
- 환경에 잘 적응하지 못할 때
- 환경에 단족하지 못할 때(필요한 것이 있는데 주어지지 않을 때)
- 자신에게 요구되는 행동을 애견이 잘 이해하지 못할 때
- 외로울 때(다른 사람이나 동물들과 만나지 못할 때)

집안에 있는 늑대

늑대는 애완용 개의 조상으로 무리를 짓는 것을 좋아하는 사회적 동물이다. 사람들은 이런 습성을 이용하여 오랜 기간 동안 사람과 잘 어울리는 종류만을 선별하여 길러왔다. 현재, 일반 가정에서 기르는 개는 사람을 잘 따르고 충성스럽다. 그러나 개는 무리 동물로 살아남기 위해 다른 동물과 경쟁하고 죽이기도 하는 동물로, 이런 본능적인 특성은 여전히 잠재되어 있다. 원래의 야성과 사람에게 길들여져 만들어진 성격이 더해져 오늘날 우리들이 알고 있는 개의 특성이 생겨난 것이다. 개의 주요 특성은 다음과 같다.

Checklist
- ✓ 의존성
- ✓ 애정
- ✓ 기회주의적
- ✓ 본능
- ✓ 교활
- ✓ 육식성
- ✓ 경쟁심
- ✓ 훔친다
- ✓ 소유욕
- ✓ 고집스럽다
- ✓ 위계질서를 따른다
- ✓ 잘 어울린다

집에서 기르는 개는, 조상인 늑대와 마찬가지로, 무리 동물이다. 따라서 다른 동물이나 사람과 어울리지 못하면 사람들이 받아들이기 힘든 행동을 하기도 한다.

본능은 드러나게 마련이다. 세대를 걸쳐 내려오는 유전 형질이라는 것은 무척 중요하기 때문에 수컷끼리 싸울 때 가만히 내버려 두면 싸움이 끝나지 않는다. 이 그림에서는 와이마라너(회색)가 상대방을 쓰러트리려고 하고 있고, 황토색의 개는 올라탈 기회를 엿보고 있다. 어린 개는 이 두 마리의 개에게 상대가 되지 않지만, 흥미를 갖고 지켜보고 있으며, 기회를 틈타 이길 것 같은 상대와 싸워보려고 지켜보고 있다.

개는 어떤 동물에서 유래했나

개는 최초의 인간이 존재하기 전부터 지구상에 존재하고 있었다. 화석을 통해 진화를 살펴보면, 개의 조상은 마이어서스(Miacis)라고 하는 동물로 4,000만년 전에 생존했던 육식성의 포유류이다. 족제비처럼 생긴 이 작은 동물은 점차 진화하여 약 1,000만년 전에 사이너데스머스(Cynodesmus)와 토모리터스(Tomoritus)라고 불리는 오늘날의 개의 선조가 되었다. 이 때부터 개과의 동물들은 계속 진화하여 10,000-12,000년 전에 여우, 재칼, 코요테, 늑대가 오늘날의 모습을 하게 되었다. 지금의 개는 북부 회색 늑대, 발이 하얀 아시아 늑대, 몸집이 작은 아라비아 사막 늑대, 티베트와 인도에 거주하는 털이 많은 늑대 등 모두 네 종류의 늑대(Canis lupus)에서 파생된 것이다. 이 사실은 1935년 R.I. 포콕에 의해서 밝혀진 것으로, 포콕은 이 네 가지 종류의 늑대가 오늘날 가정에서 키우는 개로 발전하기 위해 필요한 유전자를 모두 갖고 있다고 설명했다.

이 사실을 아십니까?

사람이 길들여 집에서 애견용으로 키우는 개 이외에도 개과에는 늑대, 여우, 코요테, 재칼, 딩고를 포함한 36종의 동물이 있다.

잘 훈련된 양몰이 개는 실제로 양을 몰 때나 대회에 출전하였을 때 놀라운 능력을 발휘한다.

현재의 개

우리가 현생인류의 조상이라고 여기는 사람들은 개를 길들여 길렀다. 그러나 유인원과 닮은 현생인류의 선조는 개를 길들여서 기르기 이전 수천 년 동안 현재의 개와 비슷한 동물과 함께 공존했다. 전세계에 있는 고고학적 유물을 보면 특정한 지역에서만 개를 길들여서 기른 것이 아니라 10,000-12,000년 전 경에는 전세계 곳곳에서 개를 길들여서 길렀다는 것을 알 수 있다(특정한 종류를 만들어 내기 위해 선택적으로 교배를 시켰다). 예를 들어서, 이스라엘에서는 10,000-12,000년 전의 것으로 추정되는 강아지와 젊은 남자의 유골이 발견되었고, 남자는 애견을 아끼는 듯한 자세로 강아지의 머리를 만지고 있었다. 미국에서도 아이다호 주의 비버헤드 산맥에서 개를 기르기 시작했다는 증거들이 발견되었다.

최초로 길들여진 개

사람의 필요에 맞춰 어떻게 개를 처음 길들이기 시작했는지에 대한 여러 가지 학설이 있다.

사냥에 데리고 나가기 위한 목적

첫 번째 학설은 사냥에 데리고 나가기 위해 늑대를 길렀다는 것이다. 늑대를 사냥에 데리고 가 먹이를 잡으면, 먹이로부터 멀리 떨어지게 한 후에 사람이 그 고기를 먹었다는 것이다. 어미로부터 떨어진 새끼 늑대를 훈련시켜 늑대의 사냥 기술을 직접 활용했다는 주장이다.

먹기 위한 목적

두 번째 이론은 가능성은 높지 않지만, 사람이 먹기 위해서 늑대를 사냥하였다는 것이다. 먹이가 충분한 때에는, 아이들에게 새끼 늑대를 주어 갖고 놀도록 하면서 집에서 기르게 되었다는 주장이다.

반려 동물

세 번째 이론은 개는 처음부터 식량이나 사역 동물이 아닌 애완견으로 길러졌다는 것이다. 아이들이 어미를 잃은 늑대를 애완동물로 기르다가, 늑대와 사람 사이에 깊은 신뢰가 생기면 늑대를 일을 돕는 동물로도 사용했다는 주장이다.

경비견

네 번째 이론은 처음 개를 집에서 기르기 시작했을 때는 사냥보다 개의 예민한 청각과 후각을 이용해 사람들을 위협하는 위험을 알려주기 위한 경비견의 역할을 했다는 것이다. 이런 역할이 발달하여 사람이 양이나 소를 집에서 키우기 시작하였을 때 양이나 소 떼를 모는데 개를 활용하게 되었다는 주장이다.

상호 이익

다섯 번째 이론은 사람이 사람의 이익만을 위해서 개를 길들였다기보다 서로 좋은 점이 있었기 때문에 사람과 개 사이의 관계가 형성되었다는 것이다. 개는 사람이 버린 음식을 먹고, 사람이 저장해 둔 곡식을 먹고 사는 쥐나 다른 동물들을 잡아먹기 위해 집 주위를 어슬렁거렸던 것이다. 이들 중 좀 더 온순한 개들은 사람으로부터 쥐 등을 잡도록 훈련을 받고, 점점 사람과 가까워지게 되었다. 점점 관계가 발전하여 개는 오늘날의 사역견의 역할도 하고 친구의 역할도 하게 된 것이다.

사람과 함께 생활하기

마지막 빙하기가 끝난 후, 구석기 말기 무렵(10,000-12,000년 경)의 것으로 추정되는 동굴 벽화가 피레네 산맥에서 발견되었다. 이 벽화에서는 활을 쏘는 사람과 개가 함께 사냥을 하고 있는 모습이 나타나고 있다. 흥미로운 사실은 그림 속의 개는 몸체가 날렵하고 다리가 길고, 귀를 쫑긋 세우고 있으며 주둥이가 뾰족하여, 남부 유럽에서 살았던 늑대와 매우 닮은 모습을 하고 있다. 이렇듯 닮았던 늑대와 개와 점점 달라지게 된 것은, 사람들이 자신의 목적에 알맞은 개만을 선택하여 기르기 시작하였고, 야생 무리와는 다른 종류를 선호하였기 때문이다.

약 5,000년 전, 사람들은 사냥을 하고 떠돌아다니는 유목민의 생활을 접고, 한 곳에 정착하여 땅을 일구며 살기 시작했다. 이 무렵이 되자 비단 사냥뿐 아니라, 가축을 몰거나 집을 지키는 등 다양한 임무를 수행하는 여러 종류의 개가 나타나기 시작했다. 사람의 생활이 점점 풍요로워지면서, 실생활에 도움이 되는 역할을 하지 못하더라도 귀여운 외모와 성격을 갖고 있는 개들은 애완견으로, 반려견으로 점점 사랑을 받게 되었다. 사람은 점점 개를 사육하는데 익숙해지게 되었고, 필요에 따라 어떤 크기와 모양의 개를—바빌론 제국에서 키웠던 마스티프와 닮은 전쟁에 사용하는 개부터 2,000여 년 후 아시리아인들이 길렀던 사냥과 스포츠에 사용된 발이 빠른 하운드에 이르기까지—키우는 것이 좋은지 알아가게 되었다.

근래가 되어서야, 개는 물건을 옮기고, 사냥을 하고, 경주를 하고, 도박꾼들을 위한 투견이 되기도 하고(서양에서는 현재 법으로 금함), 썰매를 끌기도 하며, 사랑 받는 애견의 대접을 받기도 한다.

20세기가 되어서, 이전에 개를 활용했던 다양한 용도들은 점점 사라져 가고 있으며, 요즘은 그저 애완견으로서의 역할만 하는 경우가 많다. 오늘날, 사람을 돕기 위한 개의 역할은 신체 장애인, 정신 장애인 등을 돕거나 경찰 수사 등에 협조하는 정도이다. 여러 가지 면에서 생각해 보았을 때, 개는 여전히 사람이 좀 더 행복하게 살아가는데 많은 도움을 주고 있다.

개를 길들여 함께 생활하게 된 과정을 정확하게 밝혀내는 것은 힘들 것으로 여겨진다. 여러 가지 원인이 더해져 사람과 개가 함께 생활하게 되었고, 각 지역마다 조금씩 다른 방식으로 관계

애견을 기르는 주인은 아무리 작고 귀여운 애완견이라 할지라도 늑대의 본능을 갖고 있다는 점을 기억해야 한다.

가 시작되었을 가능성이 크다. 시간이 지나면서, 늑대의 자손이 주인의 기분에 맞게 행동하고, 명령에 복종하면서, 사람과 함께 가장 가까운 관계를 형성하면서 살아가고 있는 것이다.

정상적인 행동

애견들은 사람들이 성가시거나, 이상하거나, 심지어 거북하게 여기는 습성(배설물을 먹는 행위) 등을 보이기도 한다. 그러나 애견들이 이런 행동을 보일 때에는 무언가 이유가 있다. 애견의 입장에서 볼 때에는, 자신들이 잘못된 행동을 하고 있는 것이 아니기 때문에, 야단을 치면 오히려 혼란스러워한다. 애견이 그런 행동을 보이는 이유를 알게 되면 적절한 대처 방법을 찾아낼 수 있다. 다음과 같은 행동이 위의 범주에 속한다.

Checklist
- ✓ 소리를 내어 의사를 전달하려고 한다
- ✓ 방어하거나 소유하려고 한다
- ✓ 영역을 표시한다
- ✓ 서열과 관련된 행동을 한다
- ✓ 호기심
- ✓ 개인 위생
- ✓ 식습관
- ✓ 무언가를 쫓아가려는 욕구
- ✓ 잠자는 습관
- ✓ 사회 교류 행동

소리를 통한 의사소통

사람과 비교해 보았을 때, 애견은 소리를 이용해서 의사소통을 할 수 있는 능력이 제한적이며, 주로 바디 랭귀지에 의존해 의사를 전달한다. 애견이 소리를 낼 때에는 소리만으로 의사를 전달하려고 하기보다는 바디 랭귀지에 소리를 더해 의사를 전달하려고 하는 것이다. 길게 짖거나 으르렁거리는 소리는 자주 사용하지 않으며, 일반적으로 짖는 소리를 가장 많이 낸다. 짖는 소리를 조금씩 다르게 내어 다른 뜻을 전달하기도 한다. 경계하는 의미로 짖기도 하고 주의를 끌기 위해 짖기도 하고, 흥분하거나 좌절하였을 때도 짖는다.

유용한 정보

몸동작, 표정, 목소리 등을 통해서 애견의 정신 상태를 가늠할 수 있다. 또한, 애견과 가까워지면 독특한 의사소통 방법을 이해할 수 있게 된다. 경직된 태도로 불안정한 몸동작을 보이면 공격적이거나 불확실하거나 두려움을 느끼고 있다는 것을 뜻하며, 편안한 자세로 부드러운 몸동작을 하면 현재 편안하다는 것을 뜻한다.

경계와 소유

개는 본능적으로 다른 사람이 먹이를 가져가면 배가 고프게 될 것이라는 걸 알고 있다. 이런 본능이 장난감이나 다른 물건에까지 연결되어, 남에게 그 물건을 뺏기는 것은 자신이 약하다는 뜻으로 여기기도 한다. 음식이나 장난감을 지키려고 할 때에는 가까이 다가와 자신이 갖고 있는 것을 빼앗아 갈 것으로 보이는 사람들에게 으르렁거리거나 짖어댄다. 이것이 바로 애견이 자신의 것임을 주장하는 방법인 것이다. 그러나 인간 사회에서 이런 식의 방어 태도는 바람직하지 않다. 따라서 어릴 때부터 남이 무언가를 가져가려고 할 때 짖지 못하도록 훈련을 시켜야 한다. 그렇지 않으면, 계속 공격적인 태도를 취할 수도 있다. 애견이 공격

주인의 사랑을 받고 자란 애견들은 주인이 관심을 갖지 않으면 주의를 끌기 위해서 자주 짖는다. 주인이 관심을 보이면 짖는 것을 멈추지만, 주인이 관심을 보이지 않으면, 성가실 만큼 오랫동안 짖어대기도 한다.

이 개의 행동이 의미하는 바를 분명하게 알 수 있다. 지금 이 개는 무리 중에서 우두머리로 부하 중 하나가 그 권위에 도전하고 있는 것이다. 이 개는 으르렁거리는 소리를 내면서 무서운 자세를 취하고 있고, 상대방이 물러서지 않으면 공격하려고 하는 것이다.

적인 성향을 갖고 있지 않고, 소유욕이 강하지 않다면, 놀이에 대한 흥미를 유발하기 위해 장난감을 두고 경쟁을 하도록 해도 된다. 그러나 중요한 것은 아무리 공격적이지 않고, 소유욕이 강하지 않은 애견이라 할지라도 이런 게임은 예외일 뿐 항상 이런 방식으로 놀게 해서는 안 된다는 점이다.

서열과 관련된 행동

애완견은 본능적으로 가정에서 우두머리가 되고자 한다. 이것은 가장 강한 동물이 가장 좋은 음식을 먹고, 가장 편안 장소에서 자고 짝짓기를 할 기회를 얻어 자신의 유전자를 다음 세대로 전파할 가능성이 가장 크기 때문이다. 야생 무리 속에서 생활하는 개는 지도자를 필두로 서열을 정해 그 서열에 맞게 행동한다. 좋은 지도자는 무리를 돌보고, 무리에 속한 개들도 편안하게 잘 먹고 살 수 있도록 돌봐준다. 그러나 항상 무리에게 친절하게 행동하는 것은 아니며, 필요한 경우 권위를 지키기 위해 냉철하고 무섭게 행동을 하기도 한다. 지도자들은 무엇을 언제 할 것인지 결정한다. 지도자들은 무리의 질서를 유지하기 위해 힘과 폭력을 사용하기보다 존경을 바탕으로 무리를 이끈다. 집에서 애견을 기를 때에는, 항상 사람이 서열이 더 높다는 것을 인식시켜 주어야 한다. 이 서열이 흔들리면, 개의 행동을 통제하는데 어려움이 따른다. 그러나 만약 서열이 흔들린다고 해서 모든 것이 잘못되는 것은 아니다. 야생 무리에서도 서열이라는 것은 항상 고정되어 있

애견이 꼬리를 흔드는 이유는 무엇인가

애견이 꼬리를 흔든다고 해서 항상 우호적이고 기분이 좋다는 것을 뜻하는 것은 아니다. 친구인지 적인지 결정을 내리기 전에 애견의 다른 바디 랭귀지도 고려해 보아야 한다. 꼬리를 높이 들고, 뻣뻣하게 세워서 흔든다면 긴장하고 있다는 뜻이며, 공격을 할 수도 있다는 것을 뜻한다. 꼬리를 낮게 세우고 다리 사이에서 흔들고 있다면, 겁을 먹었다는 뜻으로 복종을 하겠다는 뜻이다. 꼬리를 적당히 세우고 힘있게 흔들어 대면, 좋은 뜻으로, 긴장하거나 기분이 나쁘지 않다는 뜻이다. 꼬리를 흔드는 것뿐만 아니라, 목덜미와 몸의 자세, 얼굴 표정 등도 살펴보아야 한다. 목덜미가 솟아 있고(털이 서 있는 경우) 다리를 뻣뻣하게 세우고 있으며, 눈을 한 곳에 고정시키고 있으면, 앞에 있는 사람이나 다른 동물에 대해 경계하고 있다는 뜻으로 필요한 경우 공격을 하려고 하는 것이다. 편안한 자세로 꼬리를 흔들고, 얼굴 표정이 웃고 있으며, 귀를 늘어뜨리고 있으면, 적대적인 자세가 아니고, 같이 놀기를 원하거나 관심을 받고 싶어 하는 것이다.

자주 받는 질문

Q 제가 키우는 개는 왜 엉덩이를 땅에 문지르는 것일까요?

A 앞발을 이용해 앞으로 나아가면서 엉덩이를 땅에 문지르는 것은 항문 주위가 불편하다는 뜻입니다. 항문 주위에 벌레가 있을 수도 있고, 항문이 막혔을 수도 있고, 변비가 생기거나 따가워서 그런 행동을 할 수도 있습니다. 우선, 이런 행동을 보일 경우, 병원으로 데려가 원인을 찾아 문제를 해결해야 합니다.

애견이 지나치게 많이 킁킁대며 냄새를 맡으면 성가시게 여기는 주인들도 있다. 그러나 사람들이 주변에 일어난 일을 알아내기 위해 제1감각인 시각을 사용하는 것처럼, 킁킁대며 냄새를 맡는 것은 무엇이 있는지 알아보기 위해 개가 가장 많이 사용하는 방법이다.

는 것이 아니라 환경이 변하면 서열도 따라서 변하게 마련이다. 따라서 애견이 모든 것을 마음대로 하고 있더라도 주인이 다시 지도자의 역할을 할 수 있는 희망이 있는 것이다(애견 다루는 방법은 88-91페이지에 자세히 수록되어 있다).

무언가를 뒤쫓고자 하는 욕구

사람은 개를 길들여 선택적으로 교배를 시켜 야생 상태에서 생활했던 조상의 모습이 사라지도록 하였다. 그러나 개에게는 여전히 사냥의 본능이 남아있다. 이 사냥의 본능은 냄새를 맡고, 주위를 서성이고, 쫓아가고, 붙잡고, 물고, 흔들고, 죽이고, 먹는 행동으로 분류할 수 있으며, 집에서 키우는 모든 애완견들도 이런 행동을 할 수 있다.

각 종은 각기 다른 사냥의 특성을 갖고 있다. 하운드는 냄새를 맡고 추적하는 역할을 하고, 가축몰이 개는 쫓아가는 역할을 하며, 테리어는 잡아서 죽이는 역할을 한다. 애견이 무언가를 뒤쫓고자 하는 욕구를 갖고 있을 때, 게임이나 장난감을 통해 바람직한 행동으로 욕구를 전환시켜주지 않으면, 나쁜 습관이 형성되어 쫓아가서는 안 될 것들(다른 동물, 자동차, 조깅하는 사람, 자전거를 타는 사람)을 뒤쫓는 나쁜 습관이 생길 수 있다.

정보 찾기

애견들은 다른 개가 남기고 간 배설물의 냄새 통해 많은 정보를 알아낼 수 있다. 물론 애견이 배설물의 냄새를 맡으면, 주인들은 몹시 싫어하지만, 애견들은 자신이 오기 전에 누가 그 곳에 있었는지 알아내기 위해 냄새를 맡는 것이다. 일단 배설물이 한 번 놓여지면 그 냄새가 오랫동안 남기 때문에, 개는 냄새를 맡음으로써 사람이 비디오를 보고 어떤 일이 있었는지 알아내는 것처럼 이전에 일어났던 일을 알아낼 수 있다.

공격

개는 자신에게 커다란 위협이 된다고 생각할 때에만 상대방을 공격한다. 야생의 상태에서, 같은 무리에 속해 있는 다른 개를 공격하면 먹이를 찾고 무리를 방어할 개의 수가 줄어든다는 것을 뜻하기 때문에 최후의 수단으로 사용된다.

유용한 정보

애견이 땅을 판다는 것은 숨겨진 먹이를 찾거나 사냥감을 찾는다는 뜻이다. 사냥개나 테리어는 후각을 이용해 무언가 마음에 드는 것을 발견하면 땅을 판다. 만일, 애견이 정원을 파헤치는 것을 원치 않으면, 일부 공간을 지정해두고 그 공간 안에서만 땅을 팔 수 있도록 해 주어야 한다. 그 구역 내에 장난감이나 뼈를 묻어두면, 애견이 땅을 팠을 때 원하는 것을 얻을 수 있으므로 장난감을 찾은 후에 다시 그 자리에 두기를 반복할 것이다.

애견의 행동   71

서로 대치하고 있는 이 상황에서, 왼쪽에 있는 개는 공격할 준비를 하고 있다. 목덜미가 올라가 있으며, 이빨을 드러내고 있으며, 몸에 긴장감이 돌고 있고, 상대방이 호전적인 태도를 취하면 방어에 들어갈 자세를 취하고 있다.

상호 교감

개가 사람이나 다른 동물에게 위협을 가하지 않는다는 것은 마치 눈앞에 아무도 없는 듯이 상대를 완전히 무시하고 있거나 완전히 편안한 상태로 긴장하지 않고 상대를 반기고 있다는 것을 뜻한다. 만약 공격적인 행동을 보이려고 한다면, 몸이 긴장 상태를 나타낸다. 꼬리가 양 옆으로 움직이고, 얼굴 표정은 순하게 이빨을 드러내거나 차분하게 만족스러운 표정을 띠면서 행복한 얼굴을 한다(60페이지 참조). 가까이 다가와서 핥는 행동은 애견들이 우호적인 태도를 보일때 하는 행동으로 상대방도 자신을 공격하지 않기를 바라는 것이다.

수면

애견들은 잠을 자는데 많은 시간을 보낸다. 특히, 나이가 많은 개들은 잠자는 데 많은 시간을 소비하지만, 사람들의 바람과 달리 꼭 밤에 잠을 자는 것은 아니다. 강아지에게 깨어 있을 때 갖고 놀 장난감 등을 주면 수면 장애가 생기는 것을 막을 수 있다. 애견들은 테이블이나 침대 아래, 소파 뒤 등 자신을 보호해 줄 수 있는 대상 곁에서 잠자는 것을 좋아한다. 이전에 강아지들은 동

개가 사람의 얼굴을 핥는 것은 야생 상태에서 어른 개가 사냥을 하고 돌아오면 강아지들은 어미 개가 뱃속에 들어 있는 음식물을 게워내면 먹기 위해서 입 주위를 핥았던 본능에 기인한다. 집에서 기르는 애견이 얼굴을 핥는 것은 위생과 안전의 측면에서 그리 권장할 만한 것은 아니다. 특히, 아이들이 있다면 더욱 주의해야 한다.

굴에서 자랐기 때문에, 위험이 다가왔을 때 땅 속으로 숨어버리려는 본능이 여전히 남아 있는 것이다.

놀이

일반적으로, 개는 매우 사회적인 동물이며 다른 애견과 함께 어울리며 놀이를 하는 것을 가장 좋아한다. 그러나 성격이나 처음 대면했을 때의 상황에 따라 다른 애견과 잘 어울리기도 하고 그렇지 않을 수도 있다.

다른 애견을 만났을 때 부끄러워하고 잘 적응하지 못하는 종류도 있고, 성격이 외향적이어서 많은 친구들을 만날 때 무척 행복해 하는 종류도 있다. 사람과 마찬가지로, 다른 애견과 의사 소통을 원활하게 하는 경우도 있고, 서로 오해로 인해 싸움이나 다툼이 발생하는 경우도 있다. 다른 애견과 만났을 때 사용하는 의사소통의 방법과 바디 랭귀지는 친구를 만드는 데 중요한 역할을 하며, 어렸을 적에 다른 애견과 얼마나 잘 어울렸는지를 보여준다.

개인위생

애견이 혀로 자신의 공간을 청소하는 것을 좋아하는 주인은 거의 없다. 그러나 애견들은 개인위생을 위해 자신의 공간을 직접 청소하는 것을 좋아한다. 설사를 유발하는 소화기 장애가 있거나, 털이 길거나, 살이 쪄서 몸을 잘 움직이지 못하거나 나이가 들어서 몸이 유연하지 못한 경우를 제외하고, 대부분의 애견들은 주인의 도움을 받지 않고도 몸을 깨끗하게 관리할 수 있다. 집에서 키우는 애견이 스스로 위생 상태를 잘 관리하지 못한다면 애견의 위생에 관심을 갖고 항문과 성기 부위를 잘 씻어주어야 한다. 특

이 사실을 아십니까?

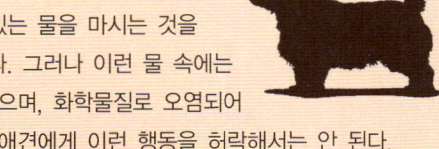

주인들은 몹시 싫어하지만, 애견들은 흙탕물이나 진흙이 있는 물을 마시는 것을 좋아하는 경우도 있다. 그러나 이런 물 속에는 기생충이 살 수도 있으며, 화학물질로 오염되어 있을 수도 있으므로 애견에게 이런 행동을 허락해서는 안 된다. 또한, 겨울철이 되면, 부동액을 많이 사용하는데, 애견이 부동액을 먹으면 치명적일 수 있으므로, 미리 주의하는 것이 좋다.

히, 파리가 많은 더운 지역이라면 신경을 써 주어야 한다. 그렇지 않으면, 구더기가 생길 수도 있다.

풀이나 배설물 먹기

풀을 먹으면 소화에 도움이 된다. 사람은 소화가 잘 되지 않을 때 소화제를 먹는다. 애견은 속이 거북하면, 풀을 먹어서 구토를 하여 속이 불편하게 만드는 물질을 없애버린다. 그러나 풀을 너무 많이 먹으면 병원에 데려가 보는 것이 좋다. 다른 동물의 배설물을 먹거나 몸에 묻히는 것은 대부분의 주인들이 가장 싫어하는 행동이다. 그러나 개는 배설물을 먹음으로써 몸에서 필요로 하는 필수 영양분을 얻을 수 있다. 또한, 배설물을 몸에 묻히거나 죽은 동물의 몸에 자신의 몸을 비비는 것은 사냥을 할 때 자신의 냄새를 숨기고자 하는 본능으로 인해 나타나는 것이다.

음식 먹어 치우기

대부분의 애견은 하루에 한 번 먹이를 먹고 스스로 먹이를 찾아 나설 필요가 없다. 사람들은 애견에게 충분한 먹이를 주기 때문에 애견이 사냥을 하거나 먹이를 찾아 헤맬 필요가 없다고 생각하여, 애견이 그런 행동을 하면 야단을 친다. 그러나 개의 몸속에서 야생에서 생활했던 조상의 유전자가 모두 사라질 때까지 애견들은 계속해서 먹이를 찾아다니려는 욕구를 갖고 있을 것이다. 애견이 주방에 있는 음식 찌꺼기 통을 뒤지지 못하도록 훈련시켜야 한다. 그러나 애견이 계속해서 음식물을 찾아 뒤지고 다니면, 애견이 다니는 곳에 음식 찌꺼기 통을 두지 않는 것이 좋다.

애견의 행동

전봇대에 배설을 하거나 다른 개의 배설물 위에, 혹은 그 옆에 배설을 하는 것은 효과적으로 메시지를 전달하기 위한 방법이다. 배설물을 남겨 두면 나중에 같은 길을 지나가는 개가 이전에 지나간 개의 성별이 무엇인지 몸집은 어느 정도인지 가늠할 수 있다. 이런 이유로, 수컷들은 가능한 많은 양의 배설물을 남기려고 한다.

애견과 친해지기 위한 5단계

1. 애견의 바디 랭귀지를 이해하는 법을 배우고 애견의 마음 상태를 이해하도록 한다. 꼬리를 흔든다고 해서 항상 좋은 의미를 담고 있는 것은 아니라는 것을 기억해야 한다.
2. 긴장하고 있다면, 무언가 불확실하며, 두려워하거나 공격을 할 수도 있다는 것을 뜻하고, 긴장을 풀고 있으면 편안하고 행복하다는 뜻이다.
3. 개의 본능으로 인해 나타나는 행동을 기억하고, 그런 행동들에 대처하는 법을 배워야 한다.
4. 각 종의 잠재되어 있는 특성을 이해하고 자신에게 가장 어울리는 애견을 고르는 것이 좋다.
5. 애견이 어떤 행동을 할 때 가로막는 것보다 미리 예방하는 것이 좋다. 예를 들어, 장난감이나 사냥감 등을 주어 애견에게 해로운 것으로부터 주의를 돌리도록 하거나 처음부터 위험한 상황에 처하지 않도록 주의해야 한다.

이 사실을 아십니까?

소변을 본 후, 혹은 대변을 본 후에 앞발과 뒷발을 이용해 풀을 긁어대는 것은 영역을 표시하기 위한 행동이다. 발에 있는 향선에서 나온 냄새를 맡고, 바닥이 어지럽혀져 있는 것을 보면 같은 구역 안에 있는 다른 동물들이 그 개의 존재를 알아차릴 수 있기 때문이다. 풀을 긁어대는 이유가 배설을 끝냈다는 신호라고 여기는 학설도 있다. 즉, 이런 행동을 통해 만족스럽게 배설을 했다는 것을 표시하면서, 배설을 하는 동안 공격에 노출될 위험이 이제 더 이상 없다는 것을 암시한다는 것이다.

사회화

주인을 잘 따르고, 생활공간과 함께 생활하는 다른 애완동물들과 문제없이 잘 지내면, 애견은 사회와 동화되는데 별다른 어려움이 없다. 새로운 애견을 처음 데려오고 주위 환경을 받아들이도록 하기 위해 필요한 것들이 다음 체크리스트에 나와 있다.

Checklist
- ✓ 사람
- ✓ 다른 애견
- ✓ 고양이나 다른 동물
- ✓ 교통
- ✓ 배달하는 사람
- ✓ 가전제품
- ✓ 다른 환경
- ✓ 자동차를 타고 이동하기
- ✓ 애견 보육 시설에 맡기기
- ✓ 병원에 데려가기
- ✓ 주인이나 다른 사람이 털 다듬어 주기

사회적 접촉

개는 사회적 동물이다. 종류에 따라 사람이나 다른 동물과 있는 것을 좋아하는 정도는 다르지만, 대체적으로 사람이든 동물이든, 무리 속에서 어울리는 것을 좋아한다. 만약 다른 사람이나 동물과 어울리지 못하면 매우 우울해 하고, 바람직하지 않은 행동을 할 수도 있다. 잘 어울리도록 훈련을 받지 못한 애견과 함께 살고, 통제를 하고, 키운다는 것은 악몽과도 같은 일이 될 수도 있으므로, 애견과 가족 모두의 안전과 만족을 위해서 애견이 외부 환경과 잘 어울리도록 하는 것이 중요하다. 잘 어울리도록 하는 방법은 76-77페이지에 나와 있으며, 애견에게 소개해 주어야 할 체크리스트는 75페이지에 나와 있다.

애견을 다른 사람이나 동물과 어울릴 수 있는 방법을 가르쳐 주는 수업에 데리고 가면 다른 사람이나 동물과 함께 있을 때 어떻게 행동을 해야 하는지 가르칠 수 있다.

아이들에게 손으로 애견에게 먹이를 주거나, 밥그릇에 있는 먹이를 먹고 있을 때 맛있는 것을 밥그릇에 더 담아 주도록 하면, 애견은 아이들의 손을 위협적인 요인으로 여기지 않고, 자신에게 기분 좋은 일이 생기게 해 주는 대상으로 여긴다. 그러나 안전을 위해서 아이들이 먹이를 줄 때에는 어른이 옆에서 지켜보는 것이 좋다.
아이와 애견에 대한 자세한 정보는 88-89페이지에 나와 있다.

사람과의 접촉

애견을 기를 때에는 다음과 같은 경우를 포함하여 연령, 인종, 종교, 몸의 크기, 형태를 막론하고, 모든 사람에게 올바르게 행동하도록 가르쳐야 한다.
- 장애가 있거나 몸이 성하지 않은 사람
- 안경을 쓴 사람
- 휠체어를 탄 사람
- 아기나 걸음마를 막 시작한 아이
- 활기가 넘치는 십대
- 시끄러운 사람들
- 소심한 사람들
- 머리에 두건을 두르고 있는 사람들
- 유니폼을 입은 사람들
- 조깅하는 사람들
- 자전거나 롤러 블레이드, 스케이트 보드 등을 타는 사람들
- 유모차를 끌고 가는 사람들
- 우산을 들고 가는 사람들
- 수염을 기르거나 독특한 헤어스타일을 하고 있는 사람들

많은 애견들은 배달하는 사람들이 오면, 자신의 영역을 침해당했다고 생각하기 때문에, 공격적인 태도를 보인다. 즉, 두려움으로 인한 공격적인 태도를 나타내는 것이다. 훈련을 잘 받은 개들은 주인에게 배달을 온 사람의 존재를 알린 다음에, (배달하는 사람들이 애견이나 주인에게 위협을 가하지 않는 한) 이들에게 위협적인 태도를 취하기보다 반갑게 맞아준다.

배달하는 사람들은 왔다가 금방 돌아간다. 애견의 관점에서 본다면, 자신이 짖는 소리를 듣고 돌아갔다고 생각할 수도 있다. 배달하는 사람들은 애견의 영역, 즉 가장 자신감이 생기는 영역 안으로 들어오는 경우가 있다. 이럴 때, 애견들은 깜짝 놀라서 짖어대기 시작하고, 배달하는 사람들은 금방 일을 마치기 때문에 곧 돌아가는 것이다. 우체부의 경우 우편함 속으로 편지만 밀어넣고 돌아가기도 한다.

배달하는 사람들을 공격하지 못하도록 하려면, 애견에게 이들을 인사시킨 다음, 먹이나 장난감을 던져 주어 이들을 반겨주면 주인으로부터 보상을 받을 수 있다는 것을 알려주는 것이 좋다.

낯선 환경

사람에게는 너무나도 당연하고 정상적인 환경들이라 하더라도, 애견에게 소개해 주고 익숙해지도록 배려해 주지 않으면, 애견에게는 너무나도 혼란스러운 두려움의 대상이 될 수도 있다. 청소기나, 미끄러운 바닥, 계단, 자동차, 헤어드라이어, 텔레비전, 세탁기 등은 모두 개에게 스트레스를 준다.

애견에게 애견이 좋아하는 장난감이나 먹이 등을 주어 조금씩, 그러나 지속적으로 이런 환경들에 익숙해지도록 노력해야 한다. 애견이 분주한 가정에서 어린 시절을 보냈다면, 가전제품에 별 관심을 갖지 않지만, 이런 제품에 익숙하지 않은 환경에서 자란 애견이라면 기기들에 익숙해지도록 하는 훈련이 필요하다.

가축

토끼나 햄스터와 같은 집에서 기르는 작은 동물들, 닭, 양, 말, 소 등을 쫓아가지 않도록 훈련시켜야 한다. 동물이 있는 곳을 함께 걸어갈 때에는 애견과 다른 동물들의 안전을 위해서 반드시 줄을 매야 한다. 애견이 동물들 주변을 줄도 없이 돌아다니는 것을 보면 일단 총으로 쏘는 농부들도 있다는 것을 기억해야 한다.

애견이 주변 환경에 익숙해지도록 하는 방법

각 애견의 속도에 맞추어 주변과 익숙해지도록 해야 한다. 너무 빠르게 훈련을 시키면 지나치게 신경을 쓰거나 소심해 지게 되고, 공격적인 행동을 보일 수도 있다. 심하면, 나쁜 행동을 부추기는 결과를 초래할 수도 있다. 새로운 경험을 하게 할 때에는 간단하고도 즐겁게 하여 새로운 경험이 즐겁다는 인식을 가질 수 있도록 도와주어야 한다. 다음과 같은 상황에서 활용할 수 있다.

병원에 데려가기

병원에 데려가면 애견을 안아주고 의사가 애견에게 맛있는 먹이를 주도록 하면, 병원에 가면 주사를 맞는 등 나쁜 경험만 하는 것이 아니라고 여길 수 있다.

자동차로 이동하기

처음에는 도로에서 벗어나 안전한 곳에 주차하여 창문을 열고 먹이를 주거나 장난감을 갖고 놀도록 하는 것이 좋다. 그렇게 하면, 자동차는 좋은 것이라는 인식을 가질 수 있다. 처음 자동차에 태우고 이동할 때에는 잠깐 동안만 이동을 하는 것이 좋고, 집으로 들어가기 전에 잠깐 동안 산책을 시켜주는 것이 좋다.

애견이 어린 강아지일 때 새로운 애견에게 소개해 주는 것이 좋다. 어린 시절에는 다른 애견을 쉽게 가족의 일원으로 받아들일 수 있으며, 낯선 침입자로 간주하여 상대방을 관찰하려고 하는 경향이 적다.

자주 받는 질문

Q 제가 기르는 애견이 다른 동물과도 잘 어울리기를 바랍니다. 그러나 이전에 애견을 키웠을 때 좋지 않은 경험을 했기 때문에 어떻게 해야 할 지 자신이 없습니다. 어떻게 해야 할까요?

A 애견 훈련 학교에 가면 애견이 다른 동물을 만났을 때 행동하는 법을 가르치는 수업이 있습니다. 이런 수업들은 들어볼 만합니다. 수업에 참가하면 통제된 상황에서 다른 동물을 만나는 법을 배우게 되고, 필요한 경우 도움을 받을 수도 있습니다. 이런 수업을 진행하는 곳이 댁에서 멀 수도 있겠지만, 주인과 애견 모두에게 아주 가치 있는 경험이 될 것입니다.

자신이 기르는 애견에게 행동 문제가 있다면, 애견 행동 문제 상담가를 만나 실질적이고 도움이 되는 조언을 구하는 것이 좋다. 필요하다면 의사가 훌륭한 상담가를 추천해 줄 것이다.

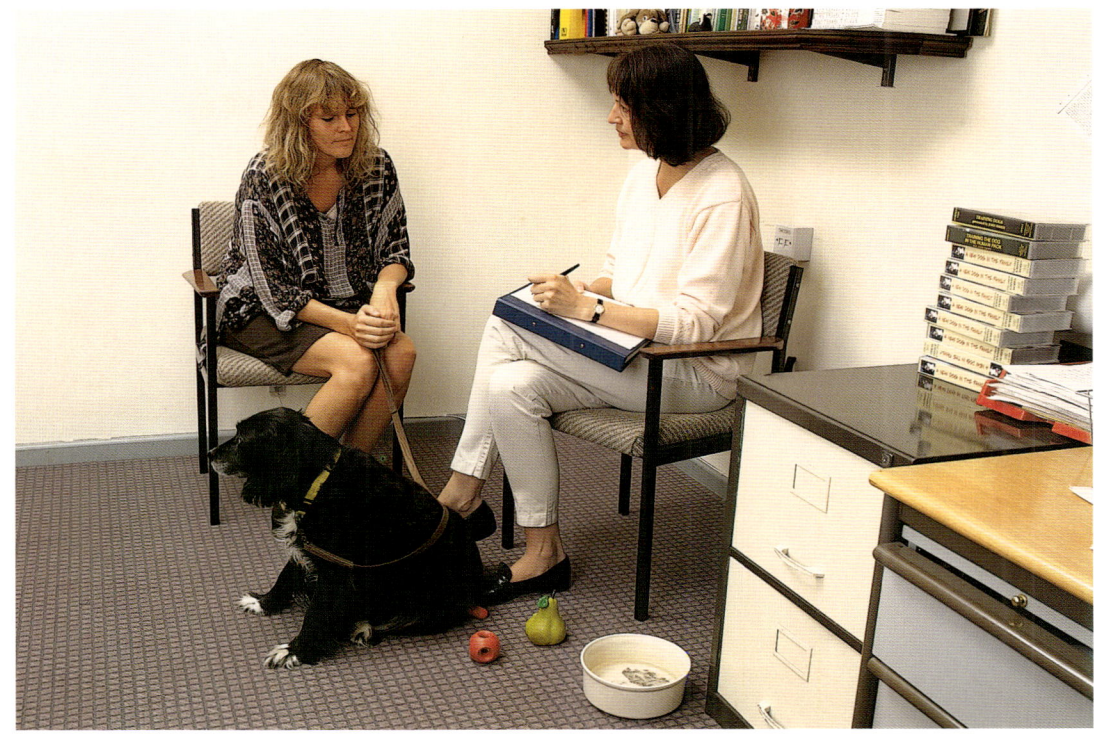

애견 보육 시설에 맡기기

애견 보육 시설에 데려가 직원들을 만나게 하고 장난감을 갖고 놀게 한다. 다음 날 다시 데리고 가 장난감과 집에서 사용하던 침대를 두고 한 시간 정도 그 곳에 머물러 익숙해지도록 한다. 그런 후에 다시 집으로 데리고 오면, 애견은 보육 시설에서 기다리면, 주인이 다시 데리러 온다는 것을 이해하게 된다. 차차 시간을 늘려, 한 나절 동안 맡겼다가, 다시 하룻밤 재우면 된다.

털 다듬기

애견이 주인이나 가족들이 주기적으로 털을 다듬는데 익숙해지도록 해야 한다. 가능하다면, 친구에게도 부탁을 해 털을 다듬는 것을 도와주도록 하는 것이 좋다. 낯선 사람이 털을 다듬는데 익숙해져야 애견 미용실에 데려가 처음 보는 미용사가 털을 다듬어도 소란을 피우지 않는다.

처음에 애견 미용실에 데려갈 때에는 직원과 익숙해지도록 하는 것이 좋다. 그런 다음, 털을 다듬으면 좀 더 편안하게 느낀다. 애견 미용실 중에는 털을 다듬는 동안 주인이 함께 있도록 해주는 곳도 있다. 그러나 주인이 없을 때 더 바르게 행동하는 애견들도 있다.

개에 관한 사실

애견의 민첩함을 길러주는 수업에 참가하도록 하면 애견이 다른 사람이나 애견들과 잘 어울리도록 하는데 도움이 된다. 대부분의 애견들은 수업에 흥미를 느껴 경계하거나 적대적인 태도를 취하지 않고, 오히려 다른 사람이나 애견들과 함께 수업을 듣는 것을 매우 즐거워한다.

사회화 프로그램

나이	6-7주	7-8주	8-9주	9-10주
성인(남성, 여성)				
20대				
중년				
노년				
장애가 있거나 몸이 성하지 않은 사람				
목소리가 크고 자신감이 많은 사람				
수줍음을 많이 타고 소심한 사람				
배달하는 사람				
조깅하는 사람				
유니폼을 입은사람				
모자를 쓴 사람				
수염을 기른 사람				
안경을 쓴 사람				
오토바이 헬멧을 쓴 사람				
아이				
아기				
걸음마를 시작한 아이				
아이들				
10대				
다른 동물				
애견-다 자란 개				
애견-강아지				
고양이				
작은 애완동물				
가축				
말				
환경				
친구 집				
쇼핑 센터				
공원				
학교 밖				
놀이터 밖				
시골길				
기타				
자전거				
오토바이				
자동차				

10-11주	11-12주	3-6개월	6-10개월

사회화

옆에 있는 이 차트를 활용하면 이 속에 포함되어 있는 각 요소와 부딪힐 때 애견이 어떻게 반응을 하는지 정확하게 알 수 있다. 애견의 나이에 맞게 표를 변형하여 사용할 수 있다. 예를 들어, 민첩함을 기르는 수업, 쓰레기 운반 수레, 기차, 버스, 대형 차량, 아이스크림 판매 차량, 트랙터, 승마하는 사람 등으로 항목을 바꿀 수 있는 것이다. 애견이 이 항목에 해당되는 사람이나 상황에 직면할 때마다 체크를 하고(체크되어 있는 표시를 보면 얼마나 여러 번 이런 상황에 부딪혔는지 알 수 있다), 반응을 적어두면, 앞으로 어떻게 고쳐 나가야 할 지 알 수 있다. 이 방법을 이용하면 애견의 발달 정도를 정확하게 확인할 수 있다. 다른 것들보다 익숙해지는 데 더 많은 시간이 걸리는 항목도 있으므로, 인내를 갖고 훈련을 시켜야 한다.

애견이 이런 상황에 부딪혔을 때 나쁘다고 생각하지 않고, 좋은 것으로 여길 수 있도록 해야 한다. 그렇지 않으면, 애견이 겁을 먹고 긍정적으로 대처해 나가기를 꺼려할 수도 있다. 따라서 새로운 상황에 부딪힐 때마다 가능한 애견이 기분 좋게 대처할 수 있도록 해 주어야 한다. 가령 장난감이나 먹이를 주면 그 상황에 대해 위협적이라고 여기기보다 보상이 생기는 좋은 일이라고 생각하게 되는 것이다.

건강하고 행복한 삶

애완동물은 야생에서 생활할 때처럼 본능대로 자유롭게 먹고, 마시고, 어울리고, 교배하고, 안식처를 찾고, 운동하고 잘 수 없으므로, 사람들이 애완동물을 잘 보살펴 주어야 한다. 애완동물이 일생 동안 정신적, 신체적으로 건강하고 편안하게 살 수 있도록 하는 것은 전적으로 사람의 몫이다.

일생 동안 주인이 애견을 잘 돌봐 주어야 애견은 건강하고 행복한 삶을 살 수 있다.
애견을 잘 돌봐주려면 다음과 같은 사항들을 지켜야 한다.
- 연령에 알맞은 균형 잡힌 식사를 제공해 주어야 한다.
- 예방 접종을 시켜 주어야 한다.
- 애견이 새끼를 낳았을 때 모두 건강하고 정상적이며 분양할 집을 찾아두었을 때에만 교배를 시켜야 한다.
- 교배를 시키지 않을 예정이라면 중성화 수술을 시켜야 한다.
- 정상적인 행동을 하도록 가르쳐야 한다.
- 비정상적인 행동을 할 경우 교정시켜 주어야 한다.
- 애견을 돌보는데 충분한 시간과 공간을 할애해야 한다.
- 애견이 건강이 좋지 않을 때에는 병원에 데려간다.
- 특별한 이유가 없는 한 애견을 일생 동안 길러야 한다.
- 적절하게 털을 관리해 주고 기생충이 생기지 않도록 관리해 주어야 한다.
- 애견이 좋아하는 방식으로 일과를 정한다.
- 애정과 배려하는 마음으로 애견을 대한다.
- 신체적 체벌을 사용하면 애견은 그 이유를 알지 못하므로, 어떤 경우에도 체벌을 가하지 않는다.
- 애견에게 지나치게 감정적으로 의존하면 애견에게 정신적, 신체적 부담이 될 수 있으므로, 지나치게 의존하지 않는다.
- 애견이 좋아하고 싫어하는 것을 명확하게 알아둔다.

애견과 좋은 관계를 만들어 나가려면, 상호 존중을 바탕으로 우호적인 관계를 만들어 나가야 한다.

이 사실을 아십니까?

애견은 차분하고 평화로운 분위기 속에서 더욱 편안함을 느낀다. 동물들은 분위기를 빨리 감지하기 때문에, 긴장감이 감돌면 동요되기도 하고, 위축되거나 겁을 먹고, 질병에 걸리기도 한다.

과연 애견을 키울 수 있을까?

애견의 평균 수명은 열두 살이다. 12년이라는 기간은 정신적, 육체적, 경제적으로 하나의 생명체를 돌보기에 긴 시간이다. 애견을 구입하는 비용을 빼더라도 중성화 수술을 시켜주고 필요한 물건을 구입하기 위해서 지속적으로 드는 비용은 다음과 같다.
- 먹이
- 예방 접종
- 건강 검진
- 기생충 치료
- 휴가 시 애견 보육 센터에 맡기는 비용
- 건강 보험, 사회 보장 보험
- 훈련비용
- 필요한 경우 애견을 위한 시설이나 장난감 등을 교체하는데 드는 비용
- 일부 종에 해당되는 특수 털 관리 비용(애견을 구입한 후에 털 관리 비용에 놀라지 않으려면, 애견의 종류를 선택하기 전에 미리 애견 미용실에 들러서 각 품종의 털을 관리하는데 드는 비용이 어느 정도인지 알아두는 것이 좋다).

애견 재분양

여러 가지 이유로, 더 이상 애견을 훈련시키고 운동시키기가 어려워, 애견이 행동 문제를 일으켜 어려움을 느낄 수도 있다. 이런 상태가 지속되면, 애견과 주인 모두에게 해가 될 뿐이다. 애견의 행복이 가장 중요한 것이므로, 빨리 해결될 문제가 아니라면, 애견이 필요로 하는 환경과 훈련 등을 제공해 줄 수 있는 사람에게 애견을 주는 것도 좋은 방법이다. 애견을 다른 사람에게 준다고 해서 결코 실패한 것이 아니며, 오히려 애견이 더욱 행복한 삶을 살 수 있도록 지혜로운 선택을 하는 것이다. 애견 구조 센터나 재분양 센터에 연락하면 애견에게 가장 적당한 집을 찾기 위한 정보를 얻을 수 있다. 일부 구조 센터에서는 애견을 재분양하는 동안 드는 비용을 지불하면 애견을 맡아서 재분양해 주기도 한다. 수의사나 훈련 담당자에게 자신보다 애견을 더 잘 돌봐 줄 수 있고, 애견에게 잘 어울릴 만한 집을 알고 있는지 물어보는 것도 좋은 방법이 된다.

이상적인 주인의 역할은 애견이 사회에 잘 등학될 수 있도록, 주인을 잘 따르고, 온순하며, 사람들에게 즐거움을 주는 동물로 기르는 것이다.

개에 관한 사실

애견을 데려온 후 처음 6개월 동안 애견을 대하는 태도가 그 이후의 관계를 결정한다. 처음부터 올바른 관계를 설정하는 것이 이후에 바로잡는 것보다 훨씬 쉽다.

유용한 정보

애견에게 벌을 주지 않고, 화를 덜 낼수록, 애견이 주인을 더 신뢰한다.

한 마리 더 기를 것인가?

원래 기르던 애견이 가족들이 모두 외출한 후 친구와 함께 놀 수 있도록 해 주기 위해 애견을 한 마리 더 구입할 생각을 하고 있다면, 당장 달려 나가 애견을 한 마리 구입하기 전에, 다음 질문을 스스로에게 던질 필요가 있다. 생각 자체는 훌륭하지만, 현실은 다를 수도 있기 때문이다.

Checklist
- ✓ 집에서 기르던 애견이 새로운 애견을 환영할 것이라고 생각되는가?
- ✓ 두 마리가 서로 어울리도록 도와줄 시간이 있는가?
- ✓ 두 마리가 친해지는 동안 불가피하게 생길 어려움들에 대처할 수 있겠는가?
- ✓ 한 마리 더 키울 능력이 되는가?
- ✓ 두 마리의 애견을 모두 수용할 공간과 시설이 충분한가?
- ✓ 이후에 발생할 행동상의 문제를 해결할 수 있겠는가?

두 마리가 얼마나 잘 어울릴 것인가

대부분의 애견은 사회적 동물이긴 하지만, 새로운 애견을 한 마리 더 데리고 오는 것은 생각만큼 간단한 일이 아니다. 따라서 무작정 한 마리를 더 구입하기 전에 원래 기르던 애견의 성격이 어떠한 지 잘 생각해 보아야 한다. 다른 애견과 잘 어울리지 못하는 종도 있으므로, 종별 특징도 고려해야 하는 것이다. 각 종의 성격과 특성에 대한 정보는 12-19페이지에 나와 있다.

두 마리의 애견을 기를 때 서로 잘 어울리기만 한다면 멋진 관계가 성립되는 것이다. 또한, 주인이 얻는 기쁨도 두 배가 된다. 둘 중 한 마리, 혹은 두 마리 모두 중성화 수술을 시켰다면 애견 간의 경쟁심이 줄어든다.

자주 받는 질문

Q 저는 애견을 한 마리 더 키울지 생각 중입니다. 지금 키우고 있는 애견은 어떻게 반응할까요?

A 모든 애견이 다른 애견과 함께 생활하는 것을 좋아하지는 않습니다. 두 마리 중 더 강한 애견이 약한 애견을 괴롭히지는 않는지 주의를 기울여야 합니다. 만약 두 마리를 기르기 시작한 지 한 달이 지났는데도, 어느 한 쪽이 힘들어 하거나, 자주 다툼이 생긴다면, 서로 데리고 온 강아지를 재분양하는 것이 좋습니다.

자신의 영역 안에 들어 온 새로운 애견을 싫어하는 경우도 있다. 특히, 자신의 영역을 중요하게 여기고 있거나, 이전에도 다른 애견들과 잘 어울리지 못하거나, 주인의 관심을 독차지해 왔다면 싫어할 가능성이 크다.

새로 온 애견 소개하기

개는 사람과 같은 행동 방식에 근거하여 생활하지 않는다. 처음 만났을 때, 미소를 짓고 악수를 하는 대신 서로 노려보거나 싸움을 할 수도 있다. 시작이 나쁘면, 좋은 관계가 형성될 수 없으므로, 이런 상황이 발생하지 않도록 처음부터 주의를 기울이는 것이 좋다.

유대감 형성하기

두 마리의 애견을 기를 때, 애견끼리 유대감이 강하게 형성되어 주인을 따르지 않는 경우도 있다. 이런 일이 발생하지 않도록, 주인이 없을 때(출근할 때나 잘 때)는 두 마리를 따로 떼어두는 것이 좋다. 두 마리 사이에 철제 파티션 등을 설치하여, 서로 볼 수는 있으나 함께 어울려 놀지는 못하도록 하는 것이 좋다. 주인이 있을 때에만, 함께 놀 수 있도록 하는 것이다. 애견이 완전히 혼자 남겨졌다고 느끼지 않도록 하려면, 혼자서도 갖고 놀 수 있는 장난감을 주거나, 다른 사람에게 부탁하여 돌봐주도록 하거나, 산책을 데리고 나가거나 배설을 위해 밖에 데리고 나가도록 해야 한다. 시간을 정해두고 두 마리를 따로 있게 한 다음, 한 마리와만 놀아주면 주인이 관심을 온전히 쏟을 수 있기 때문에 좋은 방법이 된다. 새로 온 애견은 혼자 밖에 나갔을 때도 위축되지 않는 방법을 배울 수 있고, 다른 개에게 의존하지 않게 된다.

일반적으로, 새로운 애견과 원래 키우던 애견을 소개시킬 때, 새로운 애견이 손님처럼 행동하고, 주인도 손님처럼 대해주면 무리 없이 진행된다. 두 애견 사이의 서열은 처음 몇 주 동안 자연스럽게 형성된다.

해야 할 것

- 74-79페이지에 있는 '사회화'와 54-57페이지에 있는 '애견을 집에 데려오기'에 나와 있는 방법을 따라야 한다.
- 두 애견이 친해지는 데에는 시간이 필요하다는 것을 이해해야 한다.
- 두 마리의 애견이 주인의 방해를 받지 않고 각자의 속도에 맞춰 상대방을 관찰할 수 있도록 해 주어야 한다.
- 처음에는 따로 먹이를 주어야 한다.
- 다툼이 발생할 가능성을 줄이기 위해서 새로운 애견에게는 새 장난감과 침대를 제공해 주어야 한다.
- 처음에는 원래 집에서 기르던 애견과 먼저 놀아주고, 먹이를 주고, 관심을 주고, 문을 먼저 빠져 나가도록 하여 원래 기르던 개가 리더의 역할을 하도록 유도해야 한다.

하지 말아야 할 것

- 싸움이 발생하지 않는 한, 처음 몇 주 동안, 서열을 결정하는 과정에 인위적으로 개입해서는 안 된다. 새로 온 개의 서열이 높은 쪽으로 확정이 되면, 모든 일을 할 때 새로 온 애견을 우선시하여, 서열이 안정되도록 한다.
- 두 마리가 서로 익숙해지는 과정에서 상황을 악화시키면 안 된다. 만약 두 마리가 다툰 후에, 각각 다른 방에 넣어두고 맛있는 먹이를 주면, 오히려 싸움을 조장하게 된다.
- 개가 작은 경우에 다른 개의 등에 태우면 안 된다. 그럴 경우, 작은 개가 우위에 서기 때문에, 공격적인 태도를 취할 수가 있다.
- 서로 친구가 될 때까지 두 마리의 애견간 내버려 두면 안 된다.

애견 돌보기

애견을 기르면서 느낄 수 있는 좋은 점 중 하나는, 뛰어난 생명체인 애견을 키울 때 애견이 건강하고 행복할 수 있도록 하려면, 애견과 교감을 해야 한다는 것이다. 애견을 돌보고 관리하는 데에는 여러 가지 면이 있다. 자신이 키우는 애견이 필요로 하는 모든 것들을 만족시켜주고 있다고 생각하면 애견을 키우는 주인도 아주 만족할 수 있다. 애견의 저녁을 준비하는 것에서부터 시골길을 함께 거니는 일에 이르기까지 매일 애견을 돌보면서 자신도 행복해질 수 있으며, 그에 대한 보답으로 주인에 대한 애견의 충성심이 더욱 깊어지고 주인에 대한 변함없는 애정을 보여주게 된다.

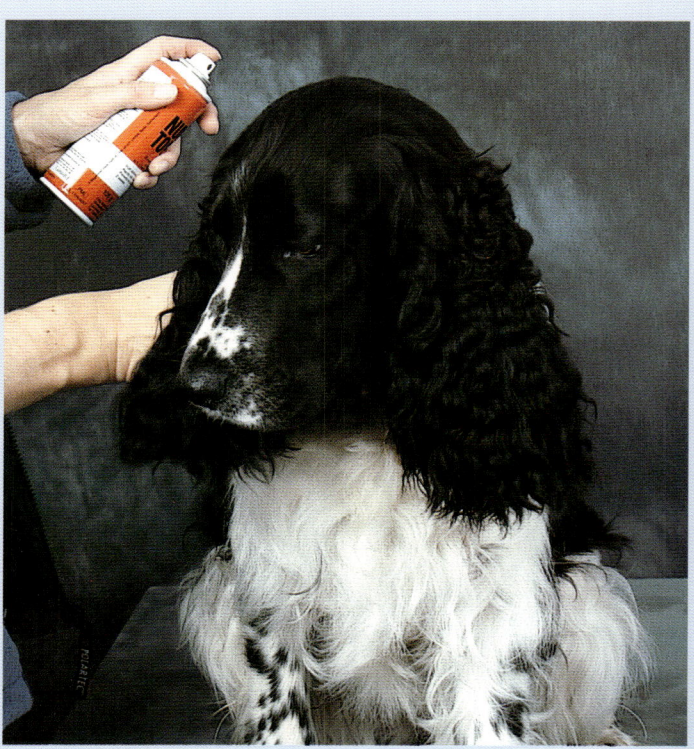

애견 다루기

주인이 애견을 다루고 대하는 방법에 따라 애견이 다른 사람을 대하는 행동과 반응이 달라진다. 긴장감이 도는 분위기거나, 누군가 소리를 지르고 있거나, 거칠게 애견을 만지면, 애견은 위협을 받는다고 느끼거나 안전하지 못하다고 느낀다. 애견은 다음 체크리스트에 나오는 행동을 하는 사람들을 잘 따르며, 이런 사람들을 더 좋아한다.

Checklist
- ✓ 애견을 부드럽게 쓰다듬는다
- ✓ 서두르지 않고 충분히 생각한 후에 행동한다
- ✓ 편안하게 행동한다
- ✓ 낮고 부드러운 목소리로 이야기한다
- ✓ 눈을 똑바로 쳐다보지 않는다.

행동을 통한 의사소통

대부분의 애견은 어릴 때부터 주인과 함께 어울리고 사람이 두드려주는 것에 익숙해지는 법을 배우고, 쓰다듬어 주면 좋아한다. 특히, 등과 가슴 몸통 옆 부분 등, 안전한 부위를 만져주면 좋아한다. 애견이 본능적으로 건드리는 것을 싫어하는 부위가 있는데, 눈, 입, 발, 귀, 배, 꼬리, 항문 등이 해당된다. 그러나 털을 깎거나 병원에 데려갈 경우, 이런 부위를 만질 수밖에 없으므로 어릴 때부터 익숙해지도록 훈련을 시켜야 한다.

개들은 서로 노려보면서 상대를 위협하기 때문에, 일단 서로 노려보는 상태가 되면 서로 공격을 해야 하는 위험을 감수하려고 하기보다는 빨리 눈길을 피해 버린다. 사람들은 애견을 사랑스러운 눈길로 바라보는 것을 좋아한다. 따라서 애견이 어릴 때부터 사람이 쳐다보는 것은 위협하는 것이 아님을 가르쳐야 한다.

사람의 신체적인 의사소통 방법이 애견의 정신적, 육체적 행복에 어떤 영향을 끼치는 지 생각해 볼 필요가 있다. 애견과 장난을 치고 싶은 마음에 갈비뼈나 등 부분을 툭 치거나 세게 두드리고, 난폭하게 데리고 놀거나 귀를 만지작거리면, 애견은 불편해하거나 심지어 고통스러워할 수도 있다. 이해하기 힘들다면 직접 자신의 몸에 실험을 해 보면 애견이 싫어할 수밖에 없다는 것을 알게 될 것이다. 애견에 대한 애정과 관심을 보여주는 가장 좋은 방법은 부드럽게 두드려주는 것이다.

목소리를 통한 의사소통

애견의 청각은 사람의 청각보다 예민하다. 따라서 시끄러운 소리에 노출되면 불편해 하거나 공포감을 느끼기도 한다. 화가 난다고 해서 애견에게 소리를 질러서는 안 되며, 시끄러운 음악 소리나 텔레비전 소리에 애견이 노출되도록 해서도 안 된다. 또한, 애견이 보는 앞에서 빠르게 움직이거나 시끄러운 소리를 내면 공격적인 행동으로 간주할 수도 있으므로, 그렇지 않는 것이 좋다. 일반적으로, 애견은 낮고, 부드러우며, 온화한 소리에 가장 잘 반응한다. 주인이 하는 말을 이해하지 못할 수도 있지만, 목소리 톤을 통해 전달되는 의미는 이해할 수 있다. 마찬가지로, 거친 톤으로 이야기하면 거친 목소리가 담고 있는 의미도 이해하는 것이다.

아이들과 비교해 보았을 때, 애견은 특정 신호로 사용되는 소리를 잘 이해하지 못하기 때문에 소리를 내어 '앉아', '이리 와' 등의 명령을 하면 잘 알아듣지 못하는 경향이 있다. 훈련을 할 때 수신호나 제스처를 함께 이용하면 소리를 통한 명령을 더 쉽게 이해할 수 있다. 애견이 목소리를 통한 명령을 더 많이 이해하게 되면 수신호를 점점 줄여나가도록 한다.

애견을 위한 공간

애견은 주인의 감정을 빨리 알아차리고, 상황에 따라 흥분할 수도 있다. 주인이 다시 기분이 좋아질 때까지 조금 떨어져서 다시 상황이 좋아지기를 기다릴 수 있는 공간을 마련해 주어야 한다. 애견만을 위한 은신처를 마련해 주면 필요한 경우, 아이들이나 한 집에서 함께 생활하는 다른 애완동물 등을 피해 숨을 수 있다.

유용한 정보

어릴 때부터 사람이 안아주는 것이 애정의 표현이라는 것을 배우지 못한 애견들은 사람이 안으려고 하면 위협을 느끼고, 공격적인 행위로 간주하여, 달아나려고 하거나 물 수도 있다. 따라서 포옹에 익숙해지도록 훈련을 받지 않은 개를 안아서는 안 된다고 아이들에게 가르쳐야 한다.

이 사실을 아십니까?

겁이 많은 애견이 사람을 무서워하지 않도록 하려면, 애견이 있는 곳을 피해 옆쪽으로 가거나, 몸을 낮추어 애견보다 몸집이 작아지도록 웅크려 덜 위협적으로 보이도록 하고 애견의 눈을 쳐다보지 않는 것이 좋다. 애견이 긴장하고 있어서 위험한 상황이 되었을 때도 이런 자세를 취하는 것이 좋다.

애견을 들어올리는 법

다친 애견을 다루고 옮기는 법은 159페이지를 참조하세요.

1 몸을 웅크리고 앉아서 부드러우면서도 세게 애견을 끌어서 가까이 당긴다. 한 손은 애견이 달아나지 못하도록 가슴 부위에 두고 다른 손은 애견을 들어올릴 때 받칠 수 있도록 몸 아래 쪽에 둔다.

2 애견을 자신의 몸에 최대한 가깝게 당겨 안전하게 느끼도록 하고, 팔을 벗어나 아래쪽으로 뛰어내리지 않도록 천천히 일어선다.

3 애견을 가슴 가까이로 끌어당긴다. 애견을 다시 내려놓으려고 할 때는, 위 동작을 반대 순서대로 한다. 그 과정에서 등에 무리가 가지 않도록 하려면 반드시 무릎을 먼저 굽혀야 한다.

애견과 아이들

실내에서 애견과 함께 자란 아이들과 애정과 관심을 갖고 애견을 대하고 존중하는 마음을 가져야 한다고 배운 아이들은 학교생활에도 더 잘 적응하고 몸과 마음이 건강하고 책임감 있는 성인으로 성장할 가능성이 더 높다는 연구 결과가 있다. 만약 아이가 있는 가정이라면, 애견을 키우기에 있어 이보다 더 좋은 이유가 어디 있겠는가. 아이들과 애견이 조화롭게 함께 생활하도록 하려면, 다음 체크리스트에 있는 조언을 따르는 것이 좋다.

Checklist
- ✓ 아이들과 애견이 어울릴 때 옆에서 지켜본다
- ✓ 아이들이 애견을 존중하도록 가르친다
- ✓ 아이들에게 애견을 올바른 방법으로 만지고 훈련시키는 법을 보여준다
- ✓ 아이들과 애견이 유대감을 형성할 수 있게 도와준다
- ✓ 애견을 기르는 과정에 아이들도 참여하게 한다.
- ✓ 잔인한 행동을 하지 못하도록 한다

안전

집에 아이들이 있다면, 애견을 존중하고 올바르게 다루고 말하는 법을 가르쳐야 한다. 일부 애견은 어릴 때부터 놀라울 정도로 아이들이나 어린아이들의 행동을 잘 참고 받아들이지만, 자신이 기르는 애견이 어느 정도 인내할 수 있는지 시험을 해서는 안 된다. 아이들에게 애견이 잠을 자거나, 밥을 먹을 때 건드리는 등, 애견을 귀찮게 하지 않도록 가르쳐야 하고, 애견을 귀찮게 하면 물 수도 있다는 점을 알려주어야 한다. 아이가 있다면 본능적으로 공격성을 타고난 종류를 피하여 좀 더 온화하고 안정된 행동을 하는 종류를 선택하는 것이 좋다. 또한, 집에서 기르고 있는 애견이 온순하고 믿을 만하더라도, 애견과 아이들만 남겨두어서는 안 된다. 아이들은 아무 생각 없이 애견에게 장난을 쳐서, 화가 나게 할 수도 있으며, 애견은 더이상 참을 수 없는 상황이 되면 아이들이 물러나도록 만들기 위해 물 수도 있다(개는 야생의 상태에서는 규칙을 따르지 않는 동물인 것이다). 이런 행동은 사람과 함께 생활하는 환경에서는 적합하지 않기 때문에, 아이들과 애견만 함께 남겨두어 이런 위험을 초래해서는 안 된다.

상호 교감과 놀이

아이들이 애견과 함께 놀고 있을 때 한 눈을 팔아서는 안 된다. 아이들과 애견만이 함께 놀도록 내버려두면, 놀이에 열중한 나머지 애견이 지나치게 흥분하여 거칠게 행동하는 결과를 초래할 수도 있다.

또한, 아이들이 강아지든, 다 자란 애견이든, 집에서 기르는 애견에게 올바른 행동만을 가르치도록 해야 한다. 애견이 뛰어올라서 옷을 당기거나, 장난을 치면서 물려고 하면 어떻게 행동을 해야 하는지 아이들에게 가르쳐 주어야 하며, 애견에게 명령을 하는 방법이나 애견과 함께 적절한 방법으로 게임을 하는 방법을 가르쳐 주어야 한다. 애견을 부드럽게 두드려주는 방법과 애견이 어떤 부위를 만져 주었을 때 좋아하는지 시범을 보여 주어야 한다. 애견에게 먹이를 줄때 아이들이 참여할 수 있도록 하고, 먹이를 준 후, 먹어도 된다고 명령을 할 때까지 앉아서 기다리도록 하는 법을 알려 주어야 한다. 이런 훈련을 통해 아이들이 가정이라는 집단 속에서 애견보다 서열이 높아질 수 있도록 할 수 있으며, 애견도 아이들이란 자신에게 먹이를 주는 긍정적인

아이들이나 손님들이 애견과 함께 어울리면서 꼬리를 잡거나 발을 건드리지 않도록 얘기해 주어야 하며, 장난으로 팔이나 옷을 물도록 시켜서는 안 된다고 일러주어야 한다.

존재라고 인식하게 된다.
 아이들과 애견이 함께 어울리는 것을 지켜보면 올바르지 못한 행동을 하는 것을 사전에 막을 수 있다.

위생

아이들은 틈만 나면 손을 입 속에 집어넣는 경향이 있다. 아이들이 애견을 통해 백선, 촌충, 개회충증 등에 감염되는 경우는 매우 드물지만, 위험을 줄일 수 있도록 아이들을 비롯해 어른들도 애견이나 다른 동물을 만진 후에는 반드시 손을 씻도록 하는 것이 좋다.
 개회충은 개에서 찾아볼 수 있는 기생충으로 애견의 배설물을 통해 배출되어 사람의 몸에 전해지면 개회충증에 걸리게 된다. 임산부를 포함하여 예방 접종을 받은 사람들은 감염되어도 무하하다. 주기적으로 애견의 몸에 있는 기생충을 제거해 주면 개회충증에 걸릴 위험을 최소화할 수 있다.

아이들과 애견이 함께 어울려서 놀도록 하면 아이와 애견 모두가 넘치는 에너지를 발산할 수 있는 좋은 방법이 된다.

아이들이 애견과 함께 무언가를 잡아당기는 게임을 하지 않도록 가르쳐야 한다. 게임을 하다 보면 언제 멈추어야 할 지 적당한 순간을 찾지 못하는 경우가 많기 때문이다. 일반적으로, 개들은 자신이 물고 있는 것을 놓으려고 하지 않기 때문에 아이들에 대한 공격적인 행동으로 바뀔 수도 있다.

일상적인 관리

애견은 행복하고 충만한 삶을 살기 위해서 주인의 도움을 필요로 한다. 애견의 정신적, 신체적 건강을 지키기 위해서는 다음 체크리스트에 나오는 관리를 경우에 따라 매일, 매달, 매년 빠뜨리지 않고 해 주어야 한다.

Checklist
- ✓ 적절한 영양(음식과 물)
- ✓ 털 관리
- ✓ 운동
- ✓ 훈련
- ✓ 행동, 배설물 그리고 외모의 관찰
- ✓ 애견의 발육을 도울 수 있는 활동
- ✓ 생명 징후 체크
- ✓ 기생충 관리
- ✓ 예방 접종

몸 상태

애견이 매일 먹는 양에 비해서 충분히 운동을 하지 못하면 비만으로 고생을 할 수도 있다. 체중이 정상 범위를 벗어나면 애견의 건강에 심각한 영향을 주어 생명을 단축시킬 수 있다. 동물 병원이나 브리더에게 현재 자신이 키우고 있는 애견의 이상적인 몸무게가 어느 정도인지 물어보고 그 범위를 벗어나지 않도록 항상 주의를 기울이는 것이 좋다.

소변과 대변(배설물)

주의해서 지켜보아야 할 사항:
- 소변을 보거나 대변을 볼 때 불편해 하는가
- 평소에는 깔끔하게 행동하는데 최근에 들어서 실내에 변을 보는 등 평소와 다른 행동을 하는가
- 변을 보고도 만족스런 결과를 얻지 못하여 자주 변을 보는가
- 소변이나 대변에 혈액이 섞여 있는가, 혹은 변이 지나치게 묽거나 딱딱한가
- 평소보다 변을 보는 횟수가 줄어들었는가
- 변에 기생충이 있는가(쌀알처럼 생기거나 길쭉하면서 얇은 모양, 하얀 실 모양을 하고 있음)

평소와 다른 점이 있다면 주의 깊게 관찰해야 한다. 하루 이상 상태가 지속되면 병원에 데려가야 한다. 대변에서 기생충이 나타나면, 기생충을 없애는 치료를 해야 한다.

유용한 정보

애견의 목에 걸어 둔 목걸이가 알맞은지 주기적으로 확인해야 한다. 특히, 자라고 있는 강아지들은 더 주의해서 살펴보아야 한다. 목걸이와 애견의 목 사이에 손가락 두 개 정도가 들어가는 것이 적당하다.

애견이 변을 보려고 끙끙대면 소화기에 이상이 있다는 것을 뜻한다. 하루 이상 이런 상태가 지속되면 병원을 찾는 것이 좋다.

일반적인 행동

자신이 기르고 있는 애견에 대해서 잘 알고 있다면 행동의 변화를 쉽게 알아차릴 수 있다. 평소에 활발하고 에너지가 넘치던 애견이 갑자기 침울해 한다면, 기분이 좋지 않다는 것이다. 좋지 않은 다른 증상들이 함께 나타난다면 병원에 데려가 검사를 받도록 하는 것이 좋다. 증상을 기록해 두었다가 의사에게 자세히 알려주면, 애견의 질병이 무엇인지 좀 더 쉽게 찾아낼 수 있다. 28-29페이지를 보면 애견이 건강한지, 그렇지 않은지 알아볼 수 있는 방법이 나와 있으며, 140-143페이지를 보면 일상적인 건강관리 방법이 나와 있다.

자신이 기르고 있는 애견에 대해서 잘 알고 있다면, 애견의 외모나 행동을 통해 어떤 문제가 있는지 금방 알아차릴 수 있을 것이다.

그림에서 보는 것과 같이 허벅지 안쪽 피부 아래에 있는 고동맥 부위에 손가락 두 개를 올려놓고 맥박을 재면 된다. 1분에 몇 번 맥박이 뛰는지 그 횟수를 측정하는 것도 중요하지만 맥박이 얼마나 건강한지 체크하는 것도 중요하다. 맥박이 약하게 뛰면 혈액 순환에 문제가 있다는 뜻이다.

개에 관한 사실

애견의 생명 징후(체온, 맥박, 호흡)는 나이와 몸집, 날씨에 따라 달라진다. 예를 들어서, 날씨가 더울 때에는 생명 징후 수치가 평소보다 높게 나타난다. 여름과 겨울에 각각 일주일 동안 애견이 쉬고 있을 때 체온, 맥박, 호흡 등을 재어 보면 날씨가 더울 때와 추울 때의 평균을 각각 알 수 있게 된다. 운동을 한 후나 흥분하거나 두려움을 느낄 때 맥박과 호흡이 늘어난다는 것을 염두에 두어야 한다. 일반적인 애견의 생명 징후는 다음과 같다.

- 체온: 38.1-38.6°C
- 맥박: 1분에 62-130회, 몸집이 작을수록 맥박이 빠르다.
- 호흡: 1분에 10-30회, 몸집이 작을수록 호흡이 빠르다.

훈련

애견에게 허락되는 행동과 그렇지 않은 행동을 번복해서는 안 된다. 만일, 규칙을 번복하게 되면 애견이 혼란스러워할 수도 있다. 명령을 할 때도 같은 말투와 같은 수신호, 제스처를 사용해야 한다. 다른 가족이나 손님들도 그 규칙을 따르도록 해야 한다.

특별한 관리

크리스마스나 명절 등 많은 사람들이 모일 때에는 애견에게 특별히 관심을 기울여 주위의 소음과 너무 많은 사람들로 인해 스트레스를 받지 않도록 해야 하고, 먹어서는 안 될 것을 먹어서 질병에 걸리는 일이 없도록 해야 한다. 호기심이 많고 장난을 좋아하는 애견에게 장식품이나 크리스마스트리는 흥미 거리가 되므로 트리를 안전한 곳에 세워 두어야 하고, 전등은 회로 차단기에 꽂아두어서 깨지지 않도록 해야 한다.

애견은 흥겨운 파티에 끼어들어 노는 것을 좋아하지만, 참석자들이 애견을 가족으로 받아들이고 배려할 때에만 참석시키도록 해야 한다. 만약 애견이 주위의 상황으로 인해 혼란스러워 한다면, 좀 더 조용한 곳에 데려가 장난감을 주어 편안하면서도 즐겁게 시간을 보낼 수 있도록 해주어야 한다.

맛있는 음식이 있다면 애견에게 주고 싶겠지만, 케이크, 단 음식, 초콜릿 등 평소에 먹지 않던 음식을 주면 오히려 복통이 생길 수도 있으므로 주지 않는 편이 좋다. 그러나 평소에는 만날 수 없었던 여러 친척들과도 잘 어울리도록 하기 위해 장난감을 주거나 특별한 음식을 조금 주는 정도는 괜찮다.

근래에는 파티를 할 때 불꽃놀이를 하는 경우가 늘어나고 있다. 대부분의 동물들은 불꽃놀이를 싫어하기 때문에, 만약 이웃에서 불꽃놀이를 할 예정이라면 애견이 안전하게 실내에 머무르도록 하는 것이 좋다. 텔레비전이나 라디오를 틀어두면 불꽃놀이의 소리가 묻히도록 하는 데 도움이 된다. 불꽃놀이를 동반하는 파티를 계획하고 있다면 애견이 실내에 머무르도록 하는 편이 좋다. 불꽃놀이를 하는 장소와 가능한 멀리 떨어진 쪽의 창에 머무르도록 하고 가능한 소리가 적은 불꽃놀이 도구를 골라야 한다. 이웃에게도 불꽃놀이를 한다는 것을 알려주어서 집에서 기르는 애견이 스트레스를 받을 가능성을 미리 줄이는 것이 좋다.

자주 받는 질문

Q 애견을 얼마나 자주 훈련 수업에 데리고 가야 합니까?

A 주인의 명령에 복종하고 올바르게 행동하는 방법(106-127페이지)을 익히기 전까지는 어린 강아지나 성장기의 애견의 경우 매주 데려가는 것이 좋습니다. 그런 후에는, 2주에 한 번씩 가다가 다시 한 달에 한 번 정도로 줄이면 됩니다. 애견이 계속해서 올바른 행동을 하도록 하고 애견과 서로 친해지는 과정에서 나쁜 습관을 갖지 않도록 하려면 계속 훈련을 받도록 하는 편이 좋습니다. 애견 훈련 수업에서 배운 것을 매일 학습할 수 있도록 해야 합니다. 그렇지 않으면, 학습한 것들을 조금씩 잊어버리고 행동상의 문제가 생길 수도 있습니다. 기억하십시오. 조금만 신경 써서 노력하면 올바르게 행동하는 멋진 애견을 가질 수 있습니다.

애견이 기본 과정을 모두 익혔다면, 몇 주에 한번씩 훈련 수업에 데려가면 된다.

간단하게 살펴보는 애견 관리법

기간	방법
매일	• 깨끗한 밥그릇에 깨끗한 음식을 준비한다. • 먹이와 깨끗한 물을 준다. • 먹이를 먹는 습관을 체크한다. • 배설물에 이상이 없는지 살펴본다. • 시간을 정해서 애견을 돌보고 애견과 함께 놀아준다. • 털이 길고 두꺼운 애견의 경우, 털을 다듬어준다. • 목걸이가 목에 맞는지 확인한다. • 상처, 질병, 종기, 부스럼 등이 없는지 살펴본다. • 훈련시킨다. • 정원에 있는 배설물을 치운다.
매주	• 털이 짧은 애견의 경우, 1주일에 한 번씩 털을 다듬어준다. • 귀에 귀지나 털이 쌓이지 않았는지 살펴본다. • 나이가 많은 애견의 경우, 맥박, 호흡, 체온을 잰다. • 다음 1주 동안 사용할 음식이 충분한지 살핀다. • 애견 전용 세제나 소금물을 이용해 물그릇과 밥그릇을 씻고 잘 헹구어준다. • 몸무게가 줄어들거나 늘어나지 않았는지 살펴본다. • 강아지나 성장기의 애견의 경우 훈련 수업에 데려간다. • 이빨을 닦아준다(97페이지 참조).
2주마다	• 회충이나 촌충을 제거하는 치료를 한다. 생후 2주부터 시작하여 생후 12주가 될 때까지 매 2주마다 실시한다. 동물 병원에서 기생충 제거 약품을 구입하고 적당 사용량을 물어본다. • 주인과 애견이 모두 애견을 훈련시키는 방법에 대해서 배울 수 있도록 훈련 수업에 참석하여 행동상의 문제를 해결하거나 방지하고 주인에게 복종할 수 있도록 한다.
매달	• 벼룩을 치료한다. 동물 병원에 가서 어떤 약을 사용하는 것이 가장 좋을지 물어보고 매달, 혹은 세 달에 한 번씩 사용한다(벼룩과 기생충에 대한 자세한 정보는 142페이지 참조). • 일반 건강 검진 – 맥박, 호흡, 체온 점검(91페이지에 있는 '개에 관한 사실' 참조)
3개월마다	• 생후 12주가 지난 애견의 경우 3개월마다 촌충과 회충을 없애기 위한 처치를 해 주어야 한다. 동물 병원에 가서 어떤 약을 사용하는 것이 가장 좋을지 물어보고 적당 사용량을 확인한다.
6개월마다	• 나이가 많은 애견은 6개월마다 병원에 데려가 검진을 받아야 한다.
매년	• 추가 예방 접종(143페이지 참조)과 정기 건강 검진

강아지 돌보기

귀여운 강아지가 완벽한 애견으로 자라도록 하려면, 많은 노력이 필요하다. 그러나 이런 노력들은 그리 힘든 것이 아니다. 애정을 갖고, 상식을 바탕으로 기본적인 훈련 원칙과 과정을 적용하여 애견이 올바르게 행동할 수 있도록 하면 된다. 다음 체크리스트는 강아지를 돌보는 데 있어서 필요한 기본적인 원칙들이다.

Checklist
- ✓ 인내, 친절, 온화함
- ✓ 애견의 행동에 대한 이해심
- ✓ 필요한 경우 동물 병원에 데려가기
- ✓ 지속적인 훈련
- ✓ 규칙을 세우고 따르기
- ✓ 올바른 방식으로 다루기
- ✓ 소중한 시간을 할애하여 애견과 함께 놀아주기
- ✓ 올바른 행동을 할 경우 보상해주고 칭찬해주기

상호 교감과 사회화

강아지가 자라서 어른이 되는 과정에서 주인이 서열이 더 높다는 것을 인식시켜주는 것은 가장 중요한 일 중 하나이며, 가장 필요한 일이다. 가족 중에서 애견의 서열이 가장 낮다는 것을 인식시켜야, 다 자란 후에도 훨씬 나은 삶을 살 수 있도록 하는데 도움이 된다. 어릴 때 함부로 행동하고 마음대로 굴도록 내버려 두는

애견과 함께 올바른 방법으로 놀아주면 강한 유대감을 형성할 수 있고, 애견에게 꼭 필요한 운동을 시켜줄 수 있으며, 애견이 올바르게 행동하고 복종할 수 있도록 훈련을 시킬 수 있다. 예를 들어서, 공을 굴려주고 애견이 물어오도록 하면 어떤 물건을 '찾아서, 돌아와서, 주인에게 주는' 운동을 하게 되는 것이다. 따라서 놀이는 애견의 정신적, 신체적 건강에 모두 중요한 역할을 한다고 볼 수 있다.

것보다 애견의 삶이 훨씬 만족스러워질 것이다.

86-87페이지를 참조하면 애견을 올바르게 다루는 방법을 익힐 수 있으며, 88-89페이지를 보면 아이들과 애견이 잘 동화되도록 하는 방법을, 74-79페이지를 보면 애견을 훈련시키고 사회화시키는 방법을 익힐 수 있다.

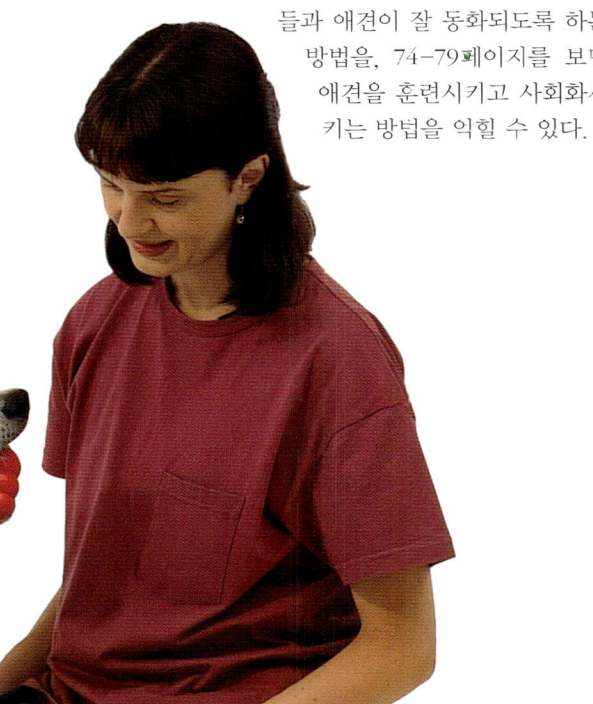

출생에서 재분양에 이르기까지

강아지가 태어난 후에 돌보고 재분양하는 방법에 대한 정보는 150-155페이지에 나와 있다.

먹이 주기

애견 구조 센터나 명성이 높은 브리더로부터 강아지를 데려오려고 한다면, 음식 종류, 먹는 양, 하루에 몇 번이나 먹이를 주어야 하는지 등에 대한 정보를 물어보는 것이 좋다. 이 정보에 따라 먹이를 주고 강아지가 자라면 44페이지에 있는 도표를 보고 필요한 영양분을 공급해 줄 수 있도록 먹이를 주면 된다.

놀아주기

애견에게 있어서 먹이를 먹고 잠을 자는 것 다음으로 중요한 것이 노는 것이다. 노는 것이야말로 애견의 발육에 중요하다. 애견은 장난감을 갖고 혼자서 잘 놀 수 있으며 사람과 함께 어울려 놀기도 한다. 장난감은 애견에게 적합한 것이어야 하고, 망가지면 새 것으로 바꾸어 주어야 한다. 그렇지 않으면 장난감에서 떨어져 나온 조각을 삼켜서 소화기에 질환이 생기거나 목이 막힐 수도 있다.

주인이 애견과 많이 놀아줄수록, 애견은 주인이야말로 세상에서 가장 즐거운 존재로 생각하게 된다. 애견이 주인과 함께 있고 싶어 하고, 주인을 즐겁게 해 주고 싶어 하면, 애견을 쉽게 통제할 수 있게 된다. 이런 애견들은 주인의 곁에서 장난을 치는 것을 좋아하고 주인과 잘 어울린다.

칭찬과 보상

애견은 칭찬을 받고 보상을 받는 것을 좋아하게 되고, 어떤 행동을 하면 주인이 좋아하는지 쉽게 배우게 된다. 따라서 주인의 칭찬과 보상을 받으려고 노력하게 된다. 어떤 행동이 칭찬과 보상을 가져오는지, 혹은 그 반대인지 배우도록 하면 애견을 훈련시키는데 큰 도움이 되며, 애견을 가장 빠르고 즐겁게 훈련시킬 수 있다.

체벌

필요한 경우, 아주 가끔씩만 애견의 행동을 고치는 것이 좋다. 애견과 주인이 상호 교감하는 시간은 대부분 행복하고 즐거워야 애견이 주인을 좋은 친구라고 여기고 주인을 기쁘게 하기 위해 노력하게 된다. 자신이 싫어하는 행동을 하였을 때 야단을 치기보다는 칭찬을 할 수 있는 상황을 만들어, 애견이 올바른 행동을 하도록 유도하여 칭찬을 해 주는 편이 훨씬 효과적이다.

꼭 애견에게 벌을 주어야 한다면, 어미개가 강아지에게 벌을 주는 것과 비슷한 방식으로 벌을 주어야 한다. 이 방법을 이용하면 효과가 즉각적이면서도 효과적이다. 그런 다음, 애견에게 올바른 행동을 가르치고 보상을 해 주면 된다. 만일 애견이 받아들이기 힘든 행동을 하면, 처음에는 하지 말라고 경고를 한다. 낮으면서도 울리며 의지가 담겨 있는 목소리로 '안 돼'라고 말을 하거나 그와 비슷한 말을 한다.

만약 애견이 잘못된 행동을 계속한다면 주인의 다리를 무는 등 원치 않는 행동을 습관으로 키우기 전에 즉각적으로 행동을 수정해 주어야 한다. 소리를 지르거나 으르렁대거나 손뼉을 크게 쳐서 깜짝 놀라게 한 후, 원치 않는 행동을 하지 못하도록 한다. 강아지보다 높이 서서, 내려다보면서, 행동을 멈출 때까지 쳐다본다. 만약 애견이 계속 잘못된 행동을 멈

유용한 정보

게임을 할 때에는 항상 아쉬움을 남겨야 하고, 즐겁게 게임을 할 수 있도록 해 주고, 마칠 때에는 칭찬을 해 주어야 게임을 긍정적인 것으로 여기게 된다. 함께 노는 동안에는 절대로 애견에게 화를 내거나 애견의 행동을 나무라면 안 된다. 그렇지 않으면 놀이를 싫어하게 되고, 훈련시키기가 힘들어지고 바람직하지 않은 행동을 조장하게 된다.

애견이 집안에 있는 물건을 물어뜯는 것을 원치 않는다면, 처음부터 애견이 그런 물건을 갖고 놀지 못하도록 해야 한다. 그렇지 않으면, 자신이 마음에 드는 물건을 볼 때마다 갖고 놀아도 된다고 생각할 수도 있다.

추지 않는다면 이런 동작을 하면서 동시에 애견을 밀어내어야 한다. 그런 다음 올바른 행동을 하면 보상을 받을 수 있다는 것을 알려 주어야 한다. 예를 들어, 애견이 조용히 앉아서 차분하면서도 쾌활하게 행동하면 보상을 해 주는 것이다.

자신이 키우는 애견이 필요로 하는 정도에 따라 행동 교정의 강도를 조절하는 것이 바람직하다. 다른 종류보다 행동 교정에 더욱 민감하게 반응하는 종류가 있기 때문이다. 만약 행동을 교정시킨 후에, 애견이 샐쭉해 있거나 주인을 두려워한다면, 주인이 지나치게 고압적으로 행동을 했다고 볼 수 있다. 만약 이전에 하지 못하도록 가르친 행동을 계속해서 한다면, 행동을 교정할 때 그 강도가 약했다고 볼 수 있다.

애견을 만지고 털 다듬어 주기

애견이 털을 다듬고, 주인이 안아주고, 만지고 통제를 가하는데 익숙해지도록 해 애견에게 많은 사람들이 다가와서 만지는 것에 익숙해지도록 훈련시켜야 한다. 이것이야말로 사회화 과정의 중요한 부분이다.

야 한다. 애견이 이런 과정에 익숙해질수록, 겁을 덜 먹게 되고, 다른 사람이 건드리더라도 물 가능성이 줄어든다. 특히, 동물 병원을 방문하는 등 스트레스가 심한 상황에서도 올바르게 행동할 가능성이 높아지는 것이다. 애견을 들어서 부드럽게 안고 제제를 가하는 것뿐 아니라 애견을 만지고 두드려주는 과정을 통해서 신뢰가 쌓이게 되고 사람을 잘 받아들이게 되며 함께 생활하는 가족 이외의 사람들에게도 올바르게 행동할 가능성이 커진다.

강아지를 기르기 시작하면 털을 다듬는 것부터 길들이는 것이 좋다. 처음에는

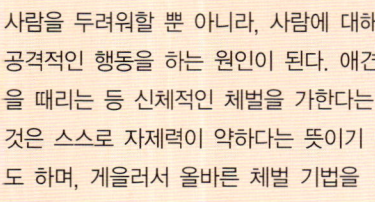

이 사실을 아십니까?

애견을 때리는 것은 잘못된 행동이다. 애견을 때리면 애견이 주인에 대해 반감을 가지고 사람을 두려워할 뿐 아니라, 사람에 대해 공격적인 행동을 하는 원인이 된다. 애견을 때리는 등 신체적인 체벌을 가한다는 것은 스스로 자제력이 약하다는 뜻이기도 하며, 게을러서 올바른 체벌 기법을 배우지 못하는 것일 수도 있다.

예방 접종

애견을 예방 접종시키는데 찬성하는 사람도 있고, 반대하는 사람도 있다. 특히, 추가 예방 접종을 얼마나 자주 할 것인가에 대한 논란이 많다. 아직 과학적으로 증명된 바는 없지만, 수의사들은 애견들에게 치명적일 수 있는 질환들에 대해서 예방접종을 하는 것이 좋다고 주장한다.

일부 보험 회사에서는 예방접종을 받은 애견만 애견보험에 가입시켜 준다. 만약 추가 예방접종을 지속적으로 실시하지 않으면 질병이 생겨도 보험금을 지급하지 않으므로, 무작정 가입을 하기 전에 약관을 충분히 살펴보아야 한다.

개에 관한 사실

생후 12주에서 16주 사이에 젖니가 빠진 후, 영구치가 난다.

57페이지와 142페이지를 살펴보면 예방접종에 대한 자세한 정보를 찾을 수 있다.

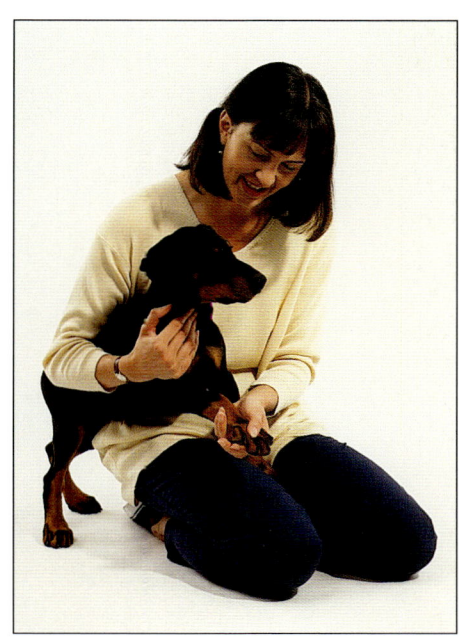

운동이나 놀이를 지나치게 많이 하면 애견의 종류와 크기에 상관없이 부드러운 관절과 뼈에 손상이 가서 이후에 질환으로 발전할 수도 있다.

잠깐 동안만 털을 빗어주고 점차 시간을 늘려가는 것이 좋다. 98-101페이지를 참조하면 애견의 털을 관리하는 법에 대한 더 많은 정보를 찾아볼 수 있으며, 86-87페이지를 살펴보면 애견을 돌보는 전반적인 방법에 대해 찾아볼 수 있다.

강아지와 생후 16주 이전의 애견의 경우, 벼룩을 치료하고자 한다면 의사와 상의하는 것이 좋다. 각 부분에 바르는 약, 스프레이, 알약 등 다양한 형태의 치료제가 있지만, 치료제의 강도는 애견의 종류와 체중에 따라 달라진다. 벼룩 치료에 대한 자세한 정보는 142페이지에서 찾아 볼 수 있다.

구강 위생

강아지를 데려오면, 강아지의 입을 벌려서 살펴보고 치석이 쌓이거나 치주 질환이 생기지 않도록 이빨을 닦아 주어야 한다(165페이지 참조). 처음 이빨을 닦아줄 때에는 손가락에 애견 전용 치약을 묻혀서 이빨과 잇몸을 닦아준다. 일단, 이 과정에 익숙해지면, 애견 전용 칫솔이나 손가락에 끼는 이빨 닦아주는 장치를 구입하여 잇몸과 이빨을 닦아준다. 애견 칫솔과 치약은 애완동물 가게에서 구입할 수 있다.

자주 받는 질문

Q 강아지를 한 마리 키우기 시작했는데, 언제부터 기생충을 없애기 위해 치료를 해 주어야 합니까?

A 회충과 촌충이 있으면 모든 종류의 건강 질환을 일으킬 수 있고, 심하면 사망에 이를 수도 있으므로 병원을 찾아 어떤 기생충 치료제와 프로그램을 사용하는 것이 좋을지 물어 보십시오. 일반적으로 사용하는 방법은 생후 2주가 되면 치료를 시작하고 12주가 되면 매 2주마다 치료를 하고, 그 이후부터는 매 3개월마다 치료를 하면 됩니다. 기생충과 기생충을 치료하는 방법에 대한 자세한 설명은 142페이지에 나와 있으며, 39페이지에는 개회충증에 대한 정보가 있으니 살펴보십시오.

털 관리하기

애견의 털을 관리하는 것은 애견을 기르는 데 있어서 가장 중요한 부분이다. 털을 관리하면서 애견의 털과 피부 상태를 점검할 수 있을 뿐 아니라, 유대감을 형성할 수 있고, 부스럼 등 피부 질환의 유무를 체크할 수 있다. 털을 관리하기 위해 필요한 도구는 털의 종류에 따라 달라진다.

이 사실을 아십니까?

애견의 몸의 크기에 따라, 테이블 위에 올려놓고 털을 관리하는 것이 더 편한 경우도 있다. 그러나 테이블 위에 올려놓았을 때에는 항상 주의를 기울여야 한다.

Checklist

- ✓ 빗살이 달린 장갑
- ✓ 오래된 수건
- ✓ 양쪽을 누를 수 있게 만들어진 손톱깎이
- ✓ 부드러운 천이나 걸레
- ✓ 모서리가 둥근 가위
- ✓ 끝이 뾰족한 가위
- ✓ 족집게
- ✓ 탈지면
- ✓ 귀, 눈, 항문 등을 닦아줄 수건
- ✓ 습식 혹은 건식 샴푸
- ✓ 몸에 뿌리는 컨디셔너
- ✓ 씻을 때 사용하는 컨디셔너
- ✓ 머리핀 (털이 긴 종류)
- ✓ 눈물 자국을 지워주는 제품
- ✓ 애견 전용 칫솔과 치약
- ✓ 털을 관리하기 위한 빗과 칼
- ✓ 전기 가위와 칼
- ✓ 털이 엉키지 않도록 하는 도구
- ✓ 귀 안쪽에 있는 털을 제거하기 위한 족집게
- ✓ 강모빗
- ✓ 슬리커 빗(털이 가느다란 종류에게는 사용할 수 없음)
- ✓ 고무로 만들어진 빗과 슬리커 (털이 가느다란 종류에게 적합함)
- ✓ 고무로 만들어진 목욕용 매트
- ✓ 털 관리용 도구를 담을 상자
- ✓ 베이비 파우더와 털에 뿌리는 파우더
- ✓ 미끄럼 방지 옷/테이블에 사용할 매트
- ✓ 빗살이 촘촘한 벼룩 제거용 빗
- ✓ 빗살이 듬성듬성한 빗
- ✓ 불순물을 제거하기 위한 돌
- ✓ 불순물을 제거하기 위한 칼
- ✓ 숱을 다듬기 위해 사용하는 가위
- ✓ 정전기 방지용 스프레이
- ✓ 털을 자르기 위한 도구
- ✓ 친구들

자주 받는 질문

Q 얼마나 자주 애견을 목욕시켜 주어야 합니까? 또, 어떻게 시켜주어야 합니까?

A 2-3개월에 한 번씩 목욕을 시켜주면 충분합니다. 꼭 필요한 경우가 아니라면 이보다 자주 목욕을 시킬 필요가 없습니다. 만일, 너무 자주 목욕을 시키면 애견의 털에서 자연스럽게 분비되는 유분이 모두 사라져, 특별히 털에 컨디셔너를 발라 주지 않는 한 털이 건조해지고 부슬부슬해집니다.

목욕을 시키기 전에는 몸 전체를 한 번 빗어 주어야 합니다. 애견을 욕조나 주방의 싱크대에서 목욕시키거나 실외에서 적당한 통을 이용해 목욕을 시켜주면 됩니다. 욕조나 싱크대를 이용할 때에는 물을 뺄 때 털이 함께 빠져나가면서 배수구를 막아버리지 않도록 미리 거름망을 설치해야 합니다. 물의 온도는 미지근한 것이 좋습니다. 애견의 몸 전체에 물을 적신 다음, 샴푸를 뿌려서 거품이 생기도록 문질러 주고 미지근한 물로 잘 헹구어줍니다. 만일, 샴푸로 씻어주었는데도, 털이 끈적거린다면 샴푸를 다시 사용하고 헹군 다음 컨디셔너를 발라주는 것이 좋습니다. 털에 남아 있어도 상관없는 종류라면 너무 많이 헹굴 필요가 없지만, 그렇지 않은 종류는 깨끗이 헹구어 주어야 합니다.

타월을 이용하여 털을 말려준 다음 엉키지 않도록 털을 빗어 줍니다. 헤어드라이어와 빗을 사용해서 털을 말려주거나 (이 때 헤어드라이어에서 나오는 바람이 뜨거우므로 바람이 나오는 쪽에 손을 갖다 대지 않는 편이 좋음) 날씨가 따뜻하고 건조하다면 자연 바람으로 말릴 수 있도록 두어도 됩니다. 애견의 귀나 눈에 물, 샴푸, 컨디셔너 등이 들어가지 않도록 조심해야 합니다.

왜 털을 관리해 주어야 하는가?

애견의 외모를 가꾸고 건강하게 보이도록 하는 것 이외에도 다음과 같은 이유로 인해 털을 관리해 주어야 한다.

- 실내에 털을 흘리고 다니는 것을 최소화한다.
- 피부에서 떨어져 털 속에 묻혀 있는 털을 제거할 수 있으며 털이 길고, 컬이 있으며, 이중으로 털이 나 있는 애견의 경우 털이 엉키거나 뭉치는 것을 막을 수 있다.
- 벼룩, 진드기, 피부 질환 등이 생기지 않도록 할 수 있다.
- 다루기가 쉬워진다.
- 애견이 자신의 외모에 만족하게 된다.
- 주인이 자신의 모든 신체 부위에 관심을 갖고 있다는 것을 알고 애견이 기뻐하게 된다.
- 애견이 좀 더 편안하고 안락하게 느끼며, 사랑 받고 있다고 느낄 수 있으며, 기뻐한다.

개에 관한 사실

털이 긴 애견의 경우, 몸통과 다리가 만나는 부분의 털이 뭉치는 경우가 많으므로 세심한 주의를 기울여야 한다. 털을 깎는 도구를 이용해 몸통과 머리에 지나치게 길게 자라 있는 털을 다듬어 주면 이 부위의 털을 관리 하는데 도움이 된다.

털의 종류

종류	대표적인 종류	관리하는 방법
뻣뻣한 종류	• 에어데일 • 파슨 잭 러셀 테리어 • 보더 테리어	뻣뻣한 털은 모양을 유지하고 외모를 잘 가꾸기 위해서 매일 빗질을 해 주고, 일 년에 서너 번씩 손으로 빗어내려 주어야 한다. 손으로 빗어내려 모양을 잡는 일은 전문 애견 관리사에게 맡기는 것이 좋다.
이중 털	• 올드 잉글리시 십도그 • 저먼 셰퍼드 도그 • 교배종 • 뉴펀들랜드 • 러프 콜리 • 골든 리트리버	올드 잉글리시 십도그(매일 털을 다듬는 데 한 시간 정도 걸림)와 같이 밖으로 드러나는 털과 속 털이 모두 숱이 많으면 매일 관심을 갖고 털을 관리해 주어야 하고, 저먼 셰퍼드 도그와 같이 밖으로 드러나는 털의 숱이 많지 않으면 일주일에 한 번씩 몸 전체를 빗어주면 된다. 올드 잉글리시 십도그, 사모예드, 차우차우 등과 같은 일부 종은 두 달에 한 번 정도 전문 애견 관리사에게 맡겨 털을 관리하는 것이 좋다.
부드러운 털	• 교배종 • 로디지안 리지백 • 래브라도 리트리버 • 로트와일러 • 도베르만	일주일에 한 번 정도 털을 빗겨주면 충분하지만 라브라도 리트리버와 같이 속 털의 숱이 많다면 좀더 자주 빗어주는 것이 좋다.
긴 털	• 아프간 하운드 • 스패니얼 • 세터 • 시추	털이 엉키지 않도록 하고 피부에서 떨어져 나온 털을 제거하려면 매일 빗어주어야 한다. 최상의 결과를 원한다면 전문 관리사에게 맡기는 것이 좋다. 매일 직접 애견의 털을 관리하면서 6주에 한 번 정도 전문 애견 관리사에게 맡기면 된다.
곱슬곱슬한 털	• 비숑 프리제 • 푸들 • 베들링턴 테리어	털갈이를 하지는 않지만, 털 속에 이미 빠져버린 털이 섞여 있다. 이런 종류는 이틀에 한 번 정도 빗질을 해 주어서 빠진 털을 제거해 주어야 하고 6주에 한 번 정도 전문 관리사에게 맡겨서 털을 자르고 모양과 스타일을 가꾸어 주는 것이 좋다.

털을 관리하는 방법

털의 종류에 따라 털을 관리하는 방법이 달라지므로 털을 자주 관리해주어야 하는 종류를 기르려고 한다면 브리더에게 애견의 털을 다듬는 시범을 보여 달라고 요청하여 배워두는 것이 좋다. 발톱을 깎아 주어야 하고 귀 안쪽에 나 있는 털도 관리해 주어야 하는 종이라면, 이와 관련한 시범도 보여 달라고 해야 한다. 만일 직접 애견의 털을 다듬고 자르고 깎아줄 생각이 없다면 전문 애견 관리사에게 맡겨야 한다.

필요한 경우 매일, 혹은 일주일에 한 번씩 빗질을 해 주어 피부에서 떨어져 나온 털을 제거해 주어야 한다. 애견의 털의 종류와 속 털의 양에 따라 사용하는 도구가 달라진다. 털을 관리하는 순서는 다음과 같다.

- 피부에서 떨어져 나온 털을 제거한다. 피부가 당기지 않도록 주의하면서 피부 아래쪽부터 빗어 내리며 엉킨 부위를 제거한다.
- 밖으로 드러나는 털을 빗어주고 피부에서 떨어져 나온 털을 제거한다.
- 단백질 성분이 있는 마무리용 스프레이를 뿌려 털이 윤기가 나도록 하고 피부에서 떨어져 나온 털을 제거한다.
- 필요한 경우 눈과 귀 안쪽, 항문 부위를 닦아 애견이 상쾌한 기분을 느낄 수 있도록 한다. 솜방망이를 이용하면 애견의 섬세한 눈 조직을 상하게 할 수도 있으므로, 솜방망이로 눈을 누르지 않도록 주의해야 한다.

털갈이

대부분의 애견이 계절에 따라 털갈이를 하지만 중앙 난방 시스템이 작동하는 집에서 생활하는 애견의 경우 특정 계절에 털갈이를 하기보다 일년 내내 털이 빠지는 경우가 있다. 이런 경우, 털을 주기적으로 관리해주는 것 이외에도 실내 온도를 낮추는 등 털이 빠지지 않도록 예방 조치를 취해야 한다.

1 털 관리를 시작할 때, 한 손을 애견의 가슴과 어깨 부위에 두고 애견의 몸을 고정시켜야 하며, 애견을 테이블 위에 올려놓은 경우, 뛰어내리지 못하도록 한다.

2 목 뒷부분을 빗은 후, 등 쪽으로 빗어 내리고, 뒷다리와 배 사이를 빗어준다. 이 때, 빗이 성기 부분이나 젖꼭지, 뼈가 튀어나온 부분을 건드리지 않도록 조심해야 한다. 털을 빗어줄 때에는, 자신의 머리를 빗는다고 생각해 보면, 너무 세게 빗지는 않는지, 아프게 빗고 있지는 않는지 가늠해 볼 수 있다.

3 마지막으로 다리와 머리를 빗어준다. 머리를 빗을 때에는 부드럽게 빗어 주어야 하고 애견이 편안하게 느낄 수 있도록 부드럽게 말을 시키는 것이 좋고 빗질을 하는 동안 얌전히 있을 경우 칭찬을 해 주면 도움이 된다. 애견이 가만히 있지 않으려고 하는 경우도 있다. 이럴 때, 강하게 붙들어서 털을 다듬는 과정이 모두 끝날 때까지 움직이지 못하도록 해야 한다.

애견을 잘 다루기 위한 방법

어릴 때부터 사람이 귀, 눈, 입 등을 만지는데 익숙해진 애견은 털을 관리할 때 좀 더 편안하게 받아들인다. 주기적으로 애견의 귀 속을 체크하고, 물을 적신 탈지면이나 수건을 이용해 눈을 닦아 주고 입을 들어올려 이빨을 만져보고 문제가 없는지 살펴보아야 한다. 이빨을 닦는 법은 97페이지에 나와 있다. 이런 부위를 관찰하는 동안 애견이 문제를 일으키지 않고 잘 참으면 칭찬을 해 주어, 그런 행동이 보상과 연결된다는 점을 일깨워 주어야 한다.

유용한 정보

털이 엉킨 채로 애견을 목욕시키면 안 된다. 만일, 털이 엉킨 채로 목욕을 시키면 털의 상태가 더욱 나빠지고 털을 빗기가 더 어려워진다. 피부를 당기지 않도록 주의하면서, 빗이나 엉킨 털을 제거하는 도구를 이용해 부드럽게 엉킨 부위를 풀어준 다음, 전체적으로 빗질을 한 후에 목욕을 시켜야 한다. 털이 심하게 엉킨 경우에 가장 좋은 방법이자, 사실상 유일한 방법은 그 부위를 완전히 잘라내는 것이다.

푸들과 같은 일부 애견의 경우 털을 관리할 때 반드시 전문가의 도움을 받아야 한다. 이런 종류의 털을 관리하는 데에는 시간이 많이 걸릴 뿐 아니라, 전문성이 요구되므로 비용이 비싸다. 자신이 원하는 애견을 구입하기 전에 특수한 관리가 필요하지 않은지 체크해 보고 어느 정도 비용이 드는지 알아보아야 한다.

애견과 여행

애견을 키우는 사람들도 휴가, 친구나 가족 방문, 입원, 출장 등의 이유로 집을 비울 일이 생기게 마련이다. 집을 비울 때에는 애견이 보살핌을 받을 수 있도록 조치를 취해 두어야 한다. 상황에 따라 다음 체크리스트에 나오는 여러 가지 방법이 있다.

Checklist
- ✓ 애견 보호 센터
- ✓ 친구나 가족, 이웃
- ✓ 애견을 돌보는 사람
- ✓ 함께 데리고 가는 방법

이 사실을 아십니까?

애견 보호 센터에 데리고 갔을 때, 건강해 보이지 않는다면, 그 곳에서는 맡아주기를 거부할 권리가 있다. 건강하지 못한 애견이 함께 머무르게 되면 다른 애견에게 위협이 될 수도 있기 때문이다.

애견 보호 센터

수의사나 애견을 키우는 다른 친구들로부터 조언을 구하는 것이 좋다. 애견을 잘 보살펴 줄 것으로 여겨지는 곳을 찾는 것이 좋다. 예방접종을 받은 애견만 센터에서 받아주므로 미리 추가 예방접종을 맞혀 두는 것이 좋다(143페이지 참조). 애견을 센터에 데리고 갈 때에는 예방접종 증명서도 함께 가지고 가서 보여 주어야 한다. 애견이 특별한 관리를 필요로 하거나 행동상의 문제가 있는 경우라면 센터에 미리 이야기해 주어야 한다.

애견을 돌보는 사람

애완동물을 여러 마리 기르고 있다면 애완동물을 돌봐 줄 사람을 고용하는 것이 좋다. 애견을 돌봐 줄 사람을 고용하면 집에서 생활을 하게 되므로, 애완동물을 익숙한 환경에서 돌봐줄 뿐 아니라 집의 안전 또한 보장할 수 있다. 직원을 세심하게 선발하고 불미스러운 일이 발생할 경우 보험 처리해 줄 수 있는 명성이 있는 에이전시를 찾아야 한다.

출발하기 전에 다음과 같은 정보를 애견을 돌봐 줄 사람에게 알려주어야 한다.
- 위급한 상황이 발생했을 때 연락할 수 있도록 자신의 연락처와 수의사의 연락처를 알려준다.
- 애견의 먹이, 먹는 횟수, 양을 알려주고, 집을 비우는 동안 애견이 먹을 수 있는 충분한 양의 음식을 미리 준비해 두어야 한다.
- 애견이 치료를 받고 있다면 필요한 사항을 자세히 일러두어야 한다.
- 애견을 돌보고 다루는데 있어서 해야 할 사항과 하지 말아야 할 사항을 일러두어야 한다.
- 필요한 경우 안전하게 산책을 시킬 수 있는 위치와 시간을 알려준다.

애견을 함께 데리고 가는 방법

집을 비울 일이 생겼을 때, 애견을 함께 데려가기를 원한다면, 애견이 여행을 하는데 미리 익숙해지도록 해 두어야 한다. 대중교통을 이용한다면 해당 회사의 방침상 애견을 데리고 탑승할 수 있는지 확인해 두어야 한다. 자가용을 이용한다면 크레이트에 담아 이동하는 것이 가장 안전하다. 크기가 큰 크레이트에 담아 두어 자유롭게 일어서고, 눕고, 움직일 수 있

애견을 애견 보호 센터에 데리고 갈 때에는 애견이 좋아하는 장난감과 침구 등, 익숙한 물건들을 함께 가져다주면 좀 더 편안하게 느낄 수 있다.

도록 해 주어야 한다. 여행 중간에 자주 차를 세우고 쉴 수 있도록 해 주고, 차 안에서 애견을 배려하지 않는 행동을 하면 안 된다. 특히, 날씨가 더울 때에는 차 내부가 너무 더워지지 않도록 해야 한다 (170페이지 참조).

애견을 데리고 해외로 가기

애견 이동 법안이 새로 제정되어 애견을 데리고 허외로 나가는 일이 더욱 쉬워졌다. 이 법안은 제정된 지 오래되지 않았기 때문에 관련 규정이 자주 바뀐다. 따라서 애견과 함께 출발하는 국가와 도착하는 국가에 따라 예방접종, 신분확인 규정, 기생충 치료 등 필요로 하는 사항이 다르다. 미리 관련 서류를 준비하여 애견이 필요한 예방 접종과 기생충 치료를 받았다는 사실을 증명할 수 있어야 하며, 출국과 입국 과정에서 혼란을 일으키지 않도록 몸에 마이크로칩을 이식하였다는 것을 명확하게 밝히는 것이 좋다.

애견과 함께 여행을 하고자 할 때, 미리 애견을 데리고 가는데 아무런 문제가 없는 숙소를 예약해 두는 것이 좋으며 애견과 함께 투숙할 때 어떤 규정을 따라야 하는지 확인해 두어야 한다.

자주 받는 질문

Q 국내에서 애견을 데리고 여행을 하려고 합니다. 좋은 생각일까요?

A 요즈음은 많은 호텔에서 애견을 받아들이고 있습니다. 애견은 보통 주인과 함께 있는 것을 좋아하고 새로운 장소를 탐험하는 것을 좋아하기 때문에 애견과 주인 모두가 함께 여행을 하며 즐거움을 느낄 수 있습니다. 만일의 사태에 대비하여 애견의 침구, 장난감, 목걸이, 줄, 응급 상자 등을 가지고 가도록 하십시오. 주위에서 가장 가까운 동물 병원이 어디인지 알아두십시오. 애견이 길을 잃을 경우를 대비하여 애견의 목걸이에는 원래 집주소 뿐만 아니라 휴가 기간 동안 머무르는 곳의 주소와 전화번호를 적어주어야 합니다. 애견의 몸에 마이크로칩을 이식하는 것도 좋은 방법입니다.

개에 관한 사실

애견에 대한 규칙과 법률을 알아보기 위한 가장 쉬운 방법은 인터넷을 통해 자국의 애견에 대한 규칙을 알아보는 것이다. 검색 엔진에 '애견의 해외여행'이라고 치기만 하면 된다. 혹은, 지역 환경 단체나 동물 병원 등을 찾아서 조언을 구하는 것도 좋은 방법이다. 애견이 적절한 치료를 받을 수 있도록 하고 증명서를 구비하려고 한다면 정부에서 허가한 자격증이 있는 병원을 찾아야 한다.

애견 훈련시키기

애견이 사람과 같이 될 수 있을 거라고 생각하는 것은 올바르지 않지만, 애견은 똑똑하기 때문에 애견의 행동에 적절한 보상을 해 주기만 한다면 주인이 원하는 개념을 이해시키고, 실행하고, 행동에 옮기도록 하는 데 아무런 문제가 없다. 항상 이런 원칙을 마음에 새겨두고, 애견을 기르는 사람들은 현명하게 생각하여 애견을 빠르고 효과적인 방법으로 훈련시키는 방법을 찾아야 한다. 이 장에서는 어떻게 하면 애견을 잘 훈련시킬 수 있을지, 어떤 방식으로 이야기하면 애견과 효과적인 방식으로 의사소통이 될 지 살펴보도록 하겠다.

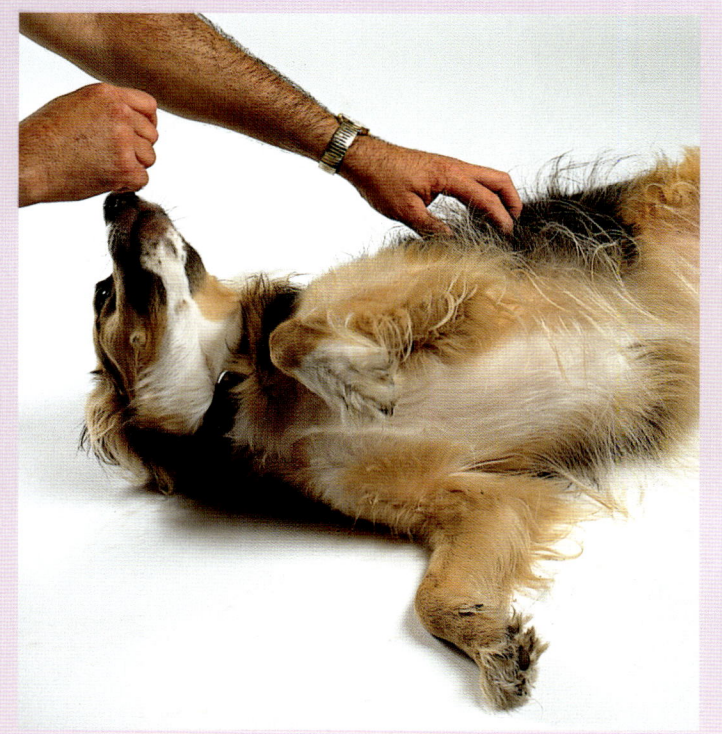

왜 훈련을 시켜야 하는가

훈련을 받지 않은 애견은 사실상 누구에게나 폐가 된다고 할 수 있다. 주인, 다른 사람, 다른 동물에게 위험할 뿐 아니라, 애견 스스로도 위험한 상황에 처할 수 있다. 제대로 훈련 받지 못한 애견을 기르면 다음 체크리스트에 나오는 것과 같은 문제가 발생할 수 있다.

Checklist
- ✓ 실내 가구 파손
- ✓ 사회적 고립
- ✓ 사고
- ✓ 부상
- ✓ 주인에 대한 법정 소송
- ✓ 관련된 모든 사람이 받는 스트레스
- ✓ 아무도 원치 않는 존재가 되어버린 애견

훈련을 잘 시킨 애견을 기르면 돌보기가 훨씬 수월하고 즐거워지며, 애견도 일생 동안 많은 사람들로 사랑을 받을 수 있게 된다. 따라서 애견을 기르는 주인은 애견을 올바르게 훈련시킬 의무가 있다.

안전

훈련을 받지 않았으며 주인의 말에 복종하지 않는 애견을 기르는 것은 매우 불편할 뿐 아니라 주인과 다른 사람의 건강에도 심각한 영향을 주게 되며, 사회적 지위를 손상시키거나 금전적 손실을 일으키기도 한다. 또한, 애견이 스스로 어떤 잘못을 했는지도 모르는 채 다시 재분양 되거나 버려지는 결과를 초래할 수도 있다.

애견이 짖어대거나, 산책을 할 때 주인의 명령을 따르지 않고 마구 끌어당기거나, 공격적으로 행동하여 집에서 생활할 때, 혹은 산책 중에 상처를 입게 되는 경우가 있다. 혹은 목에 줄을 대지 않고 산책을 시킬 때, 주인이 돌아오라고 명령을 해도 듣지 않고 다른 사람을 쫓아가서 공격하거나, 차도로 뛰어들어 교통사고를 일으키는 경우도 있다. 위와 같이 제3자가 애견으로 인해 다치게 되면 애견 주인에 대해 소송을 걸 수 있다.

애견을 제대로 훈련시키지 않으면 사람뿐 아니라 다른 동물들도 위험에 빠뜨릴 수 있으며, 주인의 명령을 듣지 않고 제멋대로

개에 관한 사실

항상 제멋대로 구는 애견은 세상이 자기를 중심으로 돌아간다고 생각하고 따라서 자신이 가장 중요한 존재라고 여기게 된다. 일반적으로 애견은 사람들이 신경을 쓰지 않는 부분을 통제하려고 하기 때문에, 뒤늦게 자신이 기르는 애견이 문제가 있다는 사실을 발견하게 될 수도 있다. 애견이 주인의 말에 복종하도록 훈련을 시키고 집안에서 서열이 가장 높은 존재가 아니라는 점을 인식시키면 애견과의 관계가 훨씬 윤택해지고 모든 사람이 만족할 수 있게 된다.

강아지를 기르기 시작하면, 상당한 시간을 할애하여 배변 훈련을 시키고 기본적인 복종 훈련을 시켜야 한다.

유용한 정보

원하는 결과를 얻으려면 애견을 훈련시키는 데 많은 노력을 쏟아야 한다.

행동하여 애견이 다치거나 죽을 수도 있으며, 주인이 더 이상 통제할 수 없어서 다른 사람에게 맡기려 할 때, 그 누구도 같아주지 않으려고 하면 결국 도살될 수도 있다.

올바른 행동

훈련을 받지 않아서 제멋대로 행동하는 애견을 기르는 사람들 중 일부는 왜 친구들이 줄어드는지 왜 집을 찾아오는 손님이 줄어드는지 이해하지 못하는 경우가 있다. 집을 방문하는 손님들은 대부분 애견이 이리 저리 뛰어다니고 애견의 털과 침으로 더럽혀지는 것을 싫어한다.

기본적인 복종 훈련을 잘 시켜서 주인의 뒤를 따라 걷고, 뛰어다니다가도 돌아오라고 명령하면 복종하고, '가', '누워' 등의 기본적인 명령을 잘 따르게 하면 모든 사람이 훨씬 더 편안하고 즐겁게 생활할 수 있다. 만일 애견에게 계속해서 어떤 행동을 하지 못하도록 야단치기만 하고 부드럽게 어떤 행동을 해야 하는지 가르쳐주지 않으면, 애견과 주인 모두 스트레스를 받을 수 있고, 서로의 건강에 좋지 않은 영향을 미치게 된다.

성공적인 관계는 긍정적인 양방향 의사소통과 상호 존중을 바탕으로 한다. 훈련을 시킬 때 애견이 어떻게 생각할 지 입장을 바꾸어서 생각해 보면 원하는 목표를 이루는데 훨씬 도움이 되고 서로 도움이 되는 관계를 가질 수 있게 된다.

이 사실을 아십니까?

사람들이 가장 많이 물리는 부위는 손이다. 애견의 입장에서 생각해 본다면, 눈앞으로 불쑥 나타나는 손이 위협적으로 보이기 때문이다. 특히, 이전에 손과 관련해서 좋지 않은 기억을 갖고 있다면 특히 더 위협적으로 느낄 수 있다. 이런 사고를 막으려면 사람의 손은 위협적인 존재가 아니라는 것을 가르쳐야 하고 야외에서 산책을 할 때에도 낯선 사람들이 미리 주인에게 물어보지 않고 애견을 갑작스레 만지지 않도록 얘기해야 한다. 특히, 아이들은 애견을 좋아하고 만지려고 하는 경향이 있으므로 함부로 만지지 않도록 미리 얘기해 주어야 한다.

밝은 미래

애견이 사람들과 잘 어울리도록 훈련시키고 명령에 잘 복종하도록 가르치면 상상했던 것보다 훨씬 많은 좋은 점이 있다. 모든 사람들이 사랑하고 갖고 싶어 하는 애견이 될 수 있을 뿐 아니라, 애견 스스로도 사람들 속에 섞여 살아가는 것이 훨씬 즐거워진다. 어릴 때부터 애견을 잘 다루고 훈련시키면 행동상의 문제가 생기는 것을 막을 수 있고 이미 다 자란 애견일지라도 이미 형성된 행동상의 문제를 교정하는데 도움이 된다.

올바른 시작

올바른 방법을 사용하여 애견을 훈련시키기 시작하면 놀라울 만큼 짧은 시간 내에 애견이 명령을 잘 따르게 되고 올바르게 행동하게 되는 것을 알 수 있다. 그러나 한 번에 모든 것을 이루려고 해서는 안 된다. 특히, 교정해야 할 문제가 하나 이상이라면 너무 빨리 해결하려고 해서는 안 된다. 다음 체크리스트에 나오는 방법을 따르는 것이 좋다.

Checklist
- ✓ 애견이 생각하고 느끼는 방법을 배운다 (60-63페이지 참조)
- ✓ 올바른 도구를 사용한다
- ✓ 훈련은 짧게 시키고 즐겁게 시간을 보낼 수 있도록 한다
- ✓ 얼마나 진전이 있는지 기록한다
- ✓ 필요한 경우 전문가의 도움을 받는다
- ✓ 애견을 훈련시키기 위한 기본적인 방법을 따른다
- ✓ 올바른 행동을 하면 보상해 준다
- ✓ 부적절한 행동을 하면 보상해 주지 않는다
- ✓ 어떤 일이 있더라도 애견에게 화를 내지 않는다

명령과 보상

성공적으로 훈련을 시키는 기본 원칙은 바로 '보상' 이라는 것이다. 일반적으로, 애견은 주인을 기쁘게 하는 것을 좋아하며, 주인이 행동에 대해 보상을 해 주면 더욱 좋아한다. 따라서 보상에 바탕을 둔 훈련은 주인의 말을 잘 따르면서도 행복해하는 애견을 얻기 위한 지름길이다. 올바른 행동을 할 때마다 행동과 특정한 말을 곁들여서 보상을 해 주면 그 행동이 올바른 것이라는 점을 알게 된다. 이런 과정이 반복되다 보면 주인이 명령을 할 때마다 자동적으로 똑 같은 반응이 나오게 된다. 우리들이 누가 시간을 물어보면 자동적으로 팔목을 쳐다보게 되는 것과 마찬가지이다.

애견의 삶에 있어서 음식이라는 것은 가장 중요한 것이기 때문에 음식으로 보상을 해 주면 원하는 결과를 얻을 가능성이 높아진다. 음식 훈련(예를 들어, 애견 앞에 음식을 둔 후, 먹으라고 명령을 할 때까지 앉아서 기다리도록 하는 훈련이 포함됨)을 시키면 모든 행동을 할 때 주인의 명령에 복종하도록 하는데 큰 도움이 된다.

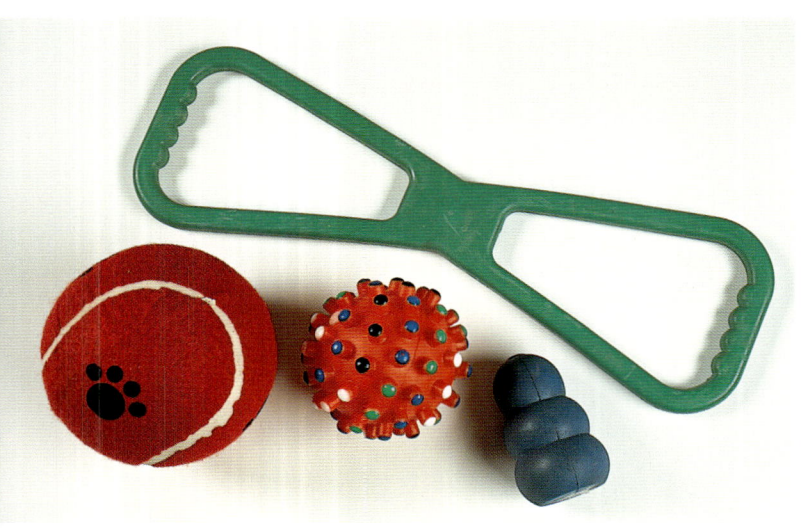

잡아당기는 장난감, 소리를 내는 장난감, 움직이는 장난감, 탄력이 있는 공과 같은 애견이 좋아하는 장난감들을 함께 주면 보상이 얼마나 좋은 것인지 깨닫게 된다. 훈련을 시킬 때 원하는 행동을 하도록 만들기 위해 애견이 가장 좋아하는 장난감을 주어 몇 분간 가지고 놀게 한 후에 다시 회수하여, 그 장난감은 항상 갖고 놀 수 있는 것이 아니라는 것을 알려 주어야 한다. 그러면, 어떤 행동을 하거나 주인의 명령을 따르면 상이 주어진다는 것을 깨닫게 되고 주인이 원하는 방향으로 행동하게 된다.

애견을 훈련시키기 위한 기본 지침

- 항상 일관된 명령과 행동을 사용해야 한다. '엎드려', '몸을 낮춰', '앉아', '가만히 있어', '가지고 와', '이리 줘' 등의 명령을 할 때 항상 같은 말로 해야 한다. 명령을 바꾸면 애견이 혼란스러워할 수 있다. 명령을 인식하는데 시간이 걸리더라도 특정 용어만을 계속 사용해야 한다. 다른 가족들도 같은 명령어를 사용하도록 하고 애견에게 사용하는 특정 행동 방식을 따르도록 해야 한다.

- 바람직한 행동을 할 경우, 음식, 장난감 등 애견이 좋아하는 것으로 보상을 해 주어야 빨리 배울 수 있다.

- 목소리로 명령을 할 때에는 항상 애견을 격려할 수 있는 목소리로 해야 하고 목소리의 톤을 같은 정도로 유지해야 한다.

- 명령을 할 때는 명료하고 잘 들리도록 해야 한다. 특히, 처음에는 또박또박 말해야 애견이 혼동을 일으키지 않는다.

- 애견이 명령을 무시하는 경향이 있거나, 혹은 다른 뜻으로 받아들이고 있다면 올바른 뜻을 이해하도록 다시 훈련을 시켜야 한다. 예를 들어서, '옆에서 걸어' 라고 명령을 했는데 주인의 앞에

대부분의 애견은 맛있는 음식을 주면 무슨 일이든 한다. 애견이 좋아하는 음식을 찾아내면 항상 애견이 명령을 따르도록 할 수 있다. 사과, 채소, 부드러운 당근 등 신선한 야채와 과일을 좋아하는 애견도 있으며, 얇게 썰어 놓은 핫도그 소시지와 조리한 간은 모든 애견이 좋아하는 음식이다. 애견을 위한 다양한 특별식이 시판되고 있다.

유용한 정보

- 올바르게 먹이로 훈련시키는 법은 애견을 훈련시키기 위한 빠르고 효과적인 수단으로 사용하는 것이 좋다.
- 훈련을 하는 동안 맛있는 먹이를 보상으로 사용하고자 한다면 주머니에 미리 작은 조각으로 잘라서 넣어두어야 한다. 그렇지 않으면 매우 빠른 속도로 살이 찔 수도 있다.
- 가르치고자 하는 행동을 이끌어낼 때까지는 바람직한 행동을 할 때마다 보상을 해 주어야 하며, 그 후에는, 올바른 행동을 할 때 가끔씩 보상을 해 주어 항상 주인의 명령을 잘 따르도록 해야 한다.
- 애견이 바람직하지 않은 행동을 하였는데 생각지 못한 방식으로 보상을 하게 될 수도 있다는 점을 유의해야 한다. 이런 상황이 되면, 애견은 자신의 행동이 올바르지 않다는 것을 배우지 못한다. 예를 들어서, 주인이 있는 앞에서 문을 밀지 못하도록 하고, 대신 기다리도록 해야 한다. 만약 주인의 명령 없이 문을 지나가도록 내버려두면, 혼자서 지나가버리는 행동이 보상과 이어진다고 여기게 된다.
- 애견은 훈련을 통해, 단어와 행동을 결합시키는 법을 배운다. 따라서 목소리뿐 아니라 자신의 몸짓에도 신경을 써야 한다. 예를 들어서, 목소리를 이용해 애견이 가까이 다가오도록 명령을 하고자 하면 몸짓도 애견을 반기는 동작을 해야 하는 것이다.

서 걸어가고, '옆에서 걷는 것'과 '앞에서 주인을 끄는 것'을 혼동한다면 다시 훈련을 시켜야 하는 것이다.

- 화가 난다고 목소리를 높이면 오히려 역효과가 나타날 뿐이다.
- 자신이 기르는 애견을 다루는 모든 사람들이 자신의 규칙을 따르도록 해야 한다. 만일 애견이 가구 위에 올라가는 것을 주인이 허락하지 않는다면 다른 사람들도 허락해서는 안 된다. 그렇지 않으면, 애견의 버릇이 나빠지게 된다.

모든 애견은 다르다

다른 애견보다 학습 속도가 빠른 종류가 있다. 몸집이 큰 종류는 성숙하는 속도가 느리기 때문에 인내심을 가지고 훈련을 시켜야 한다. 반면에 몸집이 작은 종류는 똑똑하기 때문에 훈련시키는데 큰 어려움이 없다. 사역견은 똑똑한 반면 무언가를 뒤쫓아 가서 잡아오고, 지키고, 가축을 몰고자 하는 본능이 내재되어 있기 때문에 엄격하게 훈련을 시키고 다루어야 최상의 결과를 얻을 수 있다. 사역견은 물건을 가져오도록 시키고 냄새를 따라가게 하는 등 임무를 부여하는 훈련과 민첩하게 행동하도록 하는 훈련을 지속적으로 시켜 주어야 한다. 그러나 어떤 종류를 훈련시키든 게임을 통해 훈련을 시키는 것이 좋다.

어느 정도의 훈련 시간이 적당한가?

한 번에 훈련을 너무 많이 시키려고 하면 애견이 정신적으로, 육체적으로 지쳐서 학습 효과를 충분히 활휘하지 못한다. 한 번에 하나씩 훈련을 시켜서 완전히 익힐 때까지 계속 반복하는 것이 좋다(훈련을 하는 중간에 재미있는 놀이를 하며 휴식을 취할 수 있도록 해 주어야 한다).

매일 훈련을 시키되 짧고 재미있게 시켜 주어야 한다. 애견이 최대한 집중할 수 있는 시간은 한 시간에 10-15분 정도이다. 특히, 강아지는 오랜 시간 동안 집중을 하지 못한다. 한 번에 30분 동안 훈련을 시키는 것보다 하루에 10분씩 세 번 훈련을 시키는 것이 훨씬 효과적이다. 훈련을 마칠 때에는 항상 칭찬을 해 주어야 애견과 주인 모두 기쁘게 훈련을 마칠 수 있다. 매일 기록을 하여 진전 상태를 점검하고 어떤 성과를 이루었는지, 어떤 어려움이 있었는지 살펴보고 애견이 쉽게 잘 익히지 못하는 훈련에 좀 더 신경을 쓰는 것이 좋다. 무엇보다도 애견을 훈련시킬 때에는 차분하면서도 침착하게 행동해야 한다.

좋은 애견 조련사를 찾으면 어견이 올바르게 행동하도록 하고 통제하는데 더할 나위 없이 큰 도움이 된다. 주기적으로 훈련 프로그램에 참가하면 재미있을 뿐 아니라 애견을 올바른 방법으로 훈련시키는데 도움이 된다. 또한 현장에서 직접 조련사의 도움을 받고 조언을 구하는 것은 책에서 읽은 내용을 따라 하는 것과 비교할 수 없을 만큼 효과적이다. 대부분의 애견 조련사들은 애견을 민첩하게 만드는 운동에서부터 공을 던져주고 찾아오게 하거나 냄새를 추적하는 일, 음악 치료 등 다양한 기법을 사용한다.

훈련에서 사용할 애견용 먹이를 직접 만드는 방법

고기로 만들어진 한 입에 쏙 들어갈 크기의 먹이를 주면 애견을 훈련시키는데 큰 도움이 된다. 맛있는 먹이를 먹기 위해서 애견은 무슨 일이든 할 것이다.

재료: 소나 양의 간 375그램과
차가운 물 1.5리터

1 오븐을 140°C까지 예열한다. 팬에 기름을 두르거나 음식물이 들러붙지 않는 팬을 사용한다.
2 팬에 물과 함께 간을 넣고 약 30분 동안 끓여서 익힌다.
3 물을 플라스틱 주전자에 넣고 냉장고에 넣어두었다가 나중에 먹이를 줄 때 함께 준다.
4 간을 식힌 다음 1cm크기로 자른다. 작게 자른 간을 팬에 넣고 오븐의 아래쪽에 넣고 약 1시간가량 익힌다.
5 다시 식힌 다음, 필요한 경우 바로 사용하고 나머지는 냉장고에 보관하여 3일 이내에 사용한다.

얼마나 오랜 기간 동안 훈련을 시켜야 하는가?

애견을 완전히 훈련시키는데 얼마나 많은 시간이 걸리는지 정답은 없다. 사실, 미리 어느 정도 시간이 걸릴지 목표를 세워두면 생각만큼 애견의 학습 속도가 빠르지 않을 경우 실망할 수도 있기 때문에 오히려 비생산적이라고 할 수 있다. 끊임없이 훈련을 시키고 반복 훈련을 시키는 것이 가장 효과적이다. 예를 들어서, 일단 애견에게 짖거나 앉도록 훈련을 시켰다면 주인의 명령에 올바르게 반응하는 법을 잊어버리지 않도록 계속해서 훈련을 시키고 올바르게 행동할 경우 보상을 해 주어야 하는 것이다. 매일 학습 강화 훈련을 시키면 애견과 주인이 모두 감각을 잃지 않을 수 있고 애견이 더욱 올바르게 행동하도록 할 수 있다.

강화 훈련을 지속적으로 시행하면 나쁜 습관이 형성되는 것을 막을 수 있다. 예를 들어서, 주인이 문을 열어 두었을 때, 애견이 그 문 사이로 지나가도록 내버려 두면, 애견은 다음에도 똑같은 행동을 해도 된다고 생각할 것이다. 마찬가지로, 주인이 외출을 하려고 애견의 목줄을 꺼낼 때마다 흥분하여 주인에게 달려들도록 내버려두면, 그 행동이 올바른 것이라고 여기게 된다.

자주 받는 질문

Q 애견을 훈련시키기 위해서는 어떤 도구가 필요한가요?

A 처음부터 올바른 도구를 구입해야 애견을 훈련시키는데 도움이 됩니다. 애견의 몸집에 맞는 길이의 줄을 사용했을 때 훈련의 효과가 얼마나 달라지는지 알게 된다면 아마 놀랄 것입니다.

애견의 목둘레에 맞춰 조절이 되는 종류나 가죽이나 나일론 등으로 만들어진 넓은 목걸이를 사용하는 것이 좋다. 특히, 애견의 몸집에 맞춰 적당한 넓이와 무게의 목걸이를 골라야 한다. 목둘레가 적당한 지 살펴보려면, 손가락을 집어넣어 보면 되는데, 목걸이와 애견의 목 사이에 손가락 두세 개가 들어가면 적당하다. 너무 느슨하면 목걸이가 빠질 수 있고, 너무 꽉 끼면 불편할 수도 있다. 특히, 밥을 먹거나 물을 마실 때 너무 꽉 끼면 불편하다.

목걸이의 종류를 잘 고르는 것이 중요하다. 우선, 주인이 쥐기 편해야 하고, 적당한 긴장감을 줄 수 있을 정도의 길이여야 한다. 만약 길이가 너무 짧으면 애견이 끌려 다닐 수 있고, 너무 길면 통제하기가 힘들다. 사람이 조절할 수 있도록 만들어진 나일론 줄을 선택하면, 애견과 주인, 모두에게 도움이 된다. 32페이지를 참조하면 목줄을 매는 훈련을 시키기 위한 자세한 정보를 찾아볼 수 있다.

개에 관한 사실

애견을 훈련시키면서 진전이 있었는지 기록을 해 두면 큰 도움이 된다. 전문가의 도움이 필요할 경우 애견 조련사나 행동 수정 전문가가 어떤 조치를 취해야 할 지 판단하는데 도움이 된다.

강아지 훈련시키기

책임감이 있고 애견을 사랑하는 주인이라면 강아지가 올바르게 행동하는 자랑스러운 애견으로 자라나 모든 사람이 사랑하고 갖고 싶어 하는 애견이 될 수 있도록 이끌고 훈련을 시켜야 한다. 어릴 때부터 올바른 방법으로 애견을 다루고 훈련을 시키면 행동상의 문제가 생기지 않도록 하는데 큰 도움이 된다. 다음 체크리스트에 나오는 모든 것을 할 수 있도록 훈련시켜야 한다.

Checklist
- ✓ 자신의 이름을 알아듣고 응답한다
- ✓ 명령을 알아듣고 즉각적으로 따른다
- ✓ 주위에서 보이는 것과 들리는 것을 받아들일 줄 안다
- ✓ 올바르게 행동하고 사교적이다
- ✓ 다른 사람이나 애완동물과 함께 있는 것을 싫어하지 않으며 상냥하게 행동한다
- ✓ 집안에 배설을 하지 않는다
- ✓ 크레이트 속에 넣어두어도 잘 참는다
- ✓ 줄을 매고 산책하며 주인의 명령을 잘 따른다.
- ✓ 자동차를 타고 이동할 때에도 차분하게 행동한다

목걸이와 목줄 훈련

처음에는 강아지의 목에 잠깐씩 목걸이를 걸어 주고, 칭찬을 많이 해 주어야 한다. 그런 다음 목에 줄을 맨 상태로 게임을 하거나 맛있는 먹이를 주어 목걸이에 신경을 쓰지 않고 그 느낌에 익숙해지도록 하고, 목걸이와 재미있는 경험을 연계해 생각할 수 있도록 한다. 목걸이에 더 이상 신경을 쓰지 않게 되면, 짧은 목줄을 걸어주고 잠깐씩 주인을 따라 집 안을 걷도록 하여, 다시 목줄에도 익숙해지도록 한다. 물론, 충분히 칭찬을 해 주고 보상을 해 주어야 한다.

목걸이와 목줄에 완전히 익숙해지면 주인이 줄을 잡은 상태로 주인의 곁에서 함께 걷도록 가르치는 훈련을 시작해야 한다. 처음에 목줄 훈련을 시킬 때에는 왼손에 장난감이나 먹이 등을 쥐고 있다가, 애견이 따라 걷는데 집중하지 않고 앞으로 가거나 뒤로 쳐지면 다시 원위치로 돌아오도록 한 후에 장난감이나 먹이를 준다.

몸을 낮추어 강아지가 다가오도록 부른다. 강아지가 다가오면 맛있는 먹이를 주고 칭찬을 해 준다. 그러면, 주인의 곁으로 다가가면 보상을 해 준다는 것을 알게 된다.

애견 훈련시키기

애견의 목에 줄을 매고 함께 산책을 하는데 익숙해지도록 하기 위한 가장 쉬운 방법은 오른손에 줄을 쥐고 왼손에 맛있는 냄새가 나는 먹이나 좋아하는 장난감 등 보상이 될 만한 것을 들고 있는 것이다. 그런 다음 애견을 바라보고 뒤로 걸으면서 애견의 이름을 부르고, 줄을 느슨하게 쥐고 왼손에 있는 먹이나 장난감으로 애견이 따라오도록 만든다. 애견이 따라오지 않으려고 하면 앞에 장난감을 쥐어 주거나 먹이를 한 입 준 후에, 다시 이름을 부르고 애견을 바라보며 계속 뒤로 걷는다. 반드시 애견이 사람의 뒤를 따르도록 해야 한다.

유용한 정보

- 애견을 훈련 과정을 게임으로 느낄 수 있도록 만들면 재미있어 하고, 힘든 과정으로 받아들이지 않는다.
- 독걸이가 목에 갖는지 주기적으로 확인한다.

놀면서 훈련시키기

애견과 함께 놀아줄 때에는 항상 무언가를 던져주고 다시 가져오도록 하는 게임을 함께 하는 것이 좋다. 강아지가 장난감을 가지고 와서 주인 앞에서 떨어뜨리거나 주인에게 주면, 그 행동에 대한 보상을 해 주어야 한다. 만약 집안이 아닌 실외에서 배변을 하면 칭찬을 해 주고 보상을 해 주어야 한다. 주인의 관심을 끌려고 귀찮게 하지 않고 얌전히 곁에서 누워 있으면 역시 보상을 해 주어야 한다. 애견은 장난감을 좋아하므로 애견의 주의를 끌고자 할 때는 장난감을 이용하면 된다.

강아지 훈련 과정

강아지를 훈련시키고자 할 때 가장 좋은 방법은 안전한 장소에서 열리는 강아지 훈련 수업에 참가하는 것이다. 이런 수업에 참가하면 강아지를 다른 사람에게 소개할 수 있을 뿐 아니라, 강아지가 자신과 몸집이 비슷하고 나이가 비슷한 다른 강아지들과 어울릴 수도 있다. 다른 강아지들과 어울려서 놀다 보면 뒤쫓아 가고 놀 때, 어느 정도가 적당한 지 자연스럽게 배울 수 있다. 훌륭한 조련사는 강아지들이 서로 뒤엉켜 놀다가 싸움으로 번지지 않도록 잘 통제한다.

이 사실을 아십니까?

목줄을 너무 꽉 쥐면 애견이 주인을 이끌려고 하거나 주인의 말을 듣지 않을 수도 있다. 목줄 훈련 시에는 적당히 긴장감이 있을 정도로 줄을 쥐고 애견이 주인의 왼쪽에서 걷도록 해야 한다.

훈련을 게임처럼 시행하면 애견이 놀라울 정도로 잘 따른다.

크레이트 훈련

애견이 크레이트에 흔쾌히 들어가도록 훈련을 시키면 애견을 통제하는데 큰 도움이 된다(35페이지 참조). 그러나 올바른 방법을 사용해 애견이 크레이트에 익숙해지도록 하지 않으면 크레이트를 즐겁고 안전한 장소로 여기기보다 감옥으로 여길 수 있다. 우선, 장난감과 맛있는 먹이를 이용해 애견이 안으로 들어가도록 한 후에 문을 열어두고 애견이 자유롭게 드나들 수 있도록 한다. 크레이트를 조용하고 사람들이 드나들지 않는 곳에 두어 크레이트 속에 들어가 있으면 방해를 받지 않으면서도 다른 사람들과 여전히 연결되어 있다는 것을 느낄 수 있도록 해 주어야 한다.

직사광선이 들어오는 곳, 너무 더운 곳, 너무 추운 곳 등에 크레이트를 두어서는 안 된다.

크레이트와 익숙해지도록 하기

• 애견이 이미 익숙하게 여기는 침구와 좋아하는 장난감을 크레이트 속에 넣어두면 그 속에 들어가 편안하게 느낀다. 처음 크레이트 속에 들어가도록 유도하기 가장 좋은 때는 놀이가 끝난 후에 애견이 휴식을 취하려고 할 때이다.

• 애견이 크레이트 속으로 들어가면 그 속에서 먹이를 먹게 하여 익숙해지도록 하는 것이 중요하다. 처음에는 문을 열어 놓아 자신이 갇혔다고 느끼지 않도록 해야 한다. 일단 크레이트에 익숙해지면 식사 때마다 그 속에 들어가려고 하게 되고, 문을 닫은 채로 잠깐씩 먹이를 먹이다가 문을 닫아두는 시간을 늘릴 수 있다. 그러나 일반적으로 애견은 식사를 한 후에 배변을 해야 한다는 점을 기억해 두어야 한다.

• 주인이 집에 있을 때 애견이 크레이트 속에 들어가 있는 시간을 점차 늘려 30분 정도 혼자 그 속에 있도록 한다.

• 크레이트는 배변 훈련을 시키기에도 좋은 장소가 되지만, 먹이를 먹고 밖에 나가서 배변을 한 후에 다시 그 속으로 들어가도록 해야 한다. 그렇지 않으면 크레이트 속에서 배변을 할 수도 있다. 애견은 자신이 머무르는 곳 주위를 더럽히는

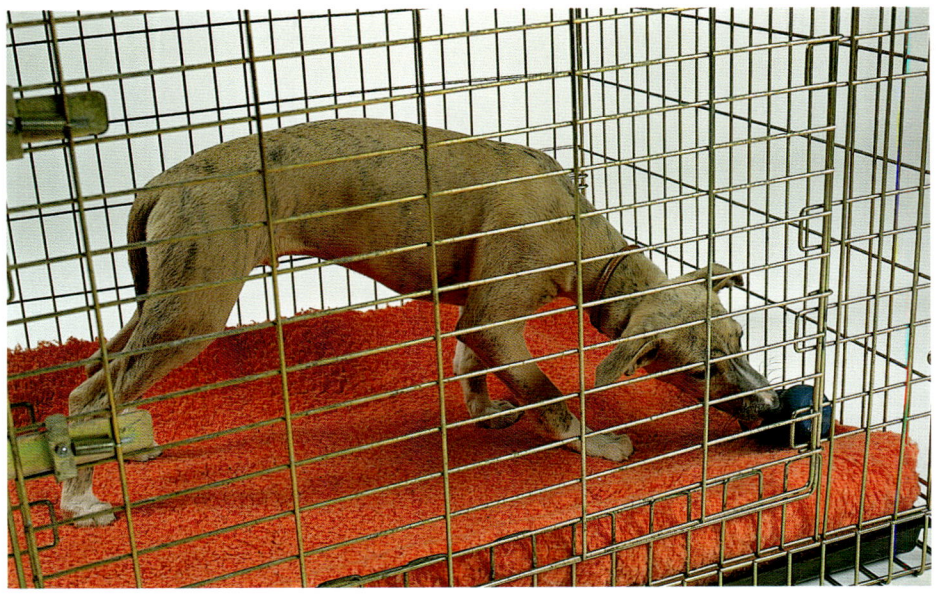

크레이트 속에 애견이 좋아하는 먹이와 장난감 등을 넣어주면 애견이 크레이트를 즐거운 장소로 여기도록 하는데 도움이 된다.

것을 좋아하지 않기 때문에, 크레이트 속에서 변을 보도록 하면 더 이상 그 속에 머물지 않으려고 한다.

배변 훈련

강아지들이 태어날 때부터 변을 가릴 수 있는 것이 아니기 때문에 배변 훈련을 시켜야 한다. 가끔씩 실수를 할 수도 있으므로, 변을 보아도 상관없는 곳에 애견을 두어야 한다. 처음에는 강아지가 변을 볼 수 있도록 자주 밖으로 데리고 나가야 한다. 주로, 식사 시간 후, 놀이를 한 후, 일어났을 때 밖으로 데리고 나가면 변을 볼 것이다.

• 줄을 이용해 강아지가 변을 볼 수 있는 장소를 정원에 표시해 둔다. 강아지가 가장 최근에 본 변을 그대로 남겨두어 냄새를 맡고 흔적을 보고 변을 보기에 올바른 장소임을 알려주어야 한다.

• 강아지가 변을 볼 시간 즈음에 그 장소로 데리고 가서 변을 볼 때까지 기다려야 한다. 그 장소에서 변을 보면 칭찬해 주고 보상을 해 주어야 한다.

유용한 정보

• 크레이트는 애견에게 벌을 주기 위한 장소가 아니며 절대로 그런 용도로 사용되어서는 안 된다.
• 애견이 혼자 있을 수 있도록 해 주려고 할 때나, 밤에 더욱 조용하게 지낼 수 있도록 해 주려면 크레이트에 담요를 덮어 애견도 밖을 보지 못하고 다른 사람들도 안을 볼 수 없도록 만들어 주는 것이 좋다. 단, 애견이 변을 보러 나가기 위해서 소리를 낼 때에는 걷어 주어야 한다.
• 일단 애견이 크레이트에 익숙해진 후에, 가구에 흠집을 내거나, 카펫이나 다른 물건을 물어뜯는 행동을 보인다면, 이런 행동이 사라질 때까지 크레이트 속에 넣어 두는 것이 좋다.

자주 받는 질문

Q 제가 기르는 강아지는 사람의 관심을 끌려고 뛰어 오르고 장난을 치면서 물기도 합니다. 이런 행동을 계속 하도록 둬도 괜찮을까요? 그렇지 않다면 어떤 조치를 취해야 하나요?

A 뛰어오르고 장난을 치면서 무는 것을 가만히 내버려두면 더욱 심각해집니다. 강아지가 자라서 몸집이 커지던 사람, 특히 어린이들이 다치거나 두려워할 수 있습니다. 그런 행동은 용납할 수 없다는 것을 가르쳐야 합니다. 강아지가 장난으로 물지 못하도록 하려면 애완동물 가게에 가서 독성은 없지만 쓴맛이 나는 액체를 구입하여 평소에 강아지가 자주 물려고 하던 부위에 발라줍니다(주로 손과 팔을 무는 경우가 많습니다). 손을 내밀고 강아지가 입 속에 넣도록 해 보십시오. 아마도 이상한 맛에 움찔하며 뒤로 물러설 것입니다. 이 과정을 여러 번 반복하면 사람의 손을 무는 것은 좋지 않은 결과를 초래한다는 점을 인식하게 됩니다. 다음과 같은 규칙을 지킨다면 도움이 될 것입니다.

- 가족들이 애견이 장난으로 깨무는 행동을 하지 못하도록 하십시오. 대신에 사람을 해치지 않으면서도 욕구를 충족시킬 수 있도록 깨물면서 갖고 놀 수 있는 장난감을 주십시오.
- 강아지의 입 주위를 자주 만져주십시오. 그러면, 강아지는 사람의 손이 입 주위에서 움직이더라도 물어서는 안 된다는 것을 알게 됩니다. 강아지가 손을 물지 않으면 보상을 해 주어야 합니다. 그래야, 물지 않는 것이 보상과 연결된다는 것을 배우게 됩니다. 강아지가 물려고 할 때 코를 건드리지 마십시오. 오히려 더 자주 물도록 만들 뿐입니다.
- 강아지가 뛰어오르거든 아무런 반응을 보이지 말아야 합니다. 그저 무시하고 팔짱을 낀 채로 쳐다보지 말아야 합니다. 강아지가 가만히 있어서 더 이상 뛰어 오르려고 하지 않으면 보상을 해 주십시오. 그렇게 하면 사람에게 뛰어오르는 것은 나쁜 행동인 반면, 가만히 있는 것은 좋은 행동이라는 것을 배우게 됩니다.
- 대부분의 사람들, 특히 아이들은 산책을 하는 중에 애견을 만나면 말을 걸고 싶어 합니다. 그러나 항상 낯선 사람들이 애견이 조용히 있어서 준비가 될 때까지 말을 걸지 않도록 여겨해야 합니다.
- 애견을 처음 불러서 다가오도록 하였을 때에만 애견에게 관심을 기울여 주어야 합니다. 일단 애견과의 놀이가 모두 끝난 다음에는 '이제 됐어'라고 말하고 가볍게 밀어낸 후, 팔짱을 끼고 눈을 맞추지 말고 외면하는 것이 좋습니다.
- 집에 손님이 오면 애견에게 어떻게 행동을 해야 하는지 알려주고 애견이 뛰어오르거든 어떻게 해야 하는지 일러 주어야 합니다.

애견이 알아서 밖으로 나가 변을 보면, 칭찬을 해 주어서 자신의 행동이 올바르다는 것을 알려주어야 한다. 특히, 정해진 장소에서 변을 보면 많이 칭찬을 해 주는 것이 좋다.

음식 훈련

강아지에게 음식을 빼앗기지 않기 위해 싸울 필요가 없으며 주위에 있는 사람들은 강아지의 먹이에 전혀 위협적인 요인이 아니라는 점을 알려 주어야 한다. 항상 가족이라는 무리 속에서 애견이 아니라, 주인의 서열이 가장 높다는 점을 인식시켜서 주인의 명령이 있을 때에만 먹이를 먹도록 훈련시켜야 한다.

- 애견의 목에 줄을 맨 상태에서 밥그릇을 아래로 내려준다. 필요한 경우 줄을 당겨서 주인의 명령이 없을 때 먹이를 먹지 못하도록 하고, 상황에 따라 '멈춰'라고 명령을 해야 한다. '가만히 있어'라는 명령어를 사용하여 주인의 곁에서 가만히 있도록 가르쳐야 한다.
- 먹이를 먹기 위해 주인의 허락을 기다린다는 뜻으로 주인을 쳐다볼 때까지 기다려야 한다. 시간이 조금 걸리더라도 애견이 쳐다볼 때까지 기다려야 한다. 주인이 먹이를 먹게 해 주기를 기다리며 주인을 응시하기 시작하면 '먹어'라고 명령하고 먹을 수 있도록 해 준다. 애견이 인내심을 보인 것에 대해 칭찬을 해 주어야 한다.
- 식사 때마다 이 과정을 반복하여 목에 줄이 없을 때에도 주인의 명령이 있을 때까지 기다리도록 훈련을 시킨다. 이 훈련 방법을 사용하면 강아지가 주인의 명령 없이 물건을 그대로 놓아두도록 가르치고 주인이 원하는 곳에 거꾸러서 기다리도록 만들 수 있다.

성장기의 애견과 다 자란 애견 훈련시키기

애견이 올바른 훈련을 받을 수 있도록 하는 가장 중요한 방법은 어릴 때부터 훈련을 시키는 것이다(112-115페이지 참조). 그러나 이미 다 자란 애견을 키우고 있는데 이전에 충분히 훈련을 받지 못했거나 고치고 싶은 부분이 있다면 다음 체크리스트에 나오는 기본적인 복종 훈련을 시켜야 한다. 이 장에서는 줄을 매고 주인의 뒤를 따라 걷는 것부터 앉아서 기다리고 집안에서 올바르게 행동하는 방법까지 다 자란 애견을 훈련시키는 방법에 대해서 설명을 할 것이다. 애견이 주인이 원하는 행동을 이미 알고 있을 것이라고 여기는 사람들도 있지만 그렇지 않다. 애견은 올바르게 행동을 하기 위해서는 훈련을 받아야 하고 주인은 애견의 특성을 정확하게 알고 어떤 방식으로 훈련시킬지 알아야 한다.

Checklist
- ✓ 줄을 매고 다니기
- ✓ 주인의 명령에 따라 되돌아오기
- ✓ 앉아서 기다리기
- ✓ 몸을 낮추고 구르기
- ✓ 도로에서의 안전
- ✓ 물어오기
- ✓ 사교성
- ✓ 실내에서의 올바른 행동

줄을 매고 다니기

애견과 함께 산책을 하는 것은 반드시 즐거운 시간이어야 한다. 애견이 앞서나가면서 줄을 당긴다고 겁을 먹어서도 안 되고 애견이 길에 늘어서 있는 전봇대마다 킁킁대면서 시간을 보내도록 내버려 두어도 안 된다.

처음에는 애견이 올바른 위치에 있을 때에만 '바로 뒤따라서 걸어'라고 이야기를 해서 주인의 명령과 자신의 행동을 관련 지어 생각할 수 있도록 해야 한다. 칭찬을 해 주거나 먹이를 주어 함께 산책을

1 훈련을 시작할 때는 주인의 왼쪽에 애견이 있도록 해야 한다. 주인의 왼쪽 다리와 애견의 어깨가 나란히 가도록 하고 그림에서처럼 오른손에 줄을 쥔다. 애견의 이름을 불러 주의를 집중시킨 다음 '바로 뒤에서 걸어'라고 명령을 해야 한다.

2 애견이 주인의 앞에서 걷거나 줄을 당기면, 산책을 멈춘다. 그러면, 애견은 틀림없이 놀라서 뒤돌아 볼 것이다.

3 다시 원래 위치로 돌아오게 한 다음 주의를 집중시키고 1의 과정부터 시작하여 다시 걸어간다. 끈기를 가지고 계속 이 과정을 반복하면, 애견이 어떻게 걸어야 하는지 깨닫게 된다.

할 때 그 위치에서 걷는 것이 기쁜 일이라고 인식하도록 해야 한다. 일단 산책할 때 어떤 위치에서 걸어야 하는지 익숙해진 다음에는 다른 곳에 가 있을 때 원위치로 돌아오도록 하기 위해 '바로 뒤따라서 걸어' 라고 이야기해도 된다.

주인의 명령에 따라 되돌아오기

일단 애견이 자신의 이름을 익히고 나면 주인이 이름을 불렀을 때 바로 되돌아오도록 훈련을 시켜야 한다. 이 훈련을 시켜야 목에 줄을 매지 않고 자유롭게 다닐 수 있도록 풀어두었을 때 애견을 안전하게 통제할 수 있다. 주인에게로 되돌아왔을 때 자신에게 보상이 되돌아온다는 것을 알게 되면 주인의 말을 더 잘 따르게 된다. 처음에는 아주 맛있는 음식이나 애견이 좋아하는 장난감 등 강도가 높은 보상을 해 주어야 한다. 그렇게 하면 주인의 명령을 잘 따르게 되고, 충분히 칭찬

유용한 정보

- 애견이 뒤쳐져서 따라온다면, 주인이 너무 빨리 걸어서 애견이 따라갈 수 없다는 뜻이므로, 속도를 늦추어야 한다. 혹은, 이전에 누가 그 길을 지나갔는지 살펴보고 자신의 흔적을 남기기 위해서 속도가 늦어지는 경우도 있다. 그러나 주인이 애견의 이런 행동에 맞추어 주기보다 애견이 주인의 명령을 따라 바로 뒤따라오도록 훈련시켜야 한다.
- 항상 성공적으로 마무리를 한 후에 훈련을 마쳐야 한다. 만약 애견을 불렀을 때 한 번에 되돌아오면, 그 시점에서 훈련을 마치고 긍정적인 인상을 남기는 것이 좋다. 만약 애견이 되돌아오도록 가르치는 것이 힘들다면 전문 조련사를 찾아 도움을 구하는 것이 좋다.

을 해 주고, 가끔 강도 높은 보상을 해 주면 되돌아오라는 명령에 즉각적으로 반응하게 된다.

애견이 한 번 불렀을 때 명령에 복종하여 되돌아오면, 주인이 원래 알고 있는 조용한 애견 한두 마리가 있는 곳에서도 주인의 명령을 따르도록 하는 훈련을 시켜야 한다. 애견의 목에 좀 더 긴 줄을 매어주고 다른 애견 조치 목에 줄이 매어져 있는 상태여야 함 즉으로 가까이 다가가서, 서로 부딪히기 전에 애견을 부르는 것이다. 만약 어느 주인의 명령을 잘 따르면 충분히 크상을 해 주어야 하고, 잘 따르지 않는다면 줄을 당기고 그 앞에 한쪽 무릎을 구부리고 앉아서 가까이 다가오면 보상을 해 주는 다시 시도해 본다.

1 처음 훈련을 시작할 때에는 애견의 목에 긴 줄을 매어주고 애견보다 앞서서 걷는다. 그런 다음, 줄을 느슨하게 쥐고 애견이 자유롭게 움직일 수 있도록 한 후, 이름을 부르고 동시에 '이리와' 라고 명령을 한다. 주인의 명령에 빠르게 반응을 하면 맛있는 음식이나 애견이 좋아하는 장난감을 주어야 한다.

2 애견이 가까이 다가오면 '앉아' 라고 명령하고, 잘 따르면, 맛있는 음식을 주거나 장난감을 갖고 놀 수 있도록 해 주거나 많이 칭찬해 준다. 훈련을 할 때 부를 때마다 매번 즉각적으로 잘 반응한다면, 줄을 땅에 떨어뜨리고 (쉽게 손이 닿을 수 있는 거리에) 애견이 어떤 반응을 보이는지 살펴본다. 명령을 할 때마다 즉각적으로 잘 따른다면, 안전한 장소에서 줄을 풀어주고 훈련을 시키고, 점차 애견과 주인과의 거리를 늘려가면서 훈련을 시킨다.

앉기

애견이 앉아있는 상태에서는 다음과 같은 네 가지 원칙을 사용하는데, 이는 모두 산책을 할 때 애견이 올바른 위치에서 잘 따르도록 하기 위한 것이다.

- 주의 집중(Attention)
- 명령(Command)
- 실행(Execute)
- 보상(Reward)

애견이 자리에 앉도록 가르치려면 인내심을 가져야 한다. 성장 과정에 따라서 조금씩 달라지기는 하지만 일반적으로 애견은 이 자세를 취하면 공격에 노출된다고 느끼기 때문에 불편하게 받아들인다. 애견이 주인의 명령에 따라 자리에 앉도록 가르치기 위해서 맛있는 먹이를 사용할 계획이라면 다음 순서를 따라야 한다. 우선 애견의 옆에 서서 손에 맛있는 먹이를 쥐고 손을 애견과 가까운 쪽에 둔다.

먹이를 보여주고 '앉아' 라고 명령을 한 후에 먹이를 코를 지나 머리 부분으로 움직인다. 다시 먹이를 애견이 볼 수 있는 쪽으로 움직여 쳐다보도록 한다. 그렇게 하면 자연히 앉는 자세를 취하게 된다. 이 자세를 취하면, 맛있는 먹이를 먹을 수 있도록 해 주면 된다.

유용한 정보

자리에 앉는 훈련을 시키려고 할 때, 먹이를 너무 높이 쥐고 있으면 뛰어올라서 먹으려고 할 수도 있으므로, 너무 높이 쥐고 있으면 안 된다. 이렇게 되면 '앉아' 훈련을 시킬 수 없다.

유용한 정보

애견이 엎드려 있다가 앉은 후, 다시 일어서도록 하려면 코 아래쪽에 먹이를 두고 점점 머리 위쪽으로 들어올리면서 '앉아' 혹은 '일어서' 라고 명령을 하면 된다. 애견이 주인의 명령을 잘 따르면 보상을 해 주어야 한다. 처음에는 각 명령을 따로 훈련시키고 각각 보상을 해 주어야 한다. 그런 다음 '앉아', '몸을 낮춰', '그대로 멈춰' 등의 명령을 하고 모두 따르면 보상을 해 준다. 이후에는 이 모든 동작을 다 시키고, 그대로 멈추게 한 후 다시 일어서게 하여 명령을 다 따르면 보상을 해 준다.

1. '앉아' 라고 명령을 하고 동시에 왼손으로 애견의 엉덩이 부분을 부드럽게 눌러 몸을 낮추도록 한다.

2. 주인이 누르는 힘을 느끼고, 애견은 명령을 하면 앉게 된다.

3. 다시 명령을 하여 애견이 앉으면, 맛있는 먹이를 준다. 애견에게 먹이를 주거나 목에 줄을 매기 전에는 항상 앉으라고 명령을 해야 한다. 그렇게 하면 올바른 행동을 하게 만들 수 있고 항상 주인의 서열이 높다는 것을 인식하게 된다.

머무르기

실내에서든 야외에서든 주인이 원하는 장소에 애견이 머무를 수 있도록 할 수 있으면 애견을 통제하는데 큰 도움이 된다. 예를 들어서, 손님이 집에 올 경우, 애견이 자신의 집 밖을 벗어나지 않고 머물러 있도록 하거나 안전을 위해서 그 자리에 가만히 있어야 할 경우, 산책을 하는 동안 생길 수 있는 여러 가지 상황 등에서 명령을 하면 된다.

줄을 잡고 있지 않은 상태에서 그 자리에서 머무르도록 명령하기

일단 애견이 목에 줄을 매고 이동하는 것에 익숙해지면 애견이 주인의 통제를 받지 않은 상태에서도 명령에 따르도록 훈련시켜야 한다. 우선 애견에게서 멀리 떨어져서 '그대로 멈춰' 라고 명령하고 줄을 바닥에 내려놓는다(애견이 달아날까봐 걱정된다면 줄 끝에 발을 올려둠). 잠시 후에 애견 곁으로 다가가서 애견의 오른쪽으로 가서 보상을 해 준다.

1 애견이 한 자리에 머무르도록 가르치려면 목에 줄을 매고 주인의 왼쪽으로 와서 자리에 앉도록 한다.

2 우선 애견의 목에 맨 줄을 왼손에 가볍게 쥐고 애견의 주변을 움직이면서 '그대로 멈춰' 라고 명령을 한다. 사진에서 보이는 것처럼 오른손을 펴고 애견의 눈앞에서 펼쳐 보이면서 시각적인 신호도 동시에 받아들이도록 한다. 다시 '그대로 멈춰' 라고 명령한 후 애견 쪽으로 한 발자국 다가간다.

3 명령을 반복하고 애견에게 빠른 속도로 다가가서 애견이 주인의 위치를 알 수 있는 곳에서 가까이 선다. 애견의 오른쪽에 가서 서서 칭찬을 해 주고 보상을 해 준다.

4 훈련을 반복한다. 이번에는 애견으로부터 좀 더 멀리 떨어져서 훈련을 시키는데 애견을 정면으로 바라보면서 뒤로 가다가 다시 가까이 다가오면서 주인이 여전히 곁에 있다는 것을 인식시켜야 한다. 만일 애견이 움직이지 않고 그 자리에 있으면 점차 애견과 주인 사이의 거리를 늘려갈 수 있다.

몸을 낮추고 구르기

일단 애견이 자리에 앉는 법을 배우면 (118페이지 참조) 다음 단계는 주인의 명령을 듣고 엎드려서 구르는 법을 가르쳐야 한다. 애견이 이런 명령을 모두 따르고 주인이 어떤 부위를 만져도 거부하지 않는다면 털을 관리하고, 병원에 데려가기가 훨씬 편해지며, 다른 일에 집중해야 할 때 조용히 자리를 지키도록 할 수도 있다.

맛있는 음식을 현명하게 활용하기

모든 훈련의 기본 원칙은 음식으로 통제를 하는 것이다. 115페이지에 나와 있는 강아지를 위한 음식 훈련 방법을 다 자란 애견에게도 똑같이 적용할 수 있다. 그러나 항상 음식으로 보상을 해 줄 수는 없다. 만약 무슨 일이든 맛있는 음식을 주어 보상을 해 준다면 금방 뚱뚱해질 것이다. 맛있는 음식을 줄 때에는 일일 섭취량을 초과하지 않는 범위 내에서 주어야 하며, 그 범위를 넘어서면 안 된다. 일단 애견이 주인이 원하는 것이 무엇인지 깨달으면, 항상 음식을 주는 것이 아니라 가끔씩 주어야 한다. 음식을 보상으로 주지 못할 때에는 칭찬을 해 주던가 쓰다듬어 주어서, 애견을 기쁘게 해 주면 된다.

1 애견이 앉아 있는 자세에서, 주인이 손에 쥐고 있는 맛있는 먹이에 집중할 수 있도록 한다.

2 먹이를 코 아래로 내리고, 다시 바닥으로 내리거나 애견의 앞발 사이에 둔다. 그러면 애견은 먹이를 먹기 위해 몸을 낮추게 된다. 애견이 몸을 낮추는 동작을 하면 바로 '몸을 낮춰' 라고 명령을 하고 맛있는 먹이를 주고 칭찬해 준다. 여러 번 반복하다 보면 애견은 맛있는 먹이를 먹기 위해 주인의 명령을 듣고 엎드리는 법을 배우게 된다.

3 애견이 명령을 잘 따르게 되면, 엎드린 상태에서 움직이지 않도록 가르친다. 애견이 엎드려 있는 상태에서 주인은 옆으로 자리를 이동하면서 애견에게 '그대로 멈춰' 라고 말한다(사진에서 보는 것처럼 손동작도 함께 한다). 몇 초간 기다린 후에 다시 애견에게 돌아가서 충분히 보상을 해 준다. 애견에게 계속 그 자리에 멈추어 있도록 명령을 하면서 주인과 애견 사이의 간격을 넓혀간다. 애견은 놀랄 정도로 빠르게 주인의 명령을 익힌다.

구르기

애견이 몸을 낮추는 자세를 취할 줄 알게 되면 다시 한 단계 나아가 구르도록 훈련을 시킨다. 배를 보인다는 것은 상대의 공격에 노출된다는 것을 뜻하므로, 스스로 안전하다고 느낄 때에만 그르는 동작을 한다.

유용한 정보

애견은 눕는 자세를 취할 때 가장 공격에 노출되기 쉬운 상태가 되므로 몸을 낮추고 구르는 것을 가르치려면 명령에 따랐을 때 즉각적으로 보상을 해 주어야 한다. 보상을 해 주면 더 이상 눕는 자세를 두려워하지 않게 되고, 주인의 명령에 따라 눕는 것은 오히려 즐거운 일이라는 것을 알게 된다. 이 훈련을 시킬 때에는 인내심을 가져야 한다. 만약 화를 내면, 애견은 주인의 감정을 느낄 수 있기 때문에, 원하는 목표를 달성하기 힘들어진다. 구르도록 훈련을 시키는데 다른 종류보다 오랜 시간이 걸리는 애견도 있다.

1 애견에게 먹이를 보여준다.

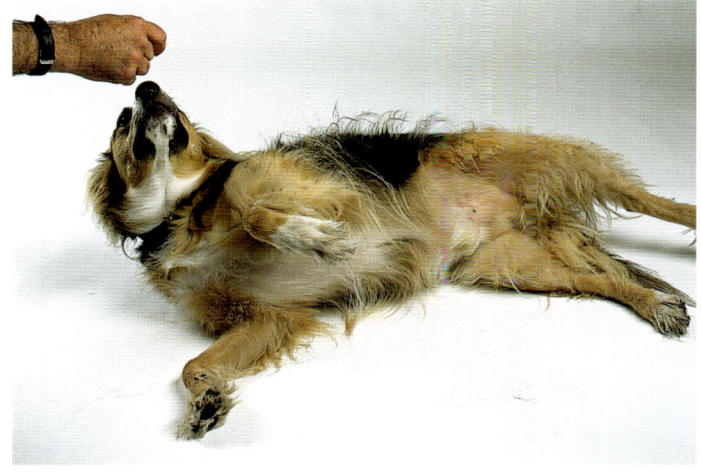

2 먹이를 코 가까이로 이동시킨 다음, 천천히 어깨 쪽으로 움직인 후, 목 뒤쪽으로 이동시키고 다시 내린다.

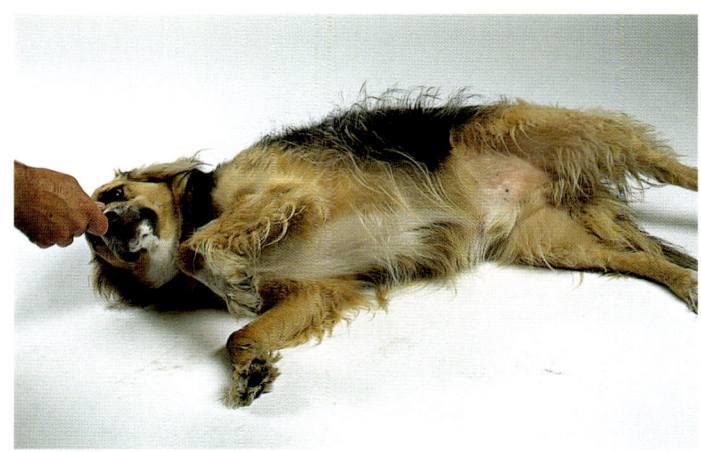

3 애견의 머리는 주인의 손을 따라 움직이게 되고, 먹이를 쳐다보기 위해 옆으로 눕게 된다.

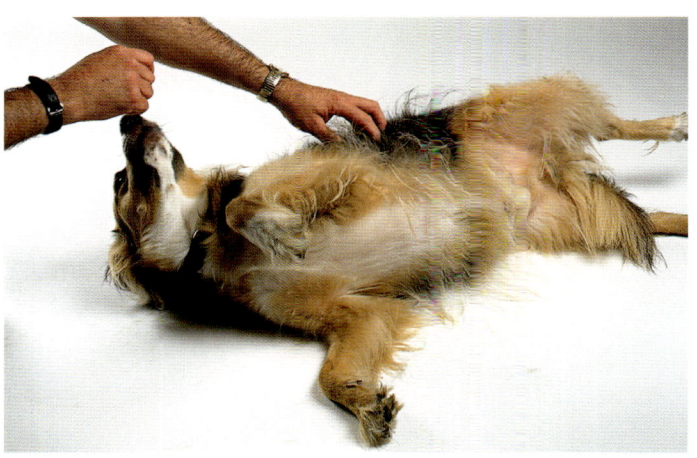

4 이런 자세를 취하고 있을 때 '굴러'라고 명령을 하고 먹이를 주고 배를 가볍게 두드려준다. 주인이 '굴러'라고 명령을 했을 때, 그 명령을 따르면 보상이 따른다는 것을 알게 될 때까지 계속 훈련을 시킨다.

물어오기

애견에게 장난감을 던져주고 물어오도록 하면 운동도 시킬 수 있고, 주인도 함께 즐길 수가 있다. 만일, 애견이 무언가를 던져주어도 물어오지 않는다면 우선 물건을 집어오는데 흥미를 느끼도록 해야 한다.

만약 애견이 장난감을 입에서 놓으려고 하지 않는다면, 서로 잡아당기는 상황이 되어서는 안된다. 애견이 물고 있는 것을 놓게 만들려면, 목에 줄을 걸고 앉으라고 명령을 해야 한다. 한 손으로 장난감을 가볍게 쥐고 (당기면 안 된다) 반대쪽 손의 엄지손가락과 검지손가락을 애견의 입 아래쪽에 둔다. 턱을 부드럽게 밀어 올리면서 아랫니가 올라가도록 하고 동시에 '이리 줘'라고 명령한다. 애견이 장난감을 놓으면 그 다음 장난감을 손에 쥔다. 애견의 턱을 누르는 것은 아프게 하려는 것이 아니라, 장난감을 놓을 때까지 입 부위가 불편해지도록 만들기 위한 것이다. 이 과정을 반복하다 보면 턱 아래에 손가락을 갖다 대면 바로 '이리 줘'라는 주인의 명령에 따르고 주인에게 장난감을 주게 된다. 나중에는 애견을 불러서 앉도록 한 후에 장난감을 가지고 오도록 하여 '이리 줘'라고 명령하면 애견이 주인의 손에 놓아주게 된다.

1 애견이 갖고 노는 장난감 중 그다지 좋아하지 않는 것을 던져주고 물어오도록 시킨 다음 애견이 가장 좋아하는 장난감을 호주머니에 넣어두거나 등 뒤에 숨겨두었다가, 주인이 던져 준 장난감을 물어오면 애견이 좋아하는 장난감을 주어 갖고 놀 수 있도록 해 준다. 애견이 주인의 바로 곁에서 앉아서 기다리는 자세를 취하도록 한 다음(118-119페이지) 별로 좋아하지 않는 장난감을 던져주면서 동시에 '가지고 와'라고 명령한다.

2 일단 애견이 장난감을 물었으면, 애견의 이름을 부르고 '가지고 와'라고 명령하여 되돌아오도록 한다.

3 애견이 던져 준 장난감을 가지고 돌아오면 충분히 칭찬을 해 주고 자신이 좋아하는 장난감을 갖고 놀 수 있도록 해 준다. 애견은 주인의 행동을 통해 자신이 좋아하지 않는 장난감을 물어오지 않으면, 좋아하는 장난감을 갖고 놀 수도 없다는 것을 배우게 된다. 한두 번 반복하다 보면, 무언가를 던져주었을 때 물어오고자 하는 욕구가 증가한다.

유용한 정보

애견이 무언가를 집어오라는 명령을 쉽게 이해할 거라고 기대하지 않는 것이 좋다. 처음에는, 장난감을 가지고 오고 주인에게 주는 것보다, 장난감을 가지고 노는 것에 익숙해지도록 해야 한다.

도로에서의 안전

애견과 함께 도로를 안전하게 걷는 방법을 알아두는 것은 모든 사람에게 있어 아주 중요한 일이다. 애견과 함께 길을 건널 때에는, 사람이 애견을 끌고 가거나, 애견이 사람을 끌고 가서는 안되며, 반드시 함께 보조를 맞추어서 걸어야 한다. 통제할 수 없는 애견을 데리고 도로를 건너는 것은 다주 위험한 일이다. 도로를 안전하게 건너려면 애견은 반드시 '이리 와', '앉아' 등의 명령을 알고 있어야 한다(116페이지와 118페이지 참조). 애견이 조용하고 차분하게 주인의 곁에 있을 때에만 도로 위를 지나가는 차량에 집중하고 안전에 만전을 기할 수 있다.

1 만일 애견이 자동차들이 달리는 모습에 익숙하지 않다면, 적당한 장소를 찾아서 자동차들이 달리는 곳에서 조금 떨어져 애견이 그 모습과 소리에 익숙해 질 수 있도록 배려해야 한다. 맛있는 음식이나 좋아하는 장난감 등을 사용하여 주의를 분산시키는 것도 좋은 방법이다. 소란을 떨거나 줄을 너무 당기면 애견이 두려움을 느끼게 된다. 그러므로 차분한 목소리로 평소와 같이 이야기를 하는 것이 좋다.

2 일단 애견이 자동차들이 달리는 모습에 익숙해지면 인도를 따라 조용히 걷도록 한다(사람이 차도와 가까운 쪽으로 걸어야 안전하다). 자동차가 다가오면 다시 맛있는 먹이나 장난감을 이용해 주의를 분산시킨다. 자동차가 지나간 후에 보상을 해 준다. 여러 번 과정을 반복하다 보면 더 이상 움직이는 자동차를 두려워하지 않고 차분하게 길을 지난 후에 주인의 보상을 기다리게 될 것이다.

3 길을 건널 때에는 양쪽을 잘 볼 수 있는 장소에서 멈춘다. 인도가 없는 곳이라면 구석진 곳이나 교차로는 건너지 않는 것이 좋다. 애견에게 곁에 와서 앉도록 명령하고 도로가 안전한지 살펴본다. 애견에게 계속해서 움직이지 말고 앉아있도록 명령하고, 먹이나 장난감 등을 사용해 두려워하지 않도록 하면서 길을 건널 때까지 계속 칭찬해 준다.

4 양쪽 방향에서 모두 차가 달려오지 않을 때에만 길을 건넌다. 자동차가 다가오지 않는지 계속 살펴보고 애견에게 가까이 있는 쪽 손에 애견이 좋아하는 먹이나 장난감을 들어서 애견이 달리는 차량이 아니라 주인에게 집중할 수 있도록 한다.

사교성

사람들이나 다른 동물들과도 잘 어울리는 애견은 행동상의 문제를 일으킬 가능성이 적다. 강아지가 다른 사람이나 동물들과 잘 어울리도록 훈련시키는 방법을 다 자란 애견에도 그대로 적용할 수 있다.

이미 다 자란 애견을 기르고 있는데 이전에 다른 사람이나 동물들과 잘 어울리도록 훈련을 받지 못했다면 주의를 기울여 올바른 방법으로 문제를 해결해야 한다. 가장 좋은 방법은 안전한 장소에서 다 자란 애견을 위해 다른 사람이나 동물들과 어울릴 수 있도록 훈련시키는 프로그램을 운영하는 훈련 학교를 찾는 것이다. 이런 수업에 참여하게 하면 자신이 기르는 애견에 대해서 좀 더 자신감을 가질 수 있다. 특히, 낯선 사람이나 동물을 만났을 때 쉽게 흥분하고 공격적으로 행동하거나 어떻게 행동할 지 가늠할 수 없었다면 더욱 도움이 될 것이다.

애견이 주인의 명령에 따라 앉고 움직이지 않는 방법을 익히고 있어야 낯선 사람이나 동물과 만나고 어울리고 친해질 수 있다. 만일, 애견을 차분하게 통제할 수 있다면 애견이 주위에서 일어나는 상황을 잘 받아들이고 낯선 사람이나 동물들과 잘 어울리도록 만드는 것이 훨씬 쉽다.

애견이 다른 사람이나 동물과 어울려서 노는 것을 좋아하면 더욱 행복하게 생활할 수 있다. 다른 애견들과 어울리도록 하는 훈련 수업에 참가하도록 하면 도움이 된다.

실내에서의 올바른 행동

애견이 가족 내에서 자신의 서열이 어느 정도인지 이해하고 올바르게 행동하도록 하는 것이 중요하다. 예를 들어, 집에 손님이 찾아올 경우 애견이 먼저 달려 나가서 손님을 맞기 전에 주인이 손님을 먼저 집으로 들어오게 해야 한다. 애견이 주인의 명령을 따를 때까지 손님이 들어오도록 해서는 안 된다.

실내에서의 생활에 대해 애견이 받아들여야 하는 규칙에는 여러 가지가 있다. 집으로 돌아왔을 때, 옷을 벗어서 걸어두고 식료품을 제자리에 두는 등의 일을 먼저 해야 한다. 들어오자마자 애견에게 다가가서 관심을 보여서는 안 된다. 애견이 주인이 돌아왔다는 사실에 기뻐하면서 다가오더라도 무시해야 한다. 어떤 경우에도, 애견이 가족 내에서 서열이 더 높다고 여기도록 해서는 안 된다. 계속 주인이 관심을 보여주지 않으면 드러눕거나 다른 할 일을 찾게 될 것이다. 애견이 이런 행동을 취하면 불러서 몇 분 동안 함께 놀아준다.

나머지 가족들과 손님들도 모두 이렇게 행동하도록 얘기해 두어야 한다. 가족이나 손님들이 자리에 앉아 있을 때에는, 그 누구도 애견에게 관심을 보여서는 안 된다. 애견이 사람의 무릎이나 의자 위에 앉으려고 하면 아무 말도 하지 말고, 부드러우면서도 강하게 밀어내야 한다. 야

이 사실을 아십니까?

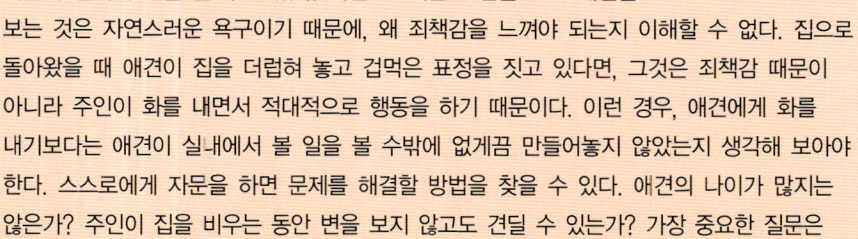

사람들은 잘못된 행동을 했을 때 죄책감을 느낀다. 이와 마찬가지로, 애견들도 죄책감을 느낄 것이라고 믿는다. 그러나 애견들은 잘못된 행동을 했다고 죄책감을 느끼지 않는다. 배변과 관련된 예를 들어보자. 애견이 집에서 변을 볼 수도 있다. 애견으로서는 소변을 보고 대변을 보는 것은 자연스러운 욕구이기 때문에, 왜 죄책감을 느껴야 되는지 이해할 수 없다. 집으로 돌아왔을 때 애견이 집을 더럽혀 놓고 겁먹은 표정을 짓고 있다면, 그것은 죄책감 때문이 아니라 주인이 화를 내면서 적대적으로 행동을 하기 때문이다. 이런 경우, 애견에게 화를 내기보다는 애견이 실내에서 볼 일을 볼 수밖에 없게끔 만들어놓지 않았는지 생각해 보아야 한다. 스스로에게 자문을 하면 문제를 해결할 방법을 찾을 수 있다. 애견의 나이가 많지는 않은가? 주인이 집을 비우는 동안 변을 보지 않고도 견딜 수 있는가? 가장 중요한 질문은 배변 훈련을 제대로 시켜서 어디서 변을 보아야 하는지 알고 있는가? 하는 것이다.

유용한 정보

애견이 헷갈리지 않도록 실내에서 생활하는 방식에 대해서 일관성 있게 규칙을 적용해야 한다. 특정 행동에 대해 하루는 허락하고 다음날은 허락하지 않으면 스트레스와 혼란으로 인해 행동 장애를 일으킬 수 있다.

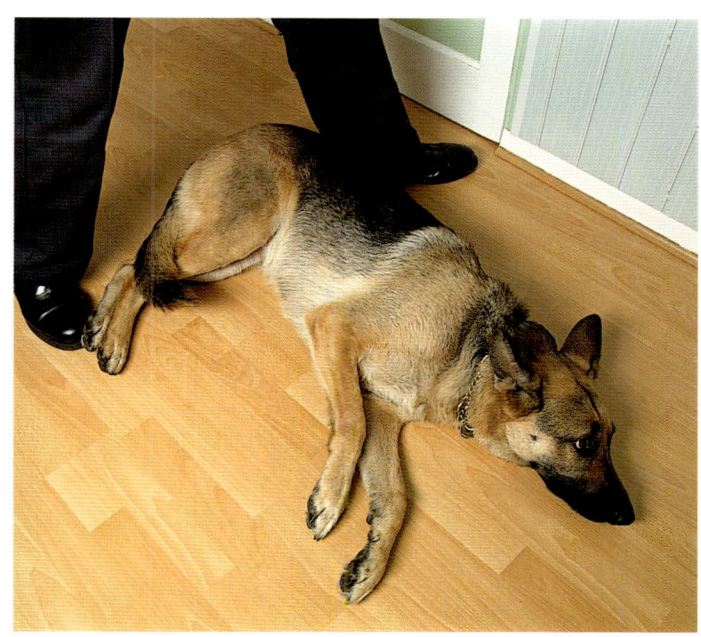 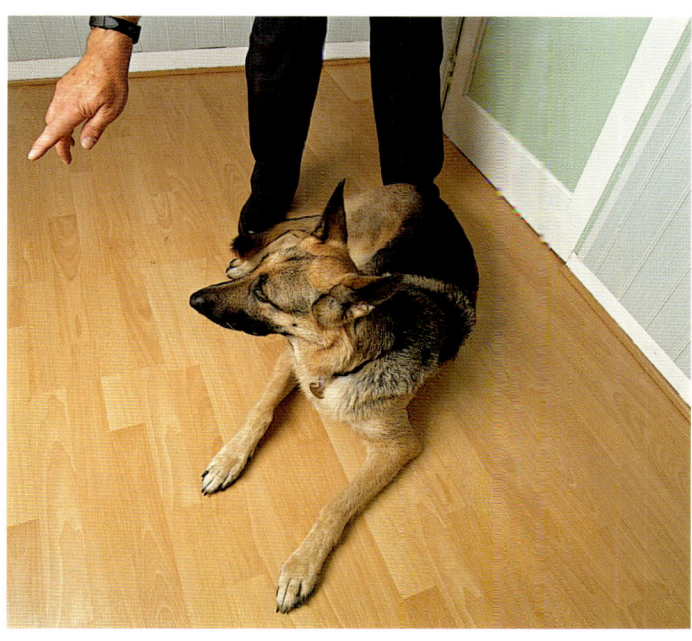

실내에서 행동을 올바르게 하지 못하는 애견의 전형적인 모습: 주인이 다른 방으로 옮겨가려고 자리에서 일어났더니, 애견도 일어나서 자리를 옮긴 후에 문으로 향하는 곳에 누워서 주인의 이동을 방해하고 있다. 이런 경우, 애견을 옆으로 밀어두거나 넘어가는 수밖에 없다. 이럴 때 애견에게 부탁하는 듯이 말하면 오히려 애견이 자신의 지위가 높아졌다고 여기게 된다.

애견이 잘못된 행동을 보이면 고질적인 문제가 되기 전에 사전에 방지하고 해결하려는 노력을 해야 한다. 자리에서 일어나면서 애견에게 '그대로 멈춰'라고 명령을 하여 주인이 원하는 바가 무엇인지 알려준다. 이미 애견이 그 명령이 뜻하는 바를 알고 있다면 주인의 명령을 따를 것이다. 만약 애견이 원래 통로 쪽에 서 있거나 누워 있었다면 '저리 가'라고 경령을 하여서 자리를 옮기도록 해야 한다. 애견을 넘어서 그냥 지나가는 것은 좋지 않다.

단을 치는 말조차 관심을 끌려고 하는 애견의 노력에 대한 보상이 된다. 아무도 관심을 보이지 않으면, 애견은 곧 그 자리를 벗어난다. 좀 더 혼자 있도록 한 후에 다시 애견의 이름을 부르고 '이리 와'라고 명령한다. 애견에게 관심을 보여준 후에 '이제 됐어'라고 말하고 부드럽게 밀어내고 손과 팔이 애견에게 닿지 않도록 한다.

이런 규칙을 변함없이 몇 번 적용하다 보면 애견의 행동에 변화가 생겨, 항상 주인의 관심을 바라거나 주인을 졸졸 따라다니지 않게 된다. 실내에서 주인은 자신의 뜻대로 앉아서 책을 읽고 휴식을 취하거나 일을 할 권리가 있다. 애견이 주인의 행동을 막거나 움직이지 못하게 하는 것은 나쁜 행동이다.

행동상의 문제 해결하기

애견 조련사들이 가장 많이 받게 되는 질문은 "왜 제 애견은 이렇게 행동하는 걸까요?"라는 것이다. 자, 그럼 여기서 다시 질문을 해 볼 필요가 있다. "내 애견은 정말로 잘못된 행동을 하는 것일까? 아니면, 스스로 올바르다고 생각하는 행동을 하고 있는 것일까?" 애견이 잘못된 행동을 하는 가장 큰 원인은 주인이 충분히 훈련을 시키고 자극을 주지 못해서 그렇게 행동하도록 길들여졌기 때문이다. 그러나 재훈련 과정을 시작하기 전에 신체적인 문제로 인해 잘못된 행동을 하는 것은 아닌지 병원에 데려가 검사를 해 볼 필요가 있다. 애견이 공격적인 행동을 하거나, 다른 동물을 뒤쫓거나, 자동차로 여행할 때 문제를 일으키는 등 행동상의 문제가 있다면 그 문제를 단기간에 해결할 수는 없다. 따라서 오랜 기간 동안 애견 조련사로부터 전문가의 도움을 받고 재훈련시키려는 각오를 해야 한다.

유용한 정보

애견이 명령에 복종하는 훈련을 시키려고 하면 끊임없이 강화 훈련을 시켜서 주인과 애견이 모두 현명하게 행동해야 한다.

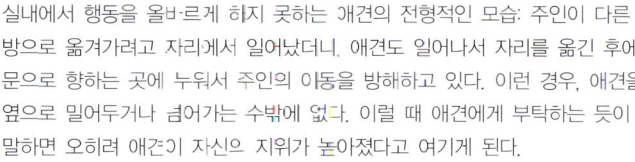

가구에 올라가는 애견

애견이 가구에 올라가는 것을 원치 않는다면 미리 규칙을 세워두고 어릴 때부터 올라가지 못하도록 해야 한다. 그렇지 않으면 애견은 자신이 원할 때마다 언제든지 가구 위에 올라갈 수 있다고 생각하게 된다.

주의를 끌려고 하는 애견

주인이 책을 읽는 등 다른 일을 하려고 하는데 뛰어 오르거나 주인의 다리를 긁어 대는 등 관심을 끌려고 한다면, 모르는 척 해야 한다.

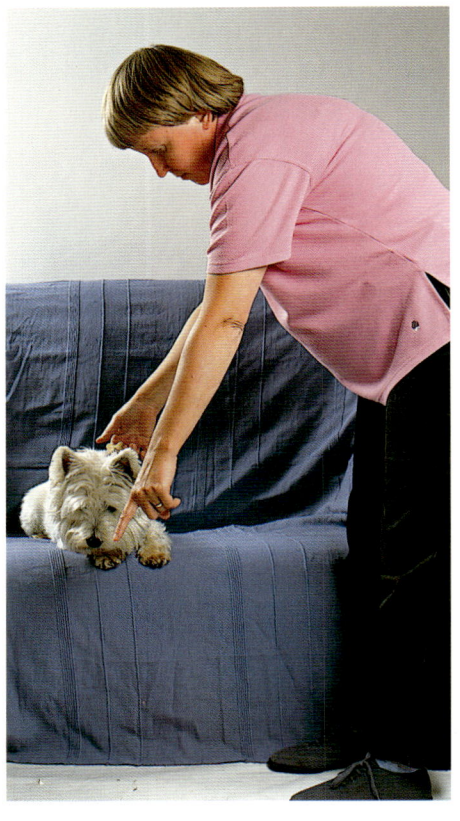

1 명령을 하였는데도 애견이 가구에서 내려오려고 하지 않는다면 애견을 통제할 수 있도록 손가락으로 목걸이를 잡고 '내려가'라고 말한다.

2 애견이 여전히 움직이지 않는다면 부드러우면서도 강하게 밀어내면서 '내려가'라는 명령을 반복한다. 만일 애견이 다시 뛰어오르려고 한다면 다시 '안 돼'라고 말하고 그 방으로 들어오지 못하도록 한다. 잠시 후에 다시 들어오게 한 후에 엎드리라고 말한다. 만일 다시 가구에 올라가려고 하면 다시 밖으로 내보내야 한다. 그러면, 애견은 가구 위에 올라가면 주인 곁에도 다가갈 수 없고, 방 밖으로 나가야 하기 때문에 아무런 보상이 없다는 것을 깨닫게 된다. 애견이 더 이상 가구 위에 올라가려고 하지 않으면 함께 있도록 허락한다.

2 그 다음에 어떻게 행동할 지 생각하면서 조용히 엎드려 있는다.

물건을 물어뜯는 애견

물어뜯어서는 안 되는 물건을 마구 물어뜯으면 집이나 물건을 손상시킬 수 있기 때문에, 이런 파괴적인 행동을 빨리 교정시켜 주어야 한다.

애견이 물어뜯어서는 안 되는 물건을 건드릴 때 사용할 수 있도록 방울을 (뚜껑이 있는 통에 조약돌이나 건조된 커다란 콩을 담아서 사용함) 집안 곳곳에 준비해 둔다.

애견이 신발이나 식탁 다리, 부드러운 가구 등 특정한 물품만 물어뜯는다면 애완동물 가게에서 애견이 물어뜯는 것을 방지하기 위해 판매하는 무독성 스프레이를 구입해 뿌려둔다. 그런 다음 애견이 가까이 다가가서 물어보도록 한다. 애견은 곧 이상한 맛이 난다는 것을 깨닫고 다시 물어뜯으려고 하지 않을 것이다.

1 주인이 아무런 반응을 보이지 않으면, 애견은 자리에 앉아서 상황을 주시하게 된다.

1 애견이 무언가를 물어뜯을 때 멈추도록 하려면 애견 옆에 방울을 던진다(애견이 닿지 않도록 조심해서 던진다). 방울이 떨어지면 애견은 물어뜯는 동작을 멈추고 놀라서 달아날 것이다. 만약 잘 던질 자신이 없다든가 애견이 무척 예민하다면, 큰 소리를 내는 대신에 방울을 흔들어준다.

3 애견이 엎드리면, 올바른 행동이라는 것을 알리기 위해 보상을 해 주어야 한다. 이런 과정이 반복되면 애견은 주인의 관심을 끌기 위해 소란스럽게 행동하지 않으면 좋은 일이 생긴다는 것을 알게 되고 관심을 끌기 위해 소동을 벌이면 오히려 아무런 이득이 없다는 것을 알게 된다.

2 애견이 물어뜯으려고 하는 물건을 빼앗고 장난감이나 씹을 수 있는 먹이를 준다. 집안에 있는 가구나 물건을 물어뜯는 대신 장난감이나 먹이를 갖고 놀도록 가르쳐야 한다.

3 속에 맛있는 것이 들어있는 장난감을 주어서 애견이 관심을 갖도록 한다. 특히, 주인이 바쁠 때에는, 애견이 지루해서 물어뜯어서는 안 될 것을 찾아서 장난을 치기보다 장난감을 갖고 놀도록 한다.

건강관리

다른 포유동물과 마찬가지로 개의 몸에 있는 뼈는 내부 장기를 보호하고 개가 음식을 소화하고 생식을 할 수 있도록 도와준다. 뼈에는 강한 근육이 붙어 있어서 개가 움직일 수 있도록 해준다. 개는 반대 성을 가진 개와 짝짓기를 하며 암캐는 강아지가 혼자 살 수 있을 때까지 젖을 먹이고 돌봐준다.

모든 종류의 개는 비슷한 신체 구조와 기능을 갖고 있다. 단지 환경에 순응하기 위해 변화를 하기 때문에 사소한 차이가 있을 뿐인데, 돌연변이거나 특정 종을 골라서 새로운 종을 만든 경우에 몸집이 커지거나 작아지고, 혹은 더 귀여워지거나 더 길어지기도 하며, 뼈 모양이나 전체적인 생김새가 조금 달라지기도 하며, 털의 형태가 다를 수도 있다.

애견이 가지고 있는 대부분의 건강상의 문제나 질병은 주인이 개를 다루는 태도에 의해서 나타나게 된다. 애견에게 올바른 먹이를 주고 적당한 운동을 시키고, 문제가 있을 경우 주인이 조기에 알아차리고 행동상의 문제를 일으킬 경우 긍정적으로 해결할 수 있는 방법을 모색한다면 많은 문제를 미연에 방지할 수 있다.

또한, 애견을 쇼에 내보내기 위해서 부모가 건강한 혈통을 갖고 있는지 충분히 확인하지 않은 채, 예쁜 외모를 만들어 내기 위해 비정상적인 방법으로 교배를 시켜서 질병이 나타나는 경우도 있다. 개의 신체는 자연이 빚어낸 놀라운 결과라 할 수 있으며, 아름다우면서도 우아하고 똑똑하면서도 건강한 동물이다. 애견이 이런 상태를 유지할 수 있도록 하려면 다음 사항을 알아두어야 한다.

• 애견의 몸은 어떻게 이루어져 있는가
• 애견의 몸은 어떻게 작용하는가
• 이상이 있을 때 어떻게 알아차릴 수 있는가
• 애견이 다치거나 아플 때 어떻게 대처해야 하는가

이 장에서는 기생충 관리에서부터 예방접종, 생식, 중성화 수술 등을 포함해 애견의 생리학과 건강에 대한 내용을 다룰 것이다.

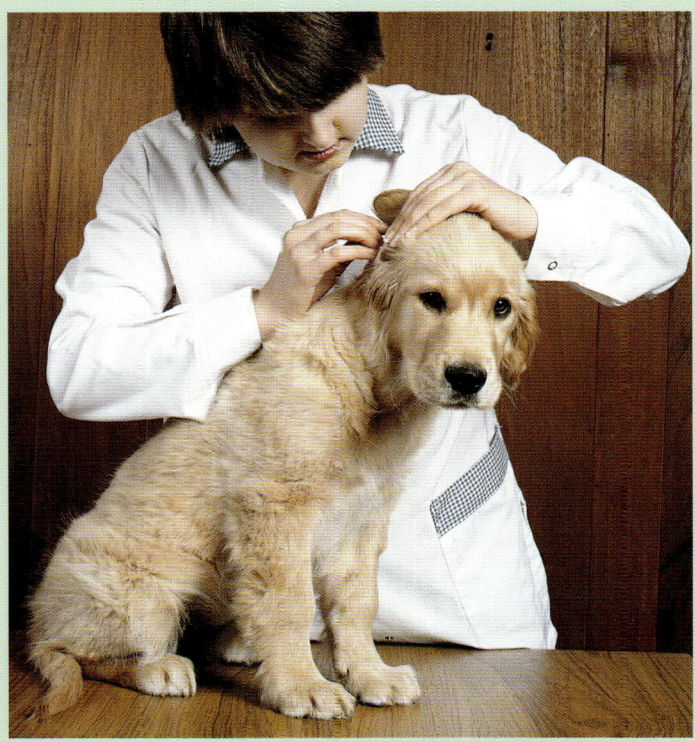
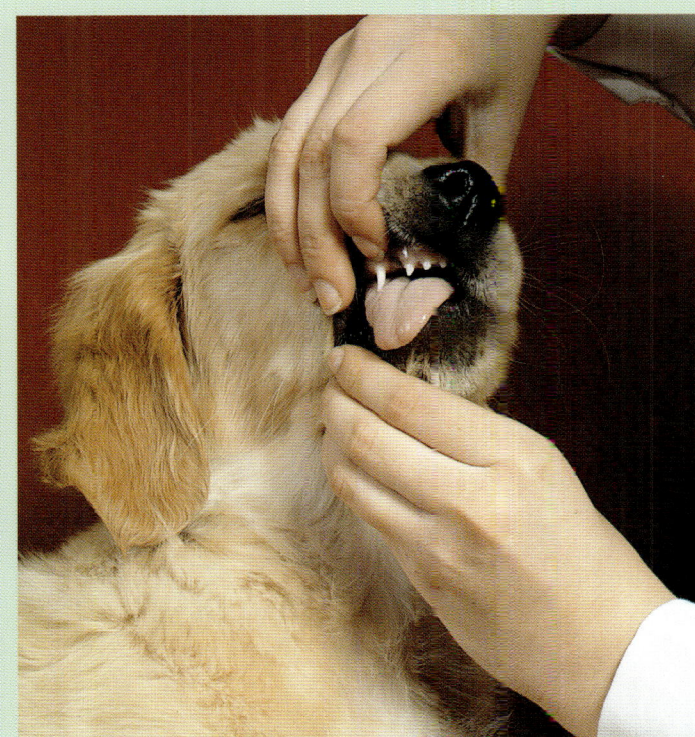

애견의 몸

모든 종의 애견은 육식성의 동물이고, 기력이 왕성하며 다음 체크리스트에 나오는 것과 같은 특징을 갖는다. 애견의 발에는 네 개의 발톱이 있고, 앞발과 뒷발에 모두 발톱이 있으며 며느리발굽이라고 알려져 있는 다섯 번째 발가락이 있는데, 이 다섯 번째 발가락은 특별한 기능을 하지 않는다. 일부 종은 앞발에 며느리발굽이 없는 경우가 있다. 애견은 모두 42개의 이빨을 갖고 있으며, 위턱에 20개, 아래턱에 22개가 자리하고 있다.

Checklist
- ✓ 강인한 인내심
- ✓ 뛰어난 청각
- ✓ 뛰어난 후각
- ✓ 숱이 많은 털
- ✓ 수염
- ✓ 운동을 하고자 하는 열망

뼈

애견의 몸에 있는 골격은 다른 부드러운 조직들을 지탱할 수 있는 견고한 조직들로 이루어져 있다. 척추, 다리, 어깨, 골반뼈가 근육, 힘줄과 함께 움직여 애견이 몸을 움직일 수 있도록 해 주며, 두개골과 흉곽, 골반뼈가 내부에 들어 있는 중요한 장기들을 보호한다. 애견의 몸에 있는 힘줄과 인대가 뼈가 이어지도록 하여 골격을 이루게 된다. 뼈는 형태에 따라 네 가지로 나눌 수 있으며 (긴 뼈, 짧은 뼈, 불규칙한 뼈, 납작한 뼈) 각 형태별로 특징적인 기능이 있다.

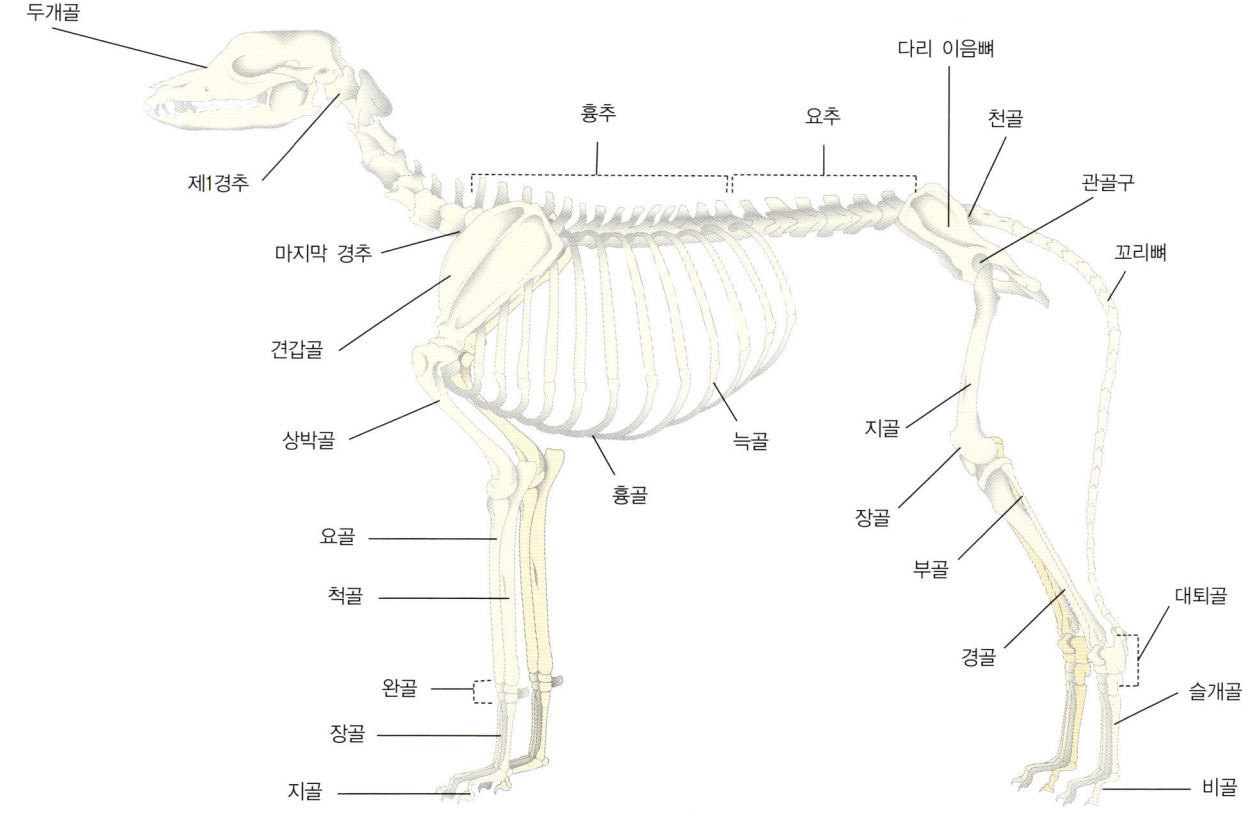

긴 뼈

긴 뼈는 원통형 모양으로 생겼으며 속이 비어 있는 굴대 모양이다. 이런 형태의 뼈 속에는 골수가 있어서 혈액 세포가 생성된다. 개의 다리는 긴 뼈로 이루어져 있다. 다리에 있는 상박골, 요골, 대퇴골(허벅지 뼈), 경골, 비골 등이 긴 뼈로 이루어져 있다.

짧은 뼈

짧은 뼈는 작은 뼈로 둘러싸여 있는 해면 모양의 중심부를 형성하고 있다. 발, 슬개골(종지뼈-대퇴골이 경골과 만나는 곳) 등이 짧은 뼈로 이루어져 있다.

불규칙한 뼈

이 뼈는 생김새가 불규칙하기 때문에 불규칙한 뼈라고 불린다. 형태는 짧은 뼈와 비슷하다. 불규칙한 뼈들이 길게 모여서 척추와 꼬리를 형성한다. 불규칙한 뼈 사이에 돌출되어 있는 부분이 있고 그 부위에 여러 근육이 붙어 있다.

납작한 뼈

납작한 뼈는 두 겹으로 이루어지는데 겹 사이에 해면층이 자리한다. 두개골, 골반, 견갑골 등이 납작한 뼈로 이루어져 있다. 개의 갈비뼈 13쌍도 납작하고 긴 뼈로 이루어져 있다. 납작한 뼈는 속이 비어있지는 않지만 상당한 양의 골수가 있어 혈액 세포를 만들어낸다.

근육계

개의 골격 위에는 복잡한 근육이 있어서 빠른 속도로 힘차게 달릴 수 있도록 해 준다. 개의 몸에 있는 근육은 크게 세 가지로 나뉘어 진다.

횡문근

횡문근은 수평으로 나열되어 있으며 수축성이 있는 근육 조직으로 이루어져 있으며 개가 자유롭게 움직일 수 있는 다리 등에 붙어 있는 근육이다. 수의근이라고도 부른다. 수의근은 보통 관절을 형성하는 뼈에 붙어있다. 신근(extensor muscles)

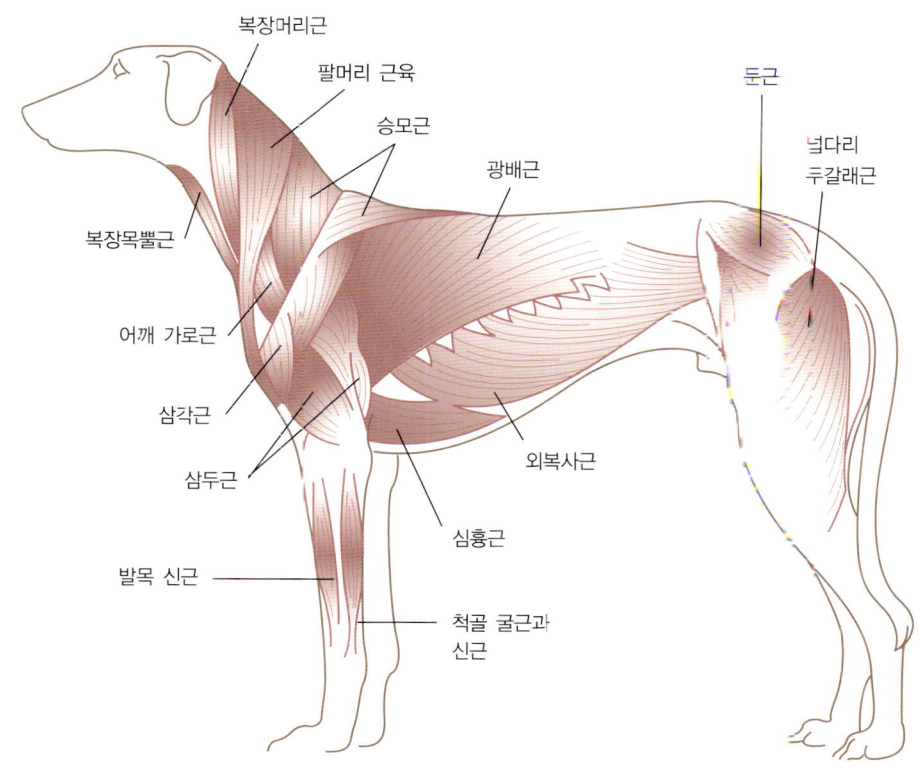

이 확장되어 다리를 쭉 펼 수 있도록 만들어 주고, 굴근(flexor muscles)은 수축하여 관절을 오므릴 수 있도록 만들어준다. 몸체에서 다리가 밖으로 움직일 수 있도록 해 주는 근육을 외전근(abductors)이라고 하고 내전근(adductors)은 다리를 다시 안으로 움직일 수 있도록 해 준다.

평활근

평활근은 내장이나 혈관에 있는 근육 등 개가 의지대로 움직일 수 없는 근육을 뜻한다. 불수의근이라고도 부른다.

심근

이 특수한 근육은 심장을 형성하는 근육으로 리드미컬하게 수축 작용을 하여 혈액이 전신으로 흘러갈 수 있도록 도와준다.

인대와 힘줄

인대(ligaments)는 뼈나 연골을 이어주고 관절이 서로 어긋나지 않도록 잡아주는 역할을 하는 섬유질로 이루어진 강한 연결 조직이다. 여러 겹의 막으로 이루어져 있으며 장기를 보호하고 장기가 제자리에 있을 수 있도록 지탱한다.

힘줄(tendons)은 유연성이 있지만 탄력성이 없는 강한 섬유질 조직으로 근육을 뼈에 붙여 주는 역할을 한다.

호흡계

호흡을 통해서 애견의 생존에 필수적인 산소를 받아들이고, 혈액에 있는 이산화탄소를 배출하게 된다. 호흡을 하는 동안 코와 입을 통해 공기를 받아들인다. 공기가 목구멍을 통해 기관을 지나고 다시 폐로 들어간다. 폐에서 가스 교환이 일어나 혈액에 있는 이산화탄소가 공기 주머니로 들어가 밖으로 배출되고 들이마신 공기에 있는 산소가 혈액으로 공급된다. 가스가 교환된 공기는 다시 몸 밖으로 나온다. 호흡은 자연스럽게 일어나는 것이다. 가슴 근육이 수축하고 이완하면서 갈비뼈와 횡격막에서 펌프와 같은 작용을 하여 폐 속으로 공기가 들어가고 다시 빠져나가게 하는 것이다.

이 사실을 아십니까?

애견이 혀를 내밀고 숨을 헐떡거리는 것은 호흡계와 연관되어 있는 또 다른 기능이다. 숨을 헐떡거리면서 혀를 지나 차가운 공기를 몸속으로 받아들이고, 혀를 통해 수분이 증발하도록 하여 체온을 떨어뜨리는 것이다.

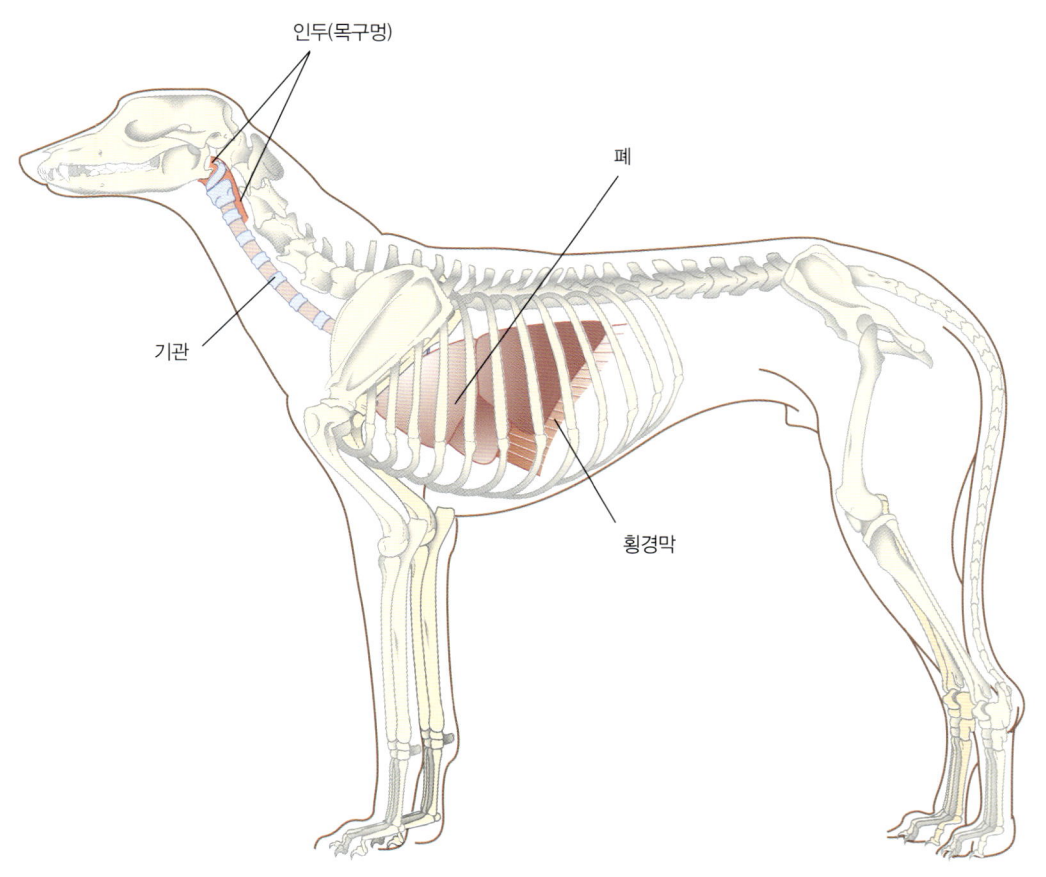

순환계

모든 체세포에는 영양이 공급되어야 하고, 혈액이 그 역할을 한다. 혈액은 세포에 영양분을 공급해 주는 동시 몸에서 만들어진 노폐물을 제거해 주는 역할을 한다. 혈액은 적혈구와 혈장 속에 담겨 있는 백혈구로 이루어져 있다. 혈장에는 혈소판이 있는데 상처가 나거나 다쳤을 때 피를 멈추게 하는 역할을 한다. 적혈구는 산소와 영양분을 옮기는 역할을 하고 백혈구는 적혈구를 공격하는 불순물과 세균을 모아서 옮긴다.

놀라운 심장의 기능

네 개의 방이 있는 심장에서는 끊임없이 혈액을 몸 전체로 뿜어낸다. 혈액의 움직임이 시작되는 곳은 심장 위쪽에 있는 좌심방이다. 폐에서 산소를 공급받은 혈액은 좌심방에서 나와 아래쪽에 있는 좌심실로 흘러간 후에 다시 대동맥으로 흘러가 몸 전체에 뻗어 있는 동맥과 미세 동맥, 모세 혈관 등으로 흘러간다. 혈관을 통해 흘러가면서 혈액은 산소와 영양분을 몸 전체에 공급한다. 산소와 영양분을 모두 공급하고 나면 혈액은 세균, 죽은 혈액 세포, 이산화탄소 등 불순물을 모은다. 모세 혈관을 돌아서 혈액은 작은 정맥으로 들어가 점점 많은 노폐물을 모으게 되고 이동 속도가 느려진다. 작은 정맥을 지나 대정맥에 닿으면 다시 폐로 돌아가 노폐물을 버리고 산소와 영양분을 공급받는다. 폐에서 필요한 성분을 공급받은 후에 다시 좌심방으로 들어가 몸 전체로 다시 흘러간다.

> **유용한 정보**
>
> 혈액은 대동맥을 타고 흘러가면서 혈관벽이 수축하도록 하여 동맥으로 압력이 전해지도록 한다. 이것이 바로 맥박이다.

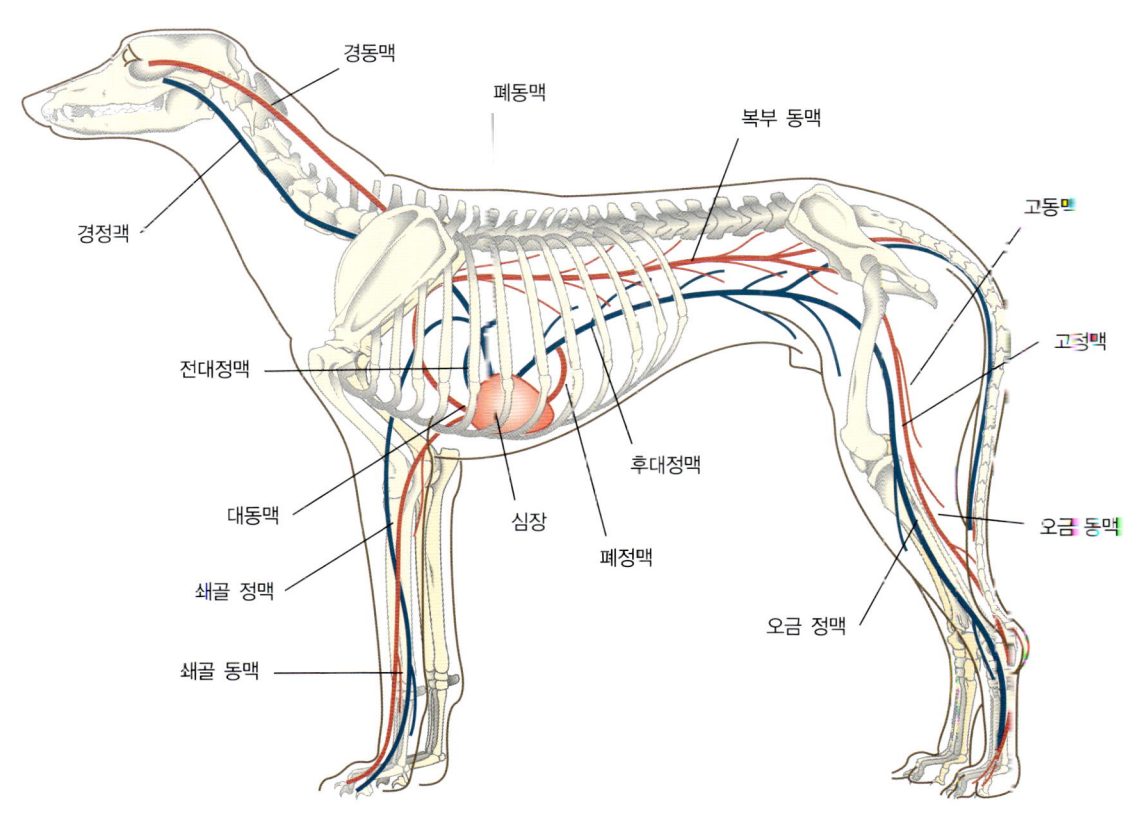

붉은색 = 산소를 담고 있는 혈액(심장의 왼쪽)
푸른색 = 산소를 담고 있지 않은 혈액(심장의 오른쪽)

소화계

개의 소화관은 입에서부터 항문까지 이어지는 관으로 크기가 다양하다. 입을 통해 음식이 들어간 후 소화관을 지나면서 소화가 되고 필요한 영양분은 인체 내로 들어가고 불필요한 잔여물 들은 밖으로 배출된다.

개는 혀로 음식과 물을 핥고, 이빨을 이용해 음식을 물고 들어올리고 씹는다. 세 쌍의 침샘에서 입 속으로 분비되는 침이 음식을 삼키는데 도움을 준다. 입 속으로 들어온 음식과 수분은 식도를 타고 내려가 위까지 내려간다. 위에서, 위산과 효소의 분해 작용을 통해 소화된 음식물과 위액이 섞여 유미죽이 만들어진다. 유미죽은 다시 소장으로 흘러내려가 유용한 영양분을 혈액 속으로 받아들인다. 간은 소화 기능을 돕고 독성을 중화하는데 도움을 준다.

지방, 당, 미네랄, 비타민, 단백질, 탄수화물 등 유용한 성분은 소장으로 흡수되고, 나머지 물질들은 대장으로 가 과도한 수분은 신장과 방광을 지나 소변으로 배출되고 (수캐의 경우 페니스를 통해서, 암캐의 경우 음부를 통해서 배출됨) 나머지는 직장을 지나 항문을 통해 변으로 배출된다.

이 사실을 아십니까?

애견의 위에는 강력한 효소가 있어서 썩은 고기나 음식을 먹어도 탈이 나지 않는다.

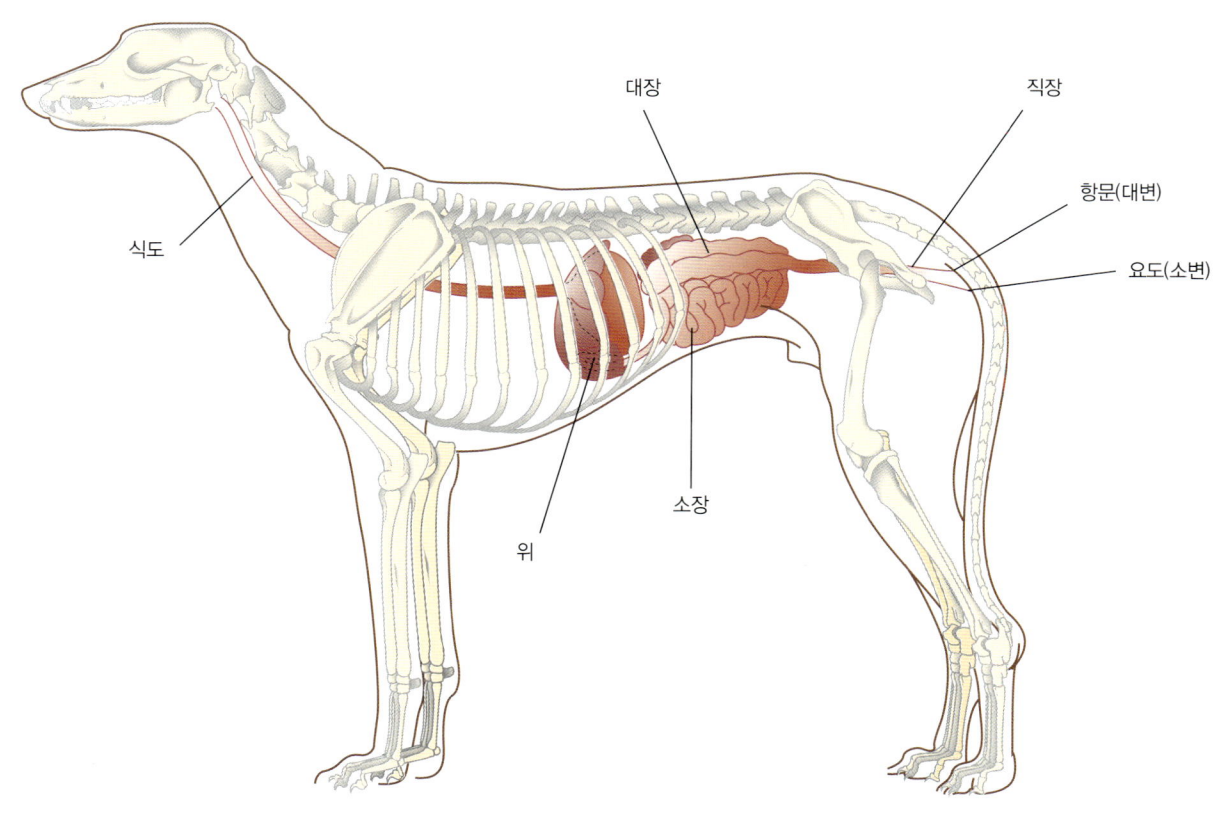

피부와 털

개의 몸은 피부라고 하는 얇은 조직으로 덮여 있으며, 다음과 같은 기능을 한다.
- 이물질이 몸속으로 들어오지 못하도록 한다.
- 수분이 빠져 나가지 못하도록 한다.
- 체온을 조절한다.
- 비타민 D가 형성되도록 한다.
- 자외선으로 인해 색소가 침착되거나 털에 손상이 가지 않도록 한다.
- 분비선이 있어서 체내의 불순물이 빠져나가도록 도와주며 통증, 온도, 압력 등을 느끼는 수용 돌기가 있다.

피부는 세 겹으로 구성되어 있으며 가장 외부에 있는 표피와 표피 아래에 있는 진피, 가장 아래쪽에서 절연체의 역할을 하는 피하 조직이 있다. 피하 조직은 영양분을 공급하고 그 속에 있는 뼈와 장기를 보호하는 역할을 한다. 개는 사람과 달리 피부를 통해 땀을 배출하지 않으며, 유일하게 발바닥으로만 땀을 배출한다.

개의 털은 표피에 박혀 있다. 털은 모포라고 불리는 관을 통해서 자란다. 각 모포에는 피지선이 있어서 유분과 수분이 섞여있는 피지가 분비되어 털과 피부에 윤기가 나도록 하고 수분이 침투하지 못하도록 한다. 피지선에서는 냄새가 함께 분비되기 때문에 개가 자신만의 영역을 표시하기 위해서 사용하며 짝짓기를 할 때 페로몬이라고 하는 화학 성분이 배출되기도 한다.

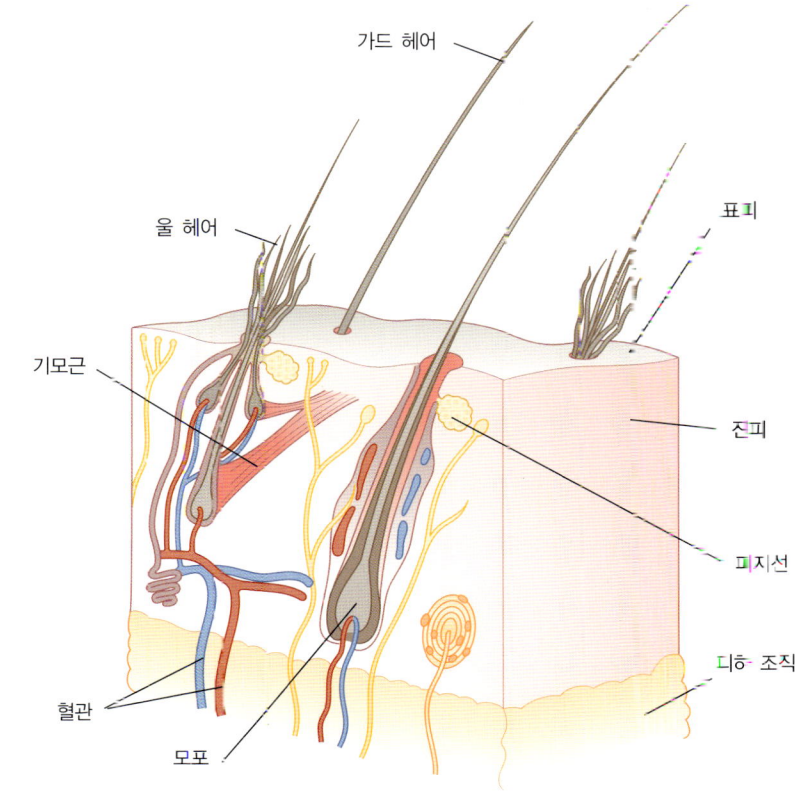

털에는 모두 세 가지 종류가 있다.
- 가드 헤어(밖으로 드러나는 털): 털 중에서 가장 밖으로 드러나는 털로 길고 수분이 침투하지 못한다.
- 울 헤어(속 털): 속이 있는 털로 체온을 유지하는 역할을 한다.
- 촉모(수염): 촉감에 민감하게 반응하는 털로, 입, 주, 볼 등에 있다.

주변 환경의 기온에 맞춰, 체온이 지나치게 올라가지 않도록 불필요한 털을 떨어내려고 할 때 털갈이를 한다. 날씨가 추우면 털이 많이 자라고 두꺼워져 항상 체온을 유지할 수 있다. 조직 세포가 죽고, 작은 조각들로 바뀌어 떨어져 나가기 때문에 표피는 끊임없이 새로운 조직으로 바뀌게 된다.

피부색의 변화

튼튼하고 건강한 애견의 피부는 유연하다. 몸이 아프고 수분을 충분히 공급 받지 못한 애견의 피부는 푸석하고 뻣뻣하다. 평소에는 옅은 분홍색이었는데 갑자기 색깔이 변했다면 질병이 생겼을 수도 있으므로 병원에 데려가야 한다. 애견 피부색의 변화는 입술과 잇몸에서 가장 먼저 나타난다.
- **하얀색**: 기생충 감염, 영양 결핍, 충격 등으로 인한 빈혈
- **붉은색**: 피부나 피부 조직의 감염
- **푸른색**: 심장 질환이나 호흡기 질환, 혹은 독성 중독
- **노란색**: 황달

개의 감각

개의 신경계와 감각계는 개의 건강과 행복에 아주 중요한 역할을 한다. 개는 감각을 통해 환경을 인식하고 반응을 한다. 중추 신경계(뇌와 척추)를 통해서 움직임을 제어하고 내분비계(호르몬 분비샘)를 통해서 행동을 제어한다.
다음 체크리스트에 나와 있는 다섯 가지 감각을 통해 개는 주변 환경을 인식한다.

Checklist
- ✓ 시각
- ✓ 후각
- ✓ 청각
- ✓ 미각
- ✓ 촉각

시각

낮 동안에는 개의 시력이 사람의 시력보다 약하지만 밤이 되면 사람보다 시력이 더욱 좋아진다. 개는 색깔을 볼 수 있지만 사람만큼 명확하게 구별하지 못하지만 (선명하게 색깔을 인식하는 것이 아니라 파스텔톤으로 색깔을 받아들임) 주변 시력은 사람보다 뛰어나다. 상안검과 하안검 이외에 제3안검, 혹은 순검이라고 불리는 얇은 막이 있다. 순검은 눈의 표면(각막)에 있는 먼지나 이물질을 제거하고 안으로 들어가지 못하도록 하며, 눈동자가 항상 촉촉한 상태를 유지할 수 있도록 도와준다. 눈은 의사소통을 위해서도 사용된다. 눈을 응시하는 것은 위협으로 간주하고 먼 곳을 바라보며 슬픈 듯한 눈을 하고 있으면 복종한다는 뜻이다.

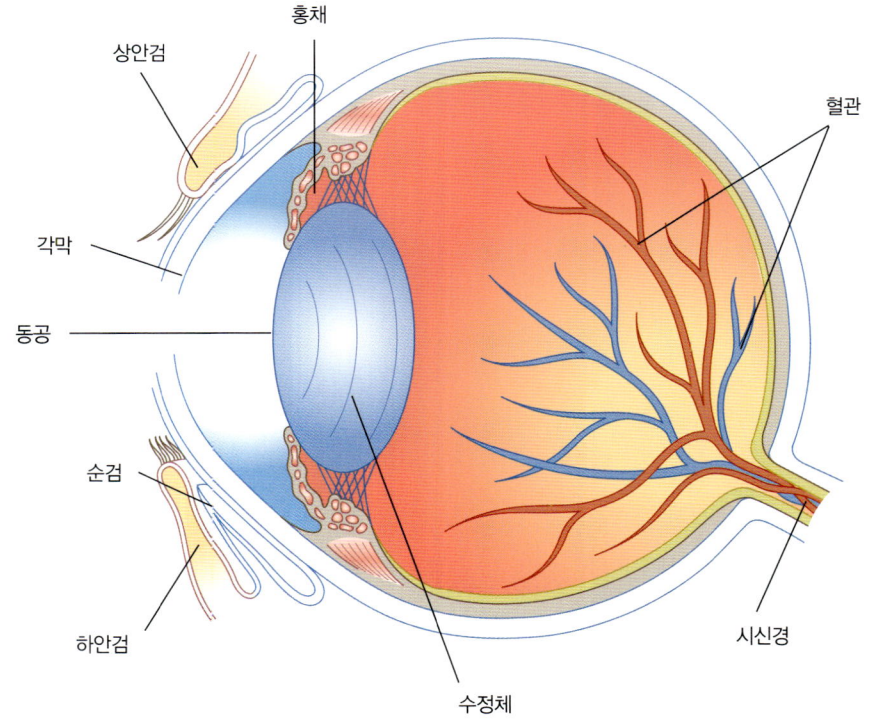

이 사실을 아십니까?

개의 시력은 사람의 시력처럼 물건을 자세히 구별하지 못하기 때문에 조직이나 자세한 모양보다는 전체적인 형태와 냄새 등으로 식별한다.

후각

개에게 있어서 가장 중요한 감각은 후각이다. 따라서 짝짓기를 하거나 물과 음식을 구하는데 있어 후각이 가장 중요한 역할을 한다. 개의 코에서 냄새를 탐지하는 부분의 면적은 사람의 코와 비교해 보았을 때 37배 더 크며, 약 100배 정도 냄새를 맡는 능력이 뛰어나다. 또한, 개의 뇌에서 후각을 통해 들어온 정보를 처리하는 부위의 크기와 기능은 사람의 뇌에 있는 해당 부위와 비교해 보았을 때 훨씬 더 크다.

개의 입 위쪽에는 야콥슨 기관이라고 하는 것이 있어서 짝짓기 철에 암컷에게서 나는 냄새 등을 감지하고 이런 냄새들을 인식할 경우 훨씬 빠르게 분석하고 반응할 수 있도록 한다. 개가 야콥슨 기관을 사용하고 있을 때에는 공기를 입 속 가득 흡입하기 때문에, 맛을 보고 있는 것처럼 보인다.

두 마리의 개가 마주하게 되면 서로 얼굴의 냄새를 맡고, 그 다음 생식기의 냄새를 맡는다. 냄새는 영역을 결정하는데 있어서도 중요한 역할을 한다. 수캐가 어떤 물체 위에 소변을 보면, 의도적으로 이전에 지나간 개의 냄새를 덮어버리려고 하는 동작으로 간주할 수 있으며, 이런 행동을 통해 자신이 해당 영역 내에서 가장 우두머리라는 것을 나타내고자 하는 행동이다. 대변을 통해 영역을 나타내기도 하는데, 항문에 있는 분비선에서는 각 개의 독특하면서도 악취가 나는 물질이 분비된다.

개는 어떤 물체에 대한 호기심을 충족시키고 싶을 때 후각을 이용한다.

개에 관한 사실

사람은 눈과 손을 이용해 주위 사물을 살피지만, 개는 코와 입을 이용한다. 개를 반기고자 할 때 손이나 눈을 최대한 적게 사용하면 두려움을 줄일 수 있고 좀 더 빨리 친해질 수 있다.

청각

개의 청각은 사람보다 뛰어나며 따라서 소리에 더욱 민감하게 반응한다. 특히, 개는 사람이 듣지 못하는 높은 주파수의 소리에 민감하게 반응하므로 소리가 적은 '애견용 호루라기'를 사용해야 한다. 개는 귀를 움직일 수 있기 때문에 소리의 진원지가 어디인지 찾을 수 있으며 정확한 장소를 찾을 수 있다. 개의 귀는 소리를 듣는 역할을 할 뿐 아니라 귀의 위치를 보면 공격을 하려고 하는지(귀가 뒤로 젖혀져 있을 때), 흥미를 보이고 있는지(귀를 쫑긋 세우고 있을 때), 복종을 하려고 하는지(귀가 내려가 있을 때) 알 수 있다.

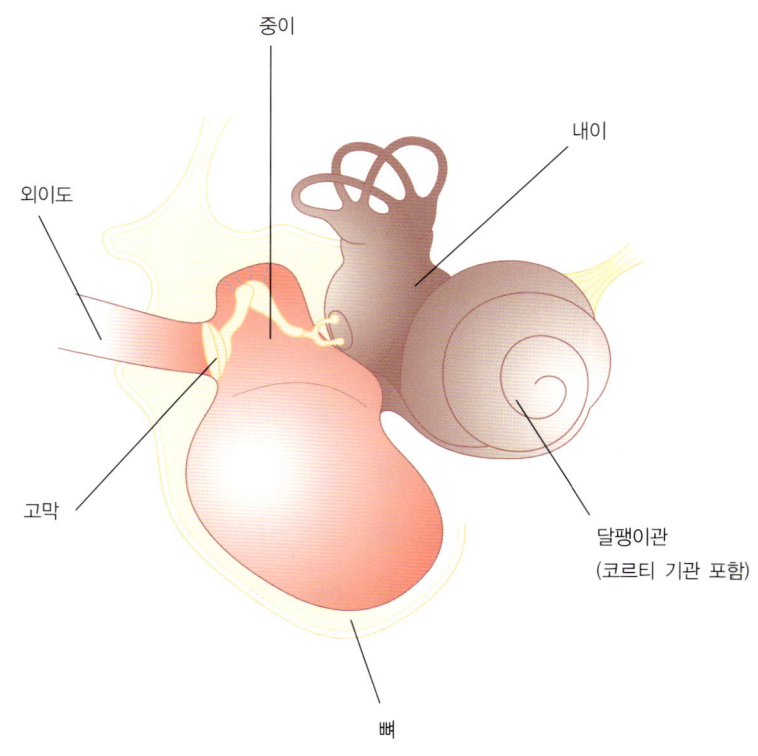

귀가 쫑긋 서 있는 개는 소리의 근원지를 좀 더 정확하고 쉽게 찾아낼 수 있는 반면, 귀가 크고 축 늘어져 약간 들려져 있는 종류는 정확한 위치를 찾는데 어려움이 있다.

대부분의 개들은 장난감을 던져주면 민감한 후각을 이용하여 추적하고 찾아낸다.

미각

사람의 혀에는 미뢰(맛 봉오리)가 있어서 달콤한 맛, 신맛, 짠맛, 쓴맛 등을 구별해 낼 수 있지만 개의 미각은 사람만큼 발달하지 않은 것으로 여겨지고 있다. 사람과 비교해 보았을 때 미각이 발달한 정도는 약 1/6 정도로 생각할 수 있다.

촉각

개는 어떤 대상에 대해 알아보고자 할 때 우선 냄새를 통해 조사를 한 다음, 코, 입, 발 등을 이용하여 더 자세히 살핀다. 피부가 주요 촉각 수용기이기 때문에 종류에 따라서 촉각이 더 민감한 종류가 있다. 어릴 때부터 사람이 만지는데 익숙해지지 않은 애견은 발, 입, 머리, 뒷다리와 꼬리 사이 등 공격을 당했을 때 위협에 노출될 수 있는 부위를 만지는 것을 꺼려한다.

자주 받는 질문

Q 개는 모두 몇 개의 이빨을 갖고 있습니까?

A 모두 42개의 이빨을 갖고 있으며, 그 구성은 다음과 같습니다.
- 아래턱에 소구치 8개(한 쪽에 4개씩), 위턱에 소구치 6개(한 쪽에 3개씩)
- 위턱에 어금니 6개(한 쪽에 3개씩), 아래턱에 어금니 6개(한 쪽에 3개씩)
- 아래턱에 앞니 6개, 위턱에 앞니 6개
- 아래턱에 송곳니 2개, 위턱에 송곳니 2개

젖니가 빠지지 않아서 덧니가 나타나는 경우도 있습니다. 이럴 때에는 병원에 데려가 문제가 되는 젖니를 빼 영구치가 자라고 제 역할을 하는데 문제가 생기지 않도록 하여야 합니다. 만약 덧니를 치료하지 않고 그냥 두면 소화 능력에 문제가 생기고 건강상의 질환을 일으킬 수도 있습니다.

일상적인 건강관리

항상 관심을 갖고 애견의 행동을 지켜보고 주기적으로 간단한 건강 검진을 실시하면 애견의 건강 상태를 점검하는데 큰 도움이 된다. 다음 체크리스트에 나오는 사항들을 유심히 살펴보는 것이 좋다.

Checklist
- ✓ 전체적인 컨디션, 피부, 털
- ✓ 식욕과 갈증
- ✓ 입과 이빨
- ✓ 귀, 눈, 코
- ✓ 체중
- ✓ 대변과 소변
- ✓ 편안하게 움직이는지 여부

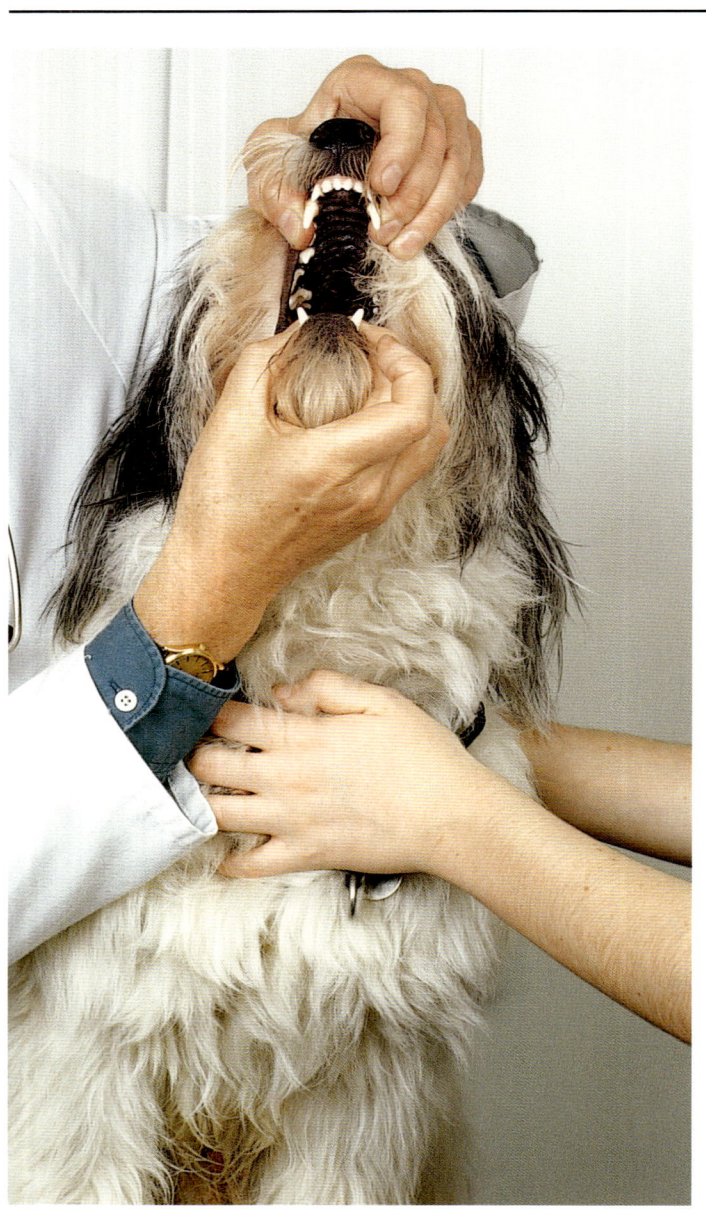

- 28-29페이지를 보면 건강한 애견과 건강하지 애견을 쉽게 구별할 수 있는 방법이 나와 있다.
- 90-93페이지를 보면 애견의 몸의 상태, 생명 징후, 배변, 일반적인 행동 등을 점검하는 방법이 나와 있다.
- 135페이지를 보면 피부 상태에 대한 유용한 정보가 있다.

매일 확인해야 할 사항

다른 종류보다 성격이 차분한 애견은 주인이 건강상의 문제가 있음을 깨닫기 전에는 몸이 불편하고 아프더라도 표현하지 않고 참기도 한다. 따라서 매일 평소와 다르게 상처가 있거나 부스럼이 나지는 않았는지 철저하게 체크하는 것이 중요하다. 눈이나 입 속에 이물질이 들어가지는 않았는지 염증이 생기지는 않았는지 살펴보고, 행동, 식습관, 배변 습관 등에 이상 증상이 나타나지 않는지 살펴보아야 한다.

입과 이빨

입에서 냄새가 나면 안 된다. 개는 이빨이 썩으면 악취가 나기 때문에 쉽게 알아차릴 수 있다. 입과 혀는 주황빛이어야 한다. 잇몸이 하얀색이면 빈혈이 있다는 것을 나타내고, 잇몸이 붉고 피가 나면 치은염이 있다는 뜻(165페이지 참조)이며, 잇들이 푸르거나 회색빛이면 순환 장애가 있다는 뜻이다. 애견이 먹거나 마시는 것을 꺼려하면 병원에 데려가는 것이 좋다.

어릴 때부터 머리와 입 등을 만지는데 익숙해지도록 훈련을 시키면 주기적으로 이빨과 잇몸 등을 점검할 때 큰 도움이 된다.

코, 귀, 눈

코는 깨끗하고 약간 촉촉한 상태여야 하고 분비물이 없는 상태가 좋다. 내이의 표면은 깨끗하고 부드러워야 하고 냄새가 나지 않아야 한다. 귀에서 냄새가 나거나 지저분하면 감염이 되었다는 뜻이므로 병원에 데려가야 한다.

눈은 깨끗하고 선명하며 분비물이 없어야 한다. 머리가 납작하고 넓게 생긴 종은 눈에서 분비물이 나오기도 한다. 이런 경우, 두개골 기형으로 인해 눈비물이 나오는 것으로 정상적인 개와 달리 눈물이 제대로 배출되지 못한다는 뜻이다. 눈물 자국은 끓여서 식힌 깨끗한 물에 솜을 적셔서 닦아 주거나 시판되는 눈물 자국을 제거하는 제품을 사용해도 된다. 눈 표면에 뿌연 물질이 있으면, 상처나 백내장으로 인한 결과일 수도 있으므로 병원에 데려가 치료를 받도록 해야 한다. 동공의 크기는 양쪽이 같아야 하고, 순검은 수축되어 있는 상태여야 한다.

유연한 움직임

몸을 편안하게 움직이지 못하면 관절에 문제가 있다는 뜻이며, 다리를 절면 다리가 부러지거나, 상처가 생겼거나, 발바닥에 가시가 박혔거나 발톱 쿠위가 감염되는 등 직접적으로 통증을 유발하는 원인이 있다는 뜻이다. 애견을 움직이려고 할 때 소리를 내면서 움직이지 않으려고 하면 내부에 손상이 있거나 질병이 있을 수도 있다.

병원에서의 건강 검진

애견을 전문적으로 치료하는 의사를 찾아서 지속적으로 좋은 관계를 키워 나가는 것이 좋다. 주기적으로 애견을 데려와 건강 검진을 받도록 하고, 때에 맞춰 예방 접종을 받도록 하고, 의사로부터 기생충 관리, 이빨 치료 등에 대한 조언을 얻고자 하는 애견 주인에게 의사들은 더 많은 시간을 할애해 좋은 정보를 주려고 한다. 애견의 행동과 건강에 대해 매일 일기를 기록해 두면 의사가 적절하고 신속하게 처치하는데 도움이 된다.

동물 병원에는 약속을 잡고, 비용을 지불하고 조언을 구할 수 있는 안내 데스크가 있다. 이 곳에서는 애견을 키우는데 필요한 도구를 팔기도 하고 강아지들이 서로 친해질 수 있도록 도와주며 애견의 체중을 관리하는 클리닉도 있다.

어떤 이유로든 다른 의사의 의견을 듣고 싶다는 생각이 들면, 다른 의사를 찾아 갈 권리가 있다. 어떤 의사도 자신의 전문 분야 이외의 모든 분야를 꿰뚫고 있을 수는 없다. 현재 주치의의 역할을 담당하고 있는 의사가 애견이 현재 갖고 있는 질병을 더 잘 치료해 줄 수 있는 의사를 추천해 줄 수도 있다.

적어도 1년에 한 번 이상은 병원에 데려가서 정기 검검을 받도록 해야 한다(매년 추가 예방 접종도 맞춰야 한다). 애견이 나이가 많다면 겉으로 크기엔 심각하지 않더라도 건강상의 질환을 앓고 있을 가능성이 크므로 6개월에 한 번 이상은 정기 점검을 받도록 해야 한다.

자주 받는 질문

Q 애견의 귀는 얼마나 자주 닦아 주어야 합니까? 그리고 어떻게 닦아 주어야 합니까?

A 애견의 귀 속에 귀지가 많이 쌓여서 지저분해 보이기는 하지만, 불쾌한 냄새가 나지 않는다면 올리브 오일이나 액체 파라핀 오일 몇 방울을 솜에 묻혀서 부드럽게 닦아 주면 됩니다. 만약 귀에서 악취가 나면 병원에 데려가야 합니다.

만약 애견이 자꾸 몸을 긁으면, 벼룩에 감염된 것은 아닌지 피부를 살펴보아야 한다.

벼룩과 진드기 제거하기

병원에 가면 한 번 뿌려 3개월 동안 약효가 지속되는 스프레이, 1개월 동안 효과가 지속되는 국소 부위에 사용하는 제품, 1개월 동안 효과가 지속되는 알약 등 벼룩과 진드기를 제거하거나 생기지 않도록 예방하는 제품의 종류가 다양하다. 회충만을 제거하기 위한 제품도 있다.

벼룩은 개의 피부를 물어서 혈액을 빨아먹는다. 벼룩에 물리면 매우 가렵고 피부염이 생길 수 있다. 심하게 감염되면 빈혈이 생길 수 있으며, 치료하지 않고 그냥 내버려 두면 죽을 수도 있다.

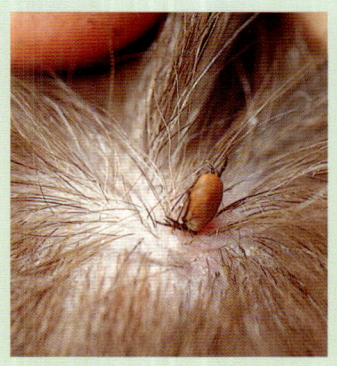

진드기는 개의 혈액을 빨아먹는 기생충으로 물리면 가렵고, 감염되면 일부 부위가 마비될 수도 있다. 개의 피부에 진드기가 붙어 있는 것을 보고 잡아당기면 진드기의 머리 부분이 개의 피부 속에 남아서 감염시킬 수 있다. 소독용 알코올이나 벼룩 제거용 스프레이 등을 가볍게 뿌려주면 벼룩이 죽어서 떨어져 나간다.

기생충 관리

애견들은 몸 속, 털 등에 기생하는 기생충들 때문에 병에 걸리기도 한다. 주로 애견을 괴롭히는 기생충으로는 이, 벼룩, 곰팡이, 진드기, 각종 벌레 등이 있으며, 기생충들이 몸속에 들어가 질병을 일으키게 된다. 기생충을 없애주는 제품 중에는 슈퍼나 애완동물 가게에서 구입해서 사용할 수 있는 것들이 많지만, 병원에 데리고 가서 의사의 처방을 받아 치료를 하는 것보다 효과도 떨어지고 사용하기가 쉽지도 않다. 애견뿐 아니라, 실내에서 함께 거주하는 다른 애완동물, 집 등도 의사의 처방을 받은 약으로 기생충이 생기지 않도록 관리해야 한다. 그렇지 않으면, 다시 기생충이 생길 수 있다. 애견이 잠을 자는 카펫 등은 가능한 자주 진공청소기를 이용해 청소하고 애견이 사용하는 이불은 1주일에 한 번 이상 빨아서 벼룩의 알이 기생하지 못하도록 해야 한다.

회충이나 촌충같이 내부 장기에 사는 기생충은 모든 기생충을 한 번에 없애주는 약을 처방 받아서 사용하면 쉽게 없앨 수 있다. 애견의 몸에 있는 기생충을 치료하기 위한 정보를 찾아보고자 한다면 97페이지에 있는 '자주 받는 질문'을 참조하면 도움이 된다. 병원에서 제공하는 기생충 제거 제품은 과립, 알약, 액체, 연고 등의 형태로 만들어져 있다.

약 먹이기

애견에게 약을 먹일 때에는 의사로부터 직접 처방을 받았거나, 추천을 받은 약을 사용해야 하며, 반드시 의사의 지시에 따라 약을 복용하도록 해야 한다.

애견에게 약을 먹일 때에는 의사가 지시한 기간 동안 빠뜨리지 않고 약을 주어야 한다. 만약 지시를 따르지 않으면 원하던 효과를 볼 수 없고, 돈을 낭비한 것에 지나지 않으며, 애견 또한 계속 힘들어하게 된다. 만약 애견에게 정해진 기간 동안 약을 먹이는 것이 힘들다면 의사에게 조언이나 도움을 요청하는 것이 좋다.

물약

주사기(병원에서 구입 가능함)를 사용하면 애견에게 쉽게 물약을 먹일 수 있다. 입 한 쪽에 주사기 바늘을 밀어 넣고 한 번에 조금씩 물약을 흘려 넣고, 애견의 목을 가볍게 두드려 삼키도록 유도하는 것이다.

알약

알약을 줄 때에는 애견의 반응에 따라 그냥 알약만 주거나 맛있는 먹이와 섞어서 주면 된다. 만약 먹이에 섞을 수 없다면 다음 방법을 따라 하면 된다.
- 애견을 세게 잡는다.
- 애견의 머리를 뒤로 젖힌다.
- 입을 벌리게 한다.
- 알약이 목구멍 쪽으로 들어가도록 한다.
- 입을 닫는다.
- 목구멍을 쳐서 알약을 삼키도록 한다.

국소 부위용 연고 바르기

연고는 의사의 처방에 따라, 혹은 추천한 제품만 사용해야 하며, 의사가 지시한 방법을 그대로 따라야 한다. 눈에 안약이나 연고를 넣을 때에는 애견의 머리를 고정시키고 (혹은 다른 사람에게 붙들고 있도록 함) 눈 중앙, 혹은 의사가 지시한 부위에 연고를 발라준다.

귀에 넣는 약을 사용할 때에는 머리를 고정시키고 의사가 지시한대로 귀 속에 약을 짜 넣고 부드럽게 문질러서 감염 부위에 약이 스며들도록 한다. 상처 부위에 연고를 발라줄 때에는 깨끗한 손가락을 이용해 부드럽게 문질러준다. 동물을 통해 감염되는 질환의 경우(171페이지 참조), 고무장갑이나 비닐장갑을 끼고 각 부위에 연고를 바르고 장갑은 쓰레기통에 담아 안전하게 버려야 한다.

예방접종

다른 포유동물과 마찬가지로 애견도 특정 바이러스성 질환에 걸릴 위험이 높으며, 이들 질환 중 일부는 치명적인 결과를 초래하기도 한다. 공수병을 제외한 대부분의 질환은 사람에게 전염되지 않지만 다른 애견에게는 전염되며 케널 코프의 원인이 되는 박테리아(*Bordetella bronchiseptica*)의 경우 고양이에게도 전염된다 (167페이지 참조).

예방 접종을 하면 다음과 같은 좋은 점이 있다.
- 애견이 일찍 죽지 않도록 미리 예방할 수 있다.
- 질병이 확산되는 것을 막을 수 있다.
- 바이러스성 질환을 없앨 수 있다.
- 휴가를 가고자 할 때 애견을 애견 보육 시설에 맡길 수 있다.
- 필요한 경우 애견과 함께 해외로 여행할 수 있다.
- 애견을 쇼나 게임 등에 출전시킬 수 있다.

언제 예방접종을 할 것인가

예방접종을 할 때는 주사를 맞히게 된다. 브데텔라 브론키셉티카 박테리아와 파라 인플루엔자 바이러스에 감염되는 걸 막기 위해서 백신을 맞히는데 이 백신은 코에 분사한다. 파라 인플루엔자 예방접종의 경우, 매년 추가 접종을 실시해야 한다. 이전에 예방접종을 한 적이 없는 애견의 경우 2-4주에 걸쳐 두 번 초기 예방접종을 실시해야 한다. 생후 10주-12주 경까지는 2차 접종을 실시하지 않지만 첫 예방 접종은 생후 6주 정도에 실시할 수 있다. 복합 예방 접종을 실시하면 다음과 같은 여러 질환의 위험으로부터 벗어날 수 있다.
- 개 홍역(D)
- 개 아데노바이러스(CAV-2: 간염: H)
- 파르보바이러스(P)
- 파라 인플루엔자(Pi)
- 렙토스피라병(L)

개 홍역과 간염 등에 대한 면역력은 다른 질환보다 오래가기 때문에 개 홍역, 아데노바이러스, 파르보바이러스, 파라 인플루엔자를 예방하기 위한 종합 예방접종과 파르보바이러스, 파라 인플루엔자, 렙토스피라병을 예방하기 위한 종합 예방접종을 매년 번갈아 가면서 시행하면 된다. 공수병 예방접종은 따로 실시하는데, 일부 국가에서는 애견에게 공수병 예방접종을 실시하지만, 공수병이 사라진 나라의 경우 예방접종을 하지 않는 경우도 있다. 그러나 애견을 데리고 해외로 나갈 때에는 공수병 예방접종을 맞혀야 한다.

이 사실을 아십니까?

음식물에 섞어서 줄 수 있는 약도 있고, 섞어서 줄 경우 효력이 떨어지기 때문에 섞으면 안 되는 종류도 있다. 섞어서 주어도 될 지 여부는 의사에게 물어보는 것이 좋다.

중성화 수술

만약 지금 키우고 있는 애견을 교배시킬 생각이라면, 새끼를 낳아서 직접 기를 것인지 아니면, 교배만 시킬 생각인지 결정을 해야 한다. 만약 교배시킬 생각이 없고, 애완동물로만 키울 생각이라면 암캐와 수캐 모두 중성화 수술을 시켜 주어야 한다. 중성화 수술을 시키면 다음과 같은 경우를 예방할 수 있다.

Checklist
- ✓ 원치 않는 강아지
- ✓ 행동상의 문제
- ✓ 암과 생식기 질환
- ✓ 질병 전염
- ✓ 집을 나갈 위험
- ✓ 발정기에 문제가 되는 암캐의 행동
- ✓ 임신과 출산에 따르는 건강상의 위험

강아지는 너무나도 귀엽지만 이전에 강아지를 키워 본 경험이 있으며 책임감이 강한 브리더(사육사)이거나, 강아지를 키울 때의 좋은 점과 나쁜 점에 대해 충분히 고려해 본 적이 없다면 교배와 처음 강아지를 낳아서 기르는 일을 전문가에게 맡기는 것이 좋다.

왜 중성화 수술을 시키는 것이 좋은가

중성화 수술을 하지 않은 애견들은 본능적으로 자신의 유전자를 다음 세대로 보존하고자 한다. 짝짓기를 할 무렵이 되면 암캐와 수캐는 상대를 찾기 위해 많은 노력을 기울인다. 성적으로 성숙

단계에 이르렀으나, 중성화 수술을 받지 않은 애견은 위험을 무릅쓰고 짝짓기 대상을 찾아 나선다. 이로 인해 교통사고를 당하기도 하고 떠돌이 개를 관리하는 사람이 데려가 버리기도 한다.

중성화 수술을 받지 않은 암캐의 경우 일년에 두 번씩 발정기가 찾아오며 (바센지 등 일부 품종은 일년에 한 번씩 발정기가 찾아옴) 발정기에는 적당한 상대를 찾기 위해 항상 신경을 곤두세우고 있으므로, 뜻하지 않게 임신을 하는 것을 원치 않는다면 항상 철저하게 감시해야 한다.

짝짓기를 하고자 하는데, 욕구를 달성하지 못하면 음식을 먹지 않고 쓰게 내버려 두거나, 실내에 변을 보거나, 쉴 새 없이 움직이거나 좌절하여 이상한 소리를 내기도 한다.

언제 중성화 수술을 시킬 것인가

애견이 생후 6개월 무렵(사람으로 치면 청소년기)이 되면 성적으로 성숙하게 된다. 따라서 중성화 수술은 생후 6개월이 지난 후에 시키는 것이 좋다(암캐는 난소, 나팔관, 자궁을 제거하고 수캐는 고환과 정관을 일부 제거한다). 동물 병원의 의사들은 중성화 수술의 시기에 대해 각기 다른 원칙을 갖고 있다. 일부는 발정기를 한 번 겪고 생후 9개월 무렵이 되었을 때 수술을 하여야 이후에 요실금이 생길 가능성을 줄일 수 있다고 주장하며, 일부에서는 암캐가 발정기일 경우 3개월 정도가 더 지난 후에 수술을 해야 한다고 주장한다. 발정기일 때는 생식기가 확장되어서 혈액의 공급이 많아지기 때문에 발정기, 혹은 그 직후에 수술을 하면 위험이 크기 때문이다.

발정기의 수캐가 일단 암캐의 냄새를 맡았다면 가두어 두기가 힘들어진다. 이런 상태의 수캐는 암캐에게 다가가기 위해서 무슨 짓을 저지르기도 하고, 그 과정에서 다리를 잃기도 한다. 때론 달아나서 놀랄 만큼 먼 거리를 찾아가기도 한다.

개에 관한 사실

수캐는 5km 밖에서도 발정기의 암캐에서 분비되는 페로몬의 냄새를 맡을 수 있다. 이로 인해, 발정기의 암캐 주위에는 수많은 수캐들이 모여든다. 암캐를 찾아온 수캐들은 주위를 어슬렁거리게 되고, 암캐와 수캐가 서로 다가가려고 하는 모습을 볼 수 있다. 밤낮으로 서로 짖어대고 울기도 하며, 수캐끼리 싸움이 일어나기도 한다.

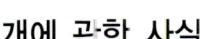

이 사실을 아십니까?

수캐는 암캐보다 독립적이어서 제어하기가 힘든 경우가 있으며, 암캐는 수캐보다 주인을 잘 따른다. 물론, 모든 경우에는 예외가 있는 법이다.

암캐와 수캐 중 어떤 쪽의 수술이 더 어려운가

암캐를 수술할 때 생식기를 제거하는 것이 수캐의 생식기를 제거하는 것보다 더욱 복잡하기 때문에 수술비용이 더욱 많이 든다.

암캐

암캐는 중성화 수술을 할 때 전신 마취를 하고 난소, 나팔관, 자궁을 제거하게 된다. 감염을 막기 위해 수술 부위의 털을 깎고 배꼽에서 뒷다리 쪽으로 절개하여 생식기를 꺼낸다. 수술 후 절개 부위를 봉합하기 위해 사용한 실밥은 10-14일 후 제거한다. 저절로 녹는 실을 사용하면 실밥을 따로 풀 필요가 없다.

수캐

애견을 마취시키고 음낭을 절개해 고환과 정관을 일부 제거한다. 암캐와 같은 방법으로 절개 부위를 꿰매면 된다.

수술 전, 수술 후 관리

수술에 들어가기 12시간 전부터 애견에게 물과 음식을 먹이면 안 된다. 대부분의 수캐는 수술 후 3일이 지나면 정상 상태를 회복하고 암캐는 회복하는데 5일 정도가 걸린다. 실밥을 제거할 무렵이 되면 암캐와 수캐 모두 완전히 회복한다. 수술이 끝난 후, 애견은 집에 데려온 후에도 마취에서 완전히 깨어나지 못해 졸음을 느낀다. 그러므로 집에 데려온 후 따뜻하고 조용한 곳에서 애견이 쉴 수 있도록 하고, 방해하지 않는 것이 좋다. 애견이 기운을 내어 다시 이전처럼 돌아갈 수 있을 때까지 물과 흰 살 생선이나 닭 등을 조리하여 만든 가벼운 식사 등을 주고 혼자 편히 쉴 수 있도록 배려해 주어야 한다. 애견이 실밥을 물어뜯거나 지나치게 자주 핥지 않도록 한다(애견이 계속해서 상처 부위를 지나치게 핥아대면 목에 엘리자베스 칼라라고 하는 목을 숙이지 못하도록 하는 도구를 씌워주어야 한다). 중성화 수술에 대해 궁금한 사항이 있다면 의사에게 문의하는 것이 좋다.

중성화 수술을 한 후의 행동

어릴 때 중성화 수술을 시키면, 수술을 한 후에도 행동의 변화가 거의 나타나지 않는다. 실제로 변화가 나타난다고 하더라도 주인이 보기에는 큰 차이가 없으며 수캐와 암캐 모두 더욱 상냥해지고 주인의 말을 잘 따르게 된다. 중성화 수술을 한 애견의 경우 몸무게가 늘어나기 때문에 수술을 하지 않은 같은 나이의 애견보다 활동이 줄어든다는 주장도 어느 정도 일리가 있다(물론, 중성화 수술을 할 경우 수명은 늘어난다). 애견이 살이 찌고, 운동량이 줄어들지 않도록 하려면, 애견의 식생활을 조절하고 충분한 운동을 할 수 있도록 신경을 써야 한다. 일부 암캐의 경우 중성화 수술을 한 후에 소변을 조절하지 못하는 경우가 있지만, 약물을 사용할 경우 쉽게 치료할 수 있다. 중성화 수술을 하면 좋은 점은, 암캐의 경우 유방암이 생길 가능성을 줄일 수 있다.

암캐와 수캐의 중성화 수술

난소 제거 수술
수술 전: 암캐의 생식 기관은 난소, 나팔관, 자궁으로 이루어져 있다.

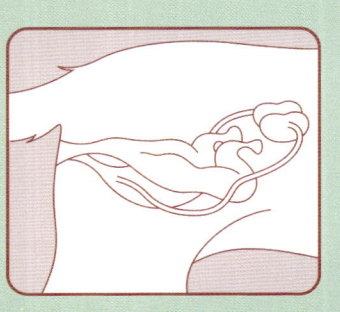

수술 후: 난소, 나팔관, 자궁을 제거하였다.

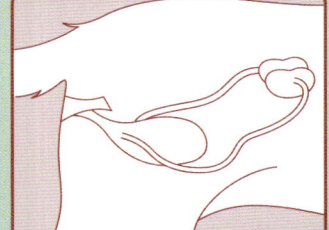

정소 제거 수술
수술 전: 수캐의 생식 기관은 두 개의 주머니, 음낭 속에 들어 있는 고환과 수정관을 통해 연결되어 있는 페니스로 이루어져 있다.

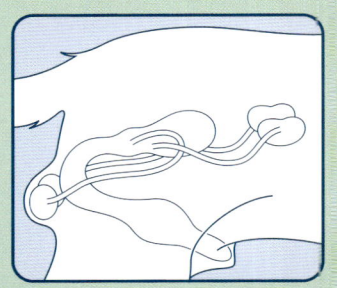

수술 후: 고환과 수정관의 일부를 제거하였다.

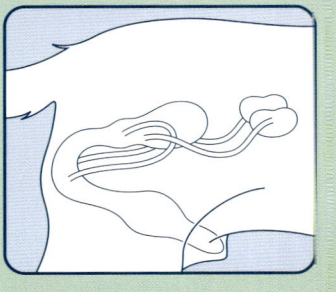

건강 관리 147

강아지를 키우려면 상당한 돈과 시간이 필요하며 일거리도 많이 생긴다. 따라서 원치 않는 임신의 위험을 감수하기 보다는 중성화 수술을 시키는 것이 좋다.

피임

암캐가 원치 않는 임신을 하지 못하도록 하려면 호르몬제를 투여할 수도 있다. 그러나 오랜 기간 동안 피임을 하면 자궁축농증(자궁이 감염되는 질환으로 생명을 위협할 수 있는 질병) 등 심각한 부작용이 따를 수 있고 100%의 효과를 보장할 수 없기 때문에 의사들은 오랜 기간 동안의 피임을 권장하지 않는다. 애견이 주인이 원치 않는 짝짓기를 한 후에 원치 않는 임신을 예방하기 위해 피임약을 주는 것도 한 방법이다.

수캐에게 테스토스테론이 분비되는 것을 막아주는 주사를 놓아주는 것도 피임의 한 방법이 된다. 그러나 이 방법 또한 100%의 효과를 보장할 수 없으며 짝짓기를 하고자 하는 수캐의 욕구가 사라지는 것이 아니다. 부작용으로는 식욕이 증가하고 주사를 맞은 자리에 있는 털의 색깔이 변하게 된다. 피임을 위한 가장 좋은 방법은 외과적 방법을 이용하여 중성화 수술을 시키는 것이다.

중성화 정책

규모가 큰 구조 단체에서는 대부분 의례적으로 모든 동물에 대해 중성화 수술을 실시한다. 중성화 수술을 시키는 가장 큰 이유는 이런 단체에서는 애완동물을 키울 좋은 가정은 매우 적은 반면, 좋은 주인을 기다리는 수많은 애완동물이 갈 곳이 없어 방황하는 현실을 항상 목격하기 때문이다. 중성화 수술을 시키면 구조 단체에서 관리하는 애견들만이라도 더 이상 생식을 하지 못하도록 할 수 있기 때문이다.

자주 받는 질문

Q 암캐를 중성화 수술을 시키기 전에 한 번 정도 새끼를 낳도록 하는 것이 좋다고 들었습니다. 사실인가요?

A 사실 이런 소문은 과학적인 사실에 근거했다기보다 사람의 필요에 의해서 만들어진 것이라고 할 수 있습니다. 아직까지 이런 주장을 뒷받침할 만한 증거는 없습니다. 강아지를 기르기를 원하고, 강아지들을 나누어 줄 좋은 집을 알고 있다면, 한 번 새끼를 낳고 젖을 뗀 후 더 이상의 번식을 막기 위해서 중성화 수술을 시키면 됩니다.

유용한 정보

중성화 수술을 시킨 후에는, 약 2주 정도 산책을 할 때 목에 줄을 대고 산책을 시키는 것이 좋다. 이 기간이 지난 후에는 수캐의 경우 수술을 하기 이전의 운동량에 맞춰 운동을 시키면 되고 암캐의 경우 점차 이전의 수준으로 돌아오게 된다. 그러나 수술 후 약 4-8주 동안은 뛰어 오르지 못하도록 해야 한다.

생식

모든 종족이 생존하기 위해서는 생식을 해야 한다. 따라서 임신과 출산은 세상에서 가장 자연스러운 일이라고 볼 수 있다. 중성화 수술을 하지 않은 애견의 경우, 생식을 하고 자신의 유전자를 다음 세대로 전수하고자 하는 욕구가 강하며, 수캐와 접촉을 할 수 있으며 충분한 물과 음식을 먹을 수 있는 건강한 암캐는 1년에 두 번 새끼를 낳을 수 있다. 교배를 시키기 전에 다음과 같은 사실을 미리 알아두어야 한다.

Checklist
- ✓ 부모가 해당 종의 좋은 형질을 갖고 있으며 건강한가
- ✓ 혈통에 결함이 없는가
- ✓ 강아지를 좋은 집에 나누어줄 수 있는가
- ✓ 암캐가 새끼를 낳을 수 있을 만큼 성숙하였는가, 종에 따라 차이는 있지만 일반적으로 발정기가 두세 번 찾아온 후라면 충분히 성숙했다고 볼 수 있다.
- ✓ 암캐가 새끼를 낳고 새로운 집으로 분양할 때까지 기를 수 있는 충분한 공간이 있는가

성적인 성숙

암캐는 발정기일 때에만 짝짓기를 한다. 암캐는 한 번의 발정기에 한 번만 발정을 한다(보통 일 년에 두 번 발정기가 찾아오며 21일 가량 지속된다). 이 기간 동안 짝짓기를 하게 되는데, 발정기가 시작된 지 10-14일 무렵, 생식기 부분의 분비물이 붉은색을 띠다가 투명해지면 짝짓기를 한다. 이런 현상은 매우 독특한 것으로, 발정기 동안 암캐가 임신을 할 수 있는 기간은 매우 짧다고 할 수 있다.

반면에 수캐는 성적으로 성숙하면 항상 짝짓기를 할 준비가 되어 있다. 일반적으로 발정기가 아닌 암캐에는 관심을 갖지 않지만 암캐의 몸에서 발정기에 뿜어져 나오는 페로몬이라고 하는 화학 물질이 분비되면 관심을 갖기 시작한다. 암캐가 성적으로 생식을 할 준비가 되기 며칠 전부터 페로몬이 분비되기 때문에, 수캐들이 아직 생식을 할 준비가 되지 않은 암캐들 주변에 몰려들고, 암캐는 수캐를 맹렬하게 쫓아내려고 한다.

대부분의 암캐는 생후 6-7개월이 되면 성숙하게 되지만 생후 4개월 무렵 완전히 성숙하는 경우도 있고, 생후 2년이 지나서야 성숙하는 경우도 있다. 암캐는 생후 1년이 되기 전에는 신체적으로 완전히 성숙하지 않기 때문에, 그 전에는 교배를 시켜서는 안 되고, 생후 18개월 정도가 지난 후에 처음으로 교배를 시키는 것이 좋다. 만약 교배를 시키고자 하는 암캐가 생후 2년이 되었는데도 발정기가 나타나지 않으면, 병원에 데려가 보는 것이 좋다.

암캐가 짝짓기를 할 준비가 되면, 꼬리를 한 쪽으로 기울인 채 가만히 서 있게 된다. 수캐가 암캐의 뒤로 올라가서 짝짓기를 하게 된다.

짝짓기를 할 때, 암캐와 수캐는 사진 속의 모습처럼 약 30분 가량 서로 엉켜 있는다. 암캐의 생식기 부위의 근육이 수캐의 성기를 꽉 쥐고 있어서 수캐가 달아날 수 없는 상태인 것이다. 성공적인 짝짓기를 위해서 반드시 이런 자세가 필요한 것은 아니지만, 이런 자세를 하고 있으면 정액이 밖으로 흐르지 않도록 할 수 있으며 임신의 가능성을 높일 수 있다. 이런 자세를 취하고 있을 때 강제로 떼어놓으면 통증을 느끼고 상처가 생길 수 있으므로 가만히 내버려 두어야 한다.

임신한 암캐 돌보는 방법

암캐가 임신을 하게 되면 평소보다 더 많은 영양소를 필요로 하기 때문에, 임신한 암캐를 위해 제조·판매하는 특수 먹이를 평소보다 많이 주어야 할 뿐 아니라 임신을 한 동안에도 평소와 다름없이 관리를 하고 필요한 경우 치료해 주어야 한다. 임신을 하면 몸이 커지기 때문에 움직임이 느려져 달리는 것을 싫어하게 된다. 뛰거나 장난감을 쫓아가도록 해서는 안 된다. 임신한 암캐가 변비에 걸리면, 정어리와 같이 기름진 음식을 주면 배변 활동이 원활해질 수 있다.

출산을 할 수 있는 보금자리를 준비해 실내에서도 가장 조용하고 사람들이 드나들지 않는 곳에 둔다. 바닥에 신문지를 깔아 차가워지지 않도록 하고 그 위에 종이 타월을 두껍게 깔아 출산을 할 때 부드럽고 흡수력이 있는 매트리스 역할을 하도록 한다. 암캐에게 출산을 할 장소가 어디인지 보여 주어야 한다. 그러나 꼭 기억해 두어야 할 것이 있다. 암캐가 출산을 할 장소를 직접 선택할 수 있도록 해 주어야 한다.

털이 긴 암캐의 경우 질(감염의 위험을 줄이고 출산을 쉽게 하기 위해서)과 젖꼭지(젖을 쉽게 먹일 수 있도록) 주변의 털을 깎아 주어야 한다. 배가 많이 부른 경우에는 하루에 두 번씩 항문 주위를 닦아 주어야 한다. 출산을 하기 전이나 후에 벼룩이나 기생충이 생기지 않도록 주의하고, 적절한 치료를 위해 병원에 데려가는 것이 좋다.

산고와 출산

암캐는 본능에 따라 도움을 받지 않고도 새끼를 낳아 기를 수 있다. 여러 번 새끼를 낳아 본 암캐는 좀더 능숙하게 출산과 양육을 할 수 있다. 산고와 출산은 보통 쉽게 진행된다. 2단계 산고가 시작되면 (암캐가 출산을 위해 마련해 둔 상자 속으로 들어가 누울 때) 20~60분 간격으로 새끼가 태어난다. 불도그와 같이 머리가 큰 종류는 자연 분만을 하지 못하기 때문에 제왕 절개를 해야 한다.

출산을 하는 동안 암캐가 60여 분 이상 산고를 하면서도 새끼를 낳지 못하는 등 문제가 발생하면 즉시 의사를 불러야 한다. 새끼가 나올 때에는 머리부터 나와야 하며, 만약 뒷다리부터 나오면 문제가 있다는 뜻이다.

이 사실을 아십니까?

만약 원치 않는 강아지가 태어났고, 동물 구호 단체에도 맡길 수 없는 상황이라면, 안락사가 가장 인간적이고 합법적인 방법이다. 이런 경우, 의사나 지역 동물 구호 단체에 연락하는 것이 좋다.

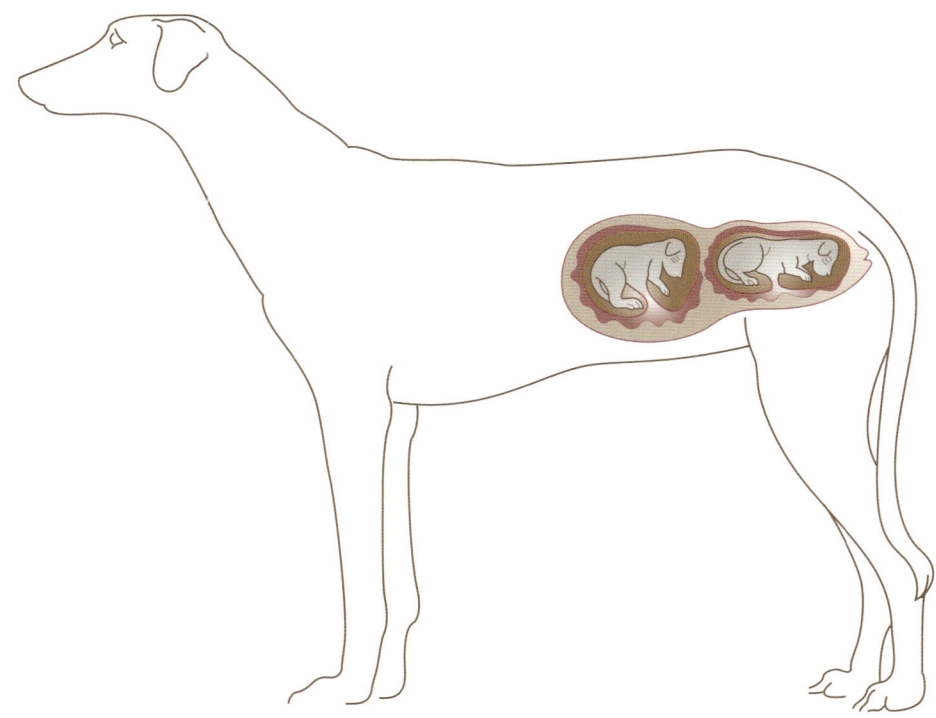

2단계 출산이 시작되면, 자궁이 수축하여 강아지를 질 쪽으로 밀어낸다.

출산의 신비

암캐의 임신 기간은 약 9주(약 63일) 정도이다. 임신 7주가 되면 태아의 움직임을 느낄 수 있다.

출산이 가까워지면 암캐는 보금자리를 만들고 어둡고 안전하며 외부의 방해를 받지 않는 장소에서 출산을 준비한다.

1단계 산고가 진행되면, 암캐는 부산스럽게 돌아다니면서 헐떡거리고 불안한 동작으로 자꾸 뒤를 돌아본다. 외음부에서 투명한 점액질의 분비물이 나오고 암캐는 자신의 몸을 핥으면서 많은 시간을 보낸다. 1단계는 24-28시간 동안 진행되는데, 이 기간 동안 음식을 먹지 않으려고 한다.

2단계 산고가 진행되면 출산을 할 장소로 가서 옆으로 눕는다. 자궁 수축으로 인해 뱃속에 들어 있는 강아지가 움직일 때마다 통증을 느낀다. 한 번 수축할 때마다 질을 통해 한 마리씩 밖으로 나오게 된다.

강아지가 태어나면 암캐는 새끼의 몸을 덮고 있는 막을 닦아내어 새끼가 숨을 쉴 수 있도록 도와준다. 암캐는 탯줄을 통해 강아지의 몸과 연결되어 있는 태반을 먹어, 강아지의 몸에서 탯줄을 잘라낸다.

새끼가 모두 밖으로 나오면, 암캐는 자신의 몸을 깨끗하게 한 후, 자리를 잡고 몸을 웅크려 새끼에게 젖을 먹인 후 휴식을 취한다. 어미 개가 변을 보기 위해 밖으로 나오면 출산을 하는 동안 더럽혀진 침구를 치우고 강아지가 모두 건강한 지 확인할 수 있다. 태어난 지 2-3일 이내에는 강아지를 건드리지 않는 것이 좋다. 특히, 암캐가 처음 출산을 한 경우 건드려서는 안 된다.

출산 시 발생하는 문제

출산을 하는 동안 가끔 문제가 발생하기도 한다. 암캐가 한 시간 이상 산고를 하는데도 새끼가 태어날 기미가 보이지 않으면 즉시 병원에 연락해 도움을 청해야 한다. 여러 가지 이유로 인해 강아지가 생존하지 못하는 경우가 있다. 만약 새끼를 잃은 어미 개가 지나치게 스트레스를 많이 받으면 병원에 연락을 하는 것이 좋다. 인위적으로 젖을 짜서 유선염이 걸리지 않도록 도와주어야 한다. 만약 동물 병원에서 어미를 잃은 새끼 강아지를 찾아 준다면 어미 개도 새끼를 잃은 슬픔을 떨치고 더욱 행복한 삶을 살 수 있을 것이다. 암캐가 임신을 한 동안, 혹은 출산 후에 일어날 수 있는 문제는 다음과 같다(만약 다음과 같은 경우가 발생하면 즉시 병원에 데려가야 한다).

- 질병으로 인한 유산이나 태아가 건강하지 않은 경우
- 출산 후의 자궁 감염. 증상은 고열, 구토, 식욕 감퇴, 탁하고 냄새가 나는 질 분비물
- 자궁 탈수. 음부가 붓고 붉은 덩어리가 나타남

새로 태어난 강아지는 눈을 감고 있으며 생후 10-14일이 되면 눈을 뜨기 시작한다. 생후 4주가 될 때까지 선명하고 정확하게 앞을 보지 못하지만 생후 15일이 되면 눈을 뜨고 제 기능을 한다. 생후 14일이 되면 젖니가 자라기 시작한다. 어린 강아지들은 수의사의 지시를 바탕으로 기생충을 없애기 위한 치료를 실시해야 하며, 필요한 경우 수유를 하는 중에도 기생충을 없애는 치료를 실행할 수 있다.

어미개 돌보기

출산을 하는 동안 어미 개에게 물과 포도당을 조금 공급해 주는 것이 좋다. 출산을 한 후에는 극도로 배가 고픈 상태가 되기 때문에 달걀과 우유, 고기나 곡물로 끓인 죽 등 가벼운 식사를 주는 것이 좋다. 출산을 하고 나면 어미 개는 새끼에게 충분히 젖을 주기 위해 평소보다 식사량을 늘린다. 평소보다 먹이의 양을 세 배 정도 늘려주고 하루에 3-4번으로 나누어서 먹이를 준다. 수유를 하는 동안 충분히 영양을 공급해 주어야 하므로, 칼슘, 단백질, 비타민, 미네랄이 풍부한 식사를 제공하고 항상 신선하고 깨끗한 물을 주어서 충분히 젖이 나오도록 해 주어야 한다.

자주 받는 질문

Q 친구가 기르던 암캐가 자간으로 죽어서 친구가 직접 강아지들을 기르게 되었습니다. 자간은 무엇이며, 제가 기르는 애견이 자간에 걸리면 어떻게 해야 하나요?

A 수유열 혹은 수유 테타니증이라고도 불리는 자간이라는 이 질병은 새끼를 낳은 후에 어미의 유두에서 더 이상 젖이 생성되지 않는 것을 말합니다. 특히 칼슘이 부족한 경우에 이 질병이 나타날 수 있으며, 새끼를 낳은 후 21일 이내에 나타나는 질병입니다. 새끼를 낳기 전에 증상이 나타나는 경우도 있습니다. 자간의 증상으로는 침이 많이 분비되고, 헉헉거리고, 불빛을 싫어하고, 잘 어울리지 못하고, 그렁이 나고, 경련 등이 있습니다. 칼슘이나 포도당 주사를 놓아서 빨리 치료해 주지 않으면, 죽게 됩니다.

젖 떼기

생후 3-4주가 되면 강아지들은 보금자리를 벗어나 바깥 세상에 대해 관심을 갖게 되고 액체로 만들어진 음식물을 핥을 수 있게 된다(우유와 곡물로 만들어진 강아지용 먹이가 가장 좋다). 생후 4-5주가 되면 빠르게 성장하는 신체가 필요로 하는 영양분을 받아들일 수 있도록 좀 더 딱딱한 음식물을 먹을 수 있게 된다(강아지 전용 먹이를 주는 것이 좋다). 강아지가 딱딱한 음식을 먹고 싶어 하도록 만들려면, 접시에 미지근한 우유를 담아주는 것이 좋다. 처음에는 입 주위에 손가락으로 우유를 묻혀 주거나 강아지가 접시 속으로 코를 넣을 수 잇도록 살짝 눌러 주어 핥아먹도록 하면 된다. 여러 번 시도한 끝에 성공할 수도 있지만 결국에는 우유를 먹게 될 것이므로 강아지에게 너무 강요하는 것은 좋지 않다. 만약 강아지가 우유를 먹고 싶어 하지 않으면 다음 날 다시 시도하는 것이 좋다. 일단 우유를 먹기 시작하면 우유 속에 시리얼을 넣어서 우유가 충분히 스며들도록 한 후에 강아지에게 주면 된다. 그런 다음 고기가 들어있는 강아지용 먹이를 준다. 강아지에게 먹이를 줄 때에는 얕은 그릇에 담아주어서 쉽게 먹을 수 있도록 해야 한다. 딱딱한 음식물을 먹는 양이 점점 늘어나면 배설물에 변화가 생기고 어미는 더이상 강아지의 배설물을 먹지 않는다. 이 때가 되면 바닥에 신문지를 깔아두어 쉽게 청소할 수 있도록 한다.

출산 후 5-6주가 되면 어미의 몸에서 분비되는 젖의 양이 점점 줄어들기 때문에 어미 개는 젖을 떼려고 한다. 이 무렵이 되면, 강아지들이 젖을 완전히 떼고 씹어 먹는 강아지용 먹이를 먹도록 해야 한다. 물론, 가끔씩 강아지들이 어미 품으로 돌아가 안락함을 느낄 수 있도록 해 주어야 한다. 생후 8주가 되면, 강아지들은 어미로부터 독립하여 더 이상 먹이를 먹고 위생을 유지하는데 어미의 도움을 받지 않게 되며, 분양을 할 준비가 된다. 8주 이후의 강아지를 돌보기 위한 방법은 94-97페이지에 나와 있다.

유선염

암캐 중에는 박테리아 감염으로 인해 유선염에 걸려 고생을 하는 경우도 있다. 유선염에 걸리면 유두가 딱딱하고 뜨거워져 혈액이 섞이거나 형태가 평소와 다른 젖이 분비된다. 유선염에 걸리면 건강 상태가 좋지 않고, 토하거나 식욕이 없어진다. 이런 증상을 보일 경우, 즉시 병원으로 데려가 적절한 치료를 받을 수 있도록 해야 한다. 병원에 가면 젖을 짜고 강아지에게 젖이나 우유를 먹이는 방법을 설명해 준다. 증세를 발견한 후 빨리 치료하면, 대부분의 경우 36-48시간 이내에 치료된다.

어미를 잃은 강아지

가끔 젖을 떼지 않은 강아지가 버려지거나 어미를 잃는 경우가 있다. 이럴 때에는 주인이 직접 우유를 먹여서 길러야 한다. 어떤 이유로든 강아지가 어미를 잃게 되면 즉시 의사와 상의를 해야 한다. 동물 병원에서는 새끼 강아지를 기를 수 있는 어미 개를 알고 있을 수도 있고, 노련한 브리더(사육사)를 알려주어 유용한 정보를 얻을 수 있도록 해 줄 수도 있으며 강아지를 돌보는 방법에 대해 직접 정보를 제공해 줄 수도 있다.

강아지에게 직접 우유를 먹이게 되었다면 처음 1주 동안 매 2시간마다 우유를 주어야 한다.

건강 관리 153

개에 관한 사실

어미 개가 강아지들에게 거칠게 행동을 할 수도 있고, 강아지들과 함께 놀거나 싸우는 법을 가르칠 때 강아지들이 심지어 소리를 낼 수도 있지만, 이런 경우, 어미 개가 실제로 강아지들이 다치게 하는 것이 아니므로, 당황할 필요가 없다.

유용한 정보

강아지가 젖을 떼도록 할 때 커다란 강아지용 우리에 잠깐 동안 강아지를 넣어두면 어미가 휴식을 취할 수 있다. 고양이 화장실(애완동물 가게에서 구입가능)로 사용하는 통에 신문지를 깔고 강아지가 이전에 배설한 변을 조금 넣어두어 한 쪽에 두면 강아지가 정해진 곳에 변을 보도록 만들 수 있다. 이런 방법이 통하는 경우도 있고, 그렇지 않은 경우도 있다. 만약 이런 방법을 사용했을 때 강아지가 잘 따른다면 배변 훈련을 시키기가 수월해진다.

낯선 사람을 포함하여 사람들이 강아지를 소중하게 여기고 강아지가 좋아할 수 있도록 만져주면, 사교적이고 우호적인 성격을 갖게 된다.

성장의 단계

갓 태어났을 때

강아지는 생후 3주가 될 때까지 전적으로 어미와 어미의 젖에 의존하게 된다.
이 시기가 지나면 좀 더 딱딱한 먹이를 먹을 수 있게 되고, 어미나 주인이 다른 음식을 가져다 준다. 강아지의 몸을 청결하게 유지하지 않으면 강아지가 죽을 수도 있기 때문에, 어미 개는 강아지가 항상 청결한 상태를 유지할 수 있도록 노력한다. 강아지가 스스로 자신의 몸을 깨끗하게 하는 법을 배울 때까지 어미는 계속 강아지의 위생을 위해 노력한다. 또한, 어미 개는 강아지의 생식기 부위를 핥아주어 스스로 변을 볼 수 있도록 도와준다.

생후 2-3주

생후 2-3주가 되면 사람과의 관계를 잘 받아들일 수 있도록 하기 위해 강아지와의 접촉을 시작한다.
이 무렵이 되면, 주인이 강아지를 만지더라도 어미개가 민감하게 반응하지 않는다.
이 무렵에 강아지의 이빨이 나기 시작하고 강아지는 걷고 우유나 죽 같은 액체 형태의 강아지용 먹이를 먹을 수 있게 된다. 어미의 도움 없이도 배설을 할 수 있게 되고 후각과 청각 등의 감각이 반응을 나타내게 된다.

생후 4-5주

생후 4-5주가 되면, 어미 개가 짖는 소리와 함께 강아지들을 훈련시키기 시작한다. 특히, 마음대로 먹이를 먹지 못하도록 하기 위해 훈련을 시킨다.
생후 4주가 되면, 강아지들은 좀 더 선명하게 볼 수 있게 되며 혼자서도 잘 설 수 있게 되고 다리가 짧고 불안정하지만 조금씩 걸어 다닐 수 있게 된다. 이 단계가 되면, 강아지들은 스스로 구를 수 있으며 함께 태어난 강아지들과 어울려서 발과 이빨 등을 이용해 으르렁거리고 서로 깨물면서 함께 놀 수 있고, 입을 이용해 물건을 옮길 수 있다. 감각이 더욱 발달하고 꼬리를 흔들 수 있게 되며 짖으려고 한다.
4주가 다 되어 가면, 강아지들은 주위 환경에 관심을 갖게 되고, 자신감을 갖고 주변을 돌아다니고 뛰어다니기도 하며 생후 5주가 다 되어 가면 균형을 잡을 수 있다. 그러나 다시 5-6주가 더 지난 후에야 달리고 뛰어 오르고 정확하게 움직일 수 있다. 생후 4-5주 무렵에는 좀 더 딱딱한 강아지용 먹이를 먹을 수 있게 되고 주기적으로 사람이 부드럽게 만져 주어야 한다. 서서히 보금자리를 벗어나 배변을 하게 된다.

생후 6주

얼굴과 귀의 표정이 분명해지고 귀와 눈을 잘 활용할 수 있게 된다.
어린 강아지들끼리 서열을 명확하게 하기 위해 여러 가지 활동을 하게 된다. 더 이상 어미의 젖에 완전히 의존하지 않게 되고, 젖니가 바늘처럼 날카롭기 때문에 젖을 떼고 점점 강아지용 먹이를 먹는 비중이 늘어나게 되고, 어미는 젖을 먹이는 시간이 줄어든다 (젖을 먹이는 방법과 일일 권장 먹이량에 대한 정보는 44페이지에 나와 있다).
최초로 예방접종을 실시하게 된다.

생후 7-19주

생후 10주가 되면 2차 예방접종을 실시한다.
이 무렵이 되면 완전히 젖을 떼고 사람과 잘 어울릴 수 있게 되며, 다른 동물과도 잘 어울리게 되며, 새로운 집으로 가서 복종 훈련을 받고 사회화 훈련을 받을 준비가 된다. 배변 훈련을 시작해야 하고, 자신의 이름을 알아 듣고, 줄을 메고 움직이는 훈련을 시킨다.

건강 관리 155

소년기(생후 12주~6개월)

강아지들은 주인을 기쁘게 하려고 노력하게 된다. 이빨이 나기 때문에 무언가를 입 속에 넣고 씹으려고 하는데, 이런 욕구를 분출할 수 있도록 적당한 장난감을 주어야 한다. 사람을 대상으로 장난을 치면서 물려고 하지 않도록 가르쳐야 한다. 이 때가 되면 사람들 속에서의 자신의 서열이 가장 낮다는 점을 깨닫게 된다. 그렇지 않으면 사람들을 지배하려고 하게 된다. 주기적으로 복종 훈련을 시켜야 한다. 강아지가 나이가 들수록 학습 능력과 집중력이 향상된다.

청년기(생후 6개월~18개월)

이 시기 동안, 강아지는 점점 독립적으로 변해가고 권위에 도전하려고 한다. 성적으로 성숙하게 되고, 암컷은 발정기가 나타난다. 이와 더불어 행동이 변하게 되고, 수캐의 경우 호르몬 수치가 급격하게 변화하게 된다. 자신의 영역을 지키고자 하는 행동이 나타난다. 주인들이 애견을 다룰 때 가장 힘들어하는 시기이며, 상당수의 사람들이 애견을 포기하고 다른 곳으로 보내는 시기이기도 하다. 이전부터 올바르게 행동하도록 충분히 훈련을 시켰다면 그리 힘들지는 않을 것이다.

성년기(생후 18개월 이상)

생후 18개월이 되면 아직 부족한 부분이 있기는 하지만, 신체적으로 성숙하게 된다. 미세한 변화가 있기는 하지만 성격도 대체적으로 형성된다. 18개월 이후에도 계속 성장하여 생후 3년이 되면 성격이 완전히 형성된다. 지속적으로 훈련을 시키고 미세한 부분을 바꾸어 나가기 위해 노력을 해야 하지만, 주인이 제 역할을 충분히 해낸다면 올바르게 행동하고 사교성이 뛰어나고 주인의 말을 잘 따르는 믿음직한 친구와 오랜 기간을 함께 보낼 수 있다.

이 사실을 아십니까?

애견도 상상 임신을 한다. 발정기 동안 임신을 하지 못한 암캐들에게 상상 임신이 나타나는 경우가 많다. 주인이 정신적, 신체적 변화를 알아차리기 힘든 경우도 있고, 실제로 배가 불러오고 젖샘이 젖으로 가득 차는 경우도 있다. 실제로 신체적 변화가 나타나는 경우, 암캐는 보금자리를 만들고 소리를 내면서 많은 시간을 보내고, 운동을 싫어하게 된다. 실제로 새끼를 낳는 듯한 동작을 취하는 경우도 있다. 이런 경우, 암캐들은 장난감이나 실제로 존재하지 않는 새끼 등에 애착을 보일 수가 있다. 호르몬 수치로 인해 상상 임신이 나타나기도 하고, 야생 상태에서 생활하는 개나 늑대의 무리 속에서는 임신을 하지 않은 암캐가 충분히 젖을 생산해내면 다른 새끼들을 키우는데 도움이 되기 때문에 이런 현상이 나타나기도 한다.

사고와 응급 처치

사고는 예기치 못한 순간에 나타나기도 한다. 따라서 항상 언제 일어날지 모르는 사고에 대한 준비를 해야 한다. 응급 처치에 대해 알고 있으면 도움이 된다. 응급 상황이 발생하면 항상 신속하게 대처해야 한다. 이 때, 어떤 조치를 취해야 할 지 알고 있으면 애견의 상처를 최소화하는데 도움이 되고, 목숨을 살릴 수도 있다. 응급 처치를 할 때는 다음 체크리스트에 나오는 것들을 기억해야 한다.

Checklist

- ✓ 항상 자신의 건강이 더욱 중요하다는 것을 기억해야 한다
- ✓ 상황을 잘 판단해야 한다
- ✓ 다른 동물이 부상을 당하지 않도록 한다
- ✓ 애견을 자세히 살펴야 한다
- ✓ 상처의 정도를 진단한다
- ✓ 상처와 통증을 적절하게 치료한다
- ✓ 애견이 침착하고 조용히 있게 한다
- ✓ 애견이 상처를 더 많이 입지 않도록 보호한다
- ✓ 전문적인 치료와 조언을 줄 수 있는 수의사를 찾는다

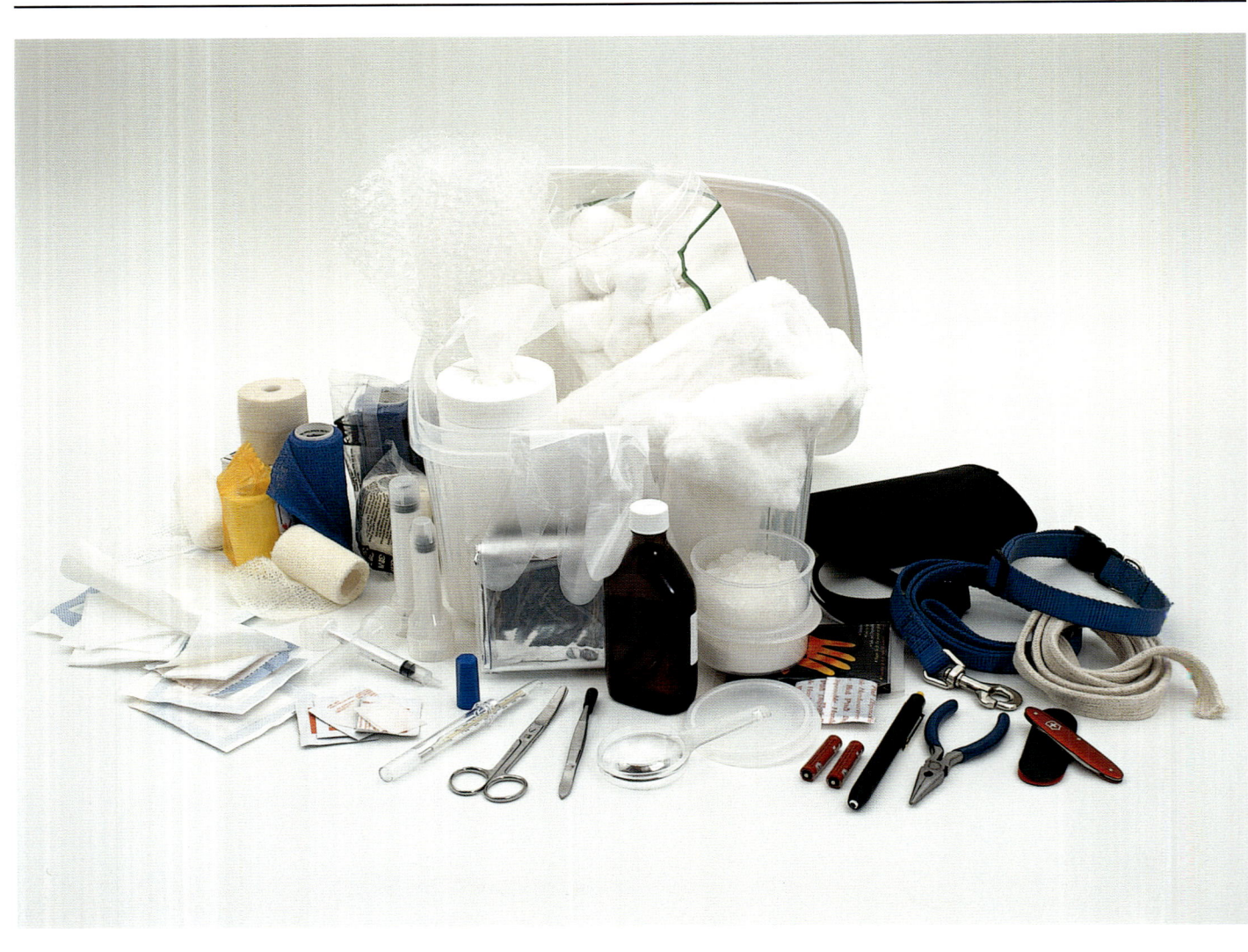

응급 처치 훈련

애견에게 응급 상황이 발생했을 때 응급 처치하는 방법을 배워두면 위급한 상황이 발생했을 때 전문가가 올 때까지 애견을 차분하고 효과적으로 돌볼 수 있다. 기본적인 응급 처치를 가르치는 강좌를 개설하는 동물 병원도 있는데, 이런 강좌를 들어보는 것도 좋은 방법이다.

구급상자

동물 병원, 동네 약국, 애완동물 가게 등에 가면 응급 처치에 필요한 물품들을 구입할 수 있다. 구급상자에는 다음에 나오는 물품들이 반드시 들어 있어야 한다.

- 흡수력이 있는 종이 키친 타월: 피가 나거나 물기가 있을 때 닦을 수 있다.
- 안티히스타민: 벌레에게 쏘이거나 물렸을 때 진정시킬 수 있다.
- 소독 로션: 상처를 치료할 때 도움이 된다(특히, 다른 동물에게 물렸을 때 유용하다).
- 상처 소독 가루: 상처를 치료하고 빨리 낫게 해 준다.
- 붕대: 상처를 감싸준다.
- 반창고: 붕대가 움직이지 않도록 고정시킨다.
- 면봉: 눈에 풀 씨앗이나 이물질이 들어갔을 때 면봉을 적셔서 제거하고, 상처 부위를 깨끗이 하고 연고를 발라줄 때 사용한다.
- 탈지면: 눈을 닦아주고, 상처 부위를 깨끗이 할 때 사용하며 붕대로도 사용할

애견이 상처를 입거나 아픈 경우 체온을 유지할 수 있도록 알루미늄 코팅이 된 시트나 담요, 타월 등으로 덮어 주어야 하며, 병원에 데려가는 동안 쇼크의 증상이 가라앉을 수 있도록 해야 한다.

수 있다. 붕대 조직이 갈라지거나 상처에 딱 달라붙지 않도록 해 준다.
- 가위의 날이 구부러져 있으며, 끝이 둥근 가위: 털을 자르고, 붕대를 크기에 맞게 자를 수 있다.
- 애견용 발톱깎이: 양쪽에 칼날이 있어 잘 깎아지는 것을 고른다.
- 엘리자베스 칼라: 애견이 붕대나 꿰맨 자리를 건드리지 못하도록 해 준다.
- 포도당 가루: 포도당 한 테이블스푼과 소금 한 티스푼을 따뜻한 물 1리터에 넣어서 애견에게 먹인다.
- 두꺼운 장갑: 애견을 잡을 때 사용한다.
- 카올린 용액: 애견이 설사를 할 때 사용한다. 병원에서 구입할 수 있으며 의사가 지시한 양을 사용한다.
- 윤활젤: 체온계를 항문에 넣기 전에 발라준다.
- 재갈: 애견이 상처를 입었을 때 자세히 살피기 전에 사용한다. 애견이 겁을 먹거나 통증을 느끼면 물 수도 있다. 바스켓 형태의 재갈이 가장 좋다.
- 달라붙지 않는 붕대: 베인 상처에 유용하게 사용할 수 있다.
- 연필 굵기의 손전등과 배터리: 애견의 입과 귀를 살펴볼 수 있다.
- 항문에 넣을 수 있는 체온계: 애견의 체온을 잴 수 있다. 귀에 사용하는 체온계도 있는데 가격은 비싸지만 사용하기 훨씬 편하다.
- 끝이 둥근 핀셋: 벌레에 쏘였을 때

침을 뽑을 때 사용한다.
- 작은 스테인리스 그릇, 혹은 플라스틱 그릇: 상처를 닦아줄 때 염분이 있는 약이나 소독약을 담는다.
- 알루미늄 코팅을 한 얇은 플라스틱 시트나 발포 비닐 시트: 쇼크가 생기거나 체온이 떨어질 때 체온을 유지하기 위해 사용한다.
- 깨끗한 면(으로 된 면사와 면으로 된 침대 시트가 좋음): 상처를 덮어 피가 흐르지 않도록 한다.
- 살균 안약: 콘택트렌즈 세척액을 사용하면 된다.
- 끈적끈적한 외과용 반창고: 붕대를 고정시킬 때 사용한다.
- 지혈약: 작은 상처나 발톱에서 피가 날 때 지혈하기 위해 사용한다. 물린 자리에도 사용할 수 있는데, 우선 입에 재갈을 물린 후 사용해야 한다.
- 수술용 장갑: 상처를 만질 때 사용한다.
- 수술용 알코올: 진드기를 없애기 위해 사용한다.
- 주사기: 용액으로 되어 있는 약을 줄 때 사용한다.
- 식용 소금: 상처를 소독하고 감염을 막기 위해 염분 용액을 만드는 데 사용한다(따뜻한 물 1리터에 소금 두 티스푼을 넣어 만든다).

유용한 정보

심각하게 상처를 입었거나 치명적인 질병에 걸린 애견은 집에서 치료하는 것보다 병원에 데려가는 것이 좋다. 병원에는 모든 시설이 갖추어져 있고 전문가가 있기 때문에 애견에게 도움이 된다.

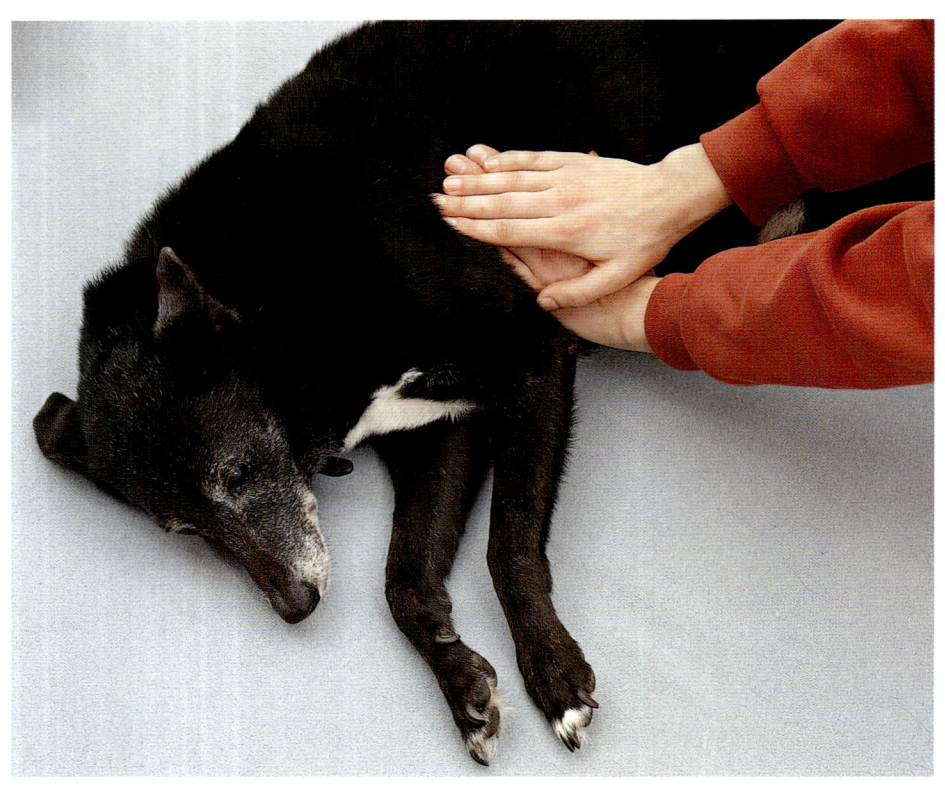

만약 애견의 심장이 뛰지 않는다면, 가능한 빨리 흉부를 눌러 주어야 한다. 그러나 가슴에 부상을 당한 것으로 여겨지면 이 방법을 사용해서는 안 된다.

유용한 정보

애견이 숨을 쉬고 있는지 알아볼 수 있는 좋은 방법은 입과 코 가까이 거울을 대어보는 것이다. 거울에 김이 생겼다가 사라지면 애견이 숨을 쉬는 것이다.

기본 응급 처치

애견을 위한 기본 응급 처치는 아주 쉽다. 가장 기본적인 세 가지는, 기도, 호흡, 순환이다. 가장 중요한 것은 애견의 기도를 깨끗하게 하여 애견이 숨을 쉴 수 있도록 해야 한다. 다음으로 해야 할 것은 애견의 혈액이 제대로 순환되고 있는지 살펴야 한다(심장이 뛰고 있는지 살피는 것이다). 이와 같은 기본적인 것들을 확인한 다음 다른 증상을 치료하면 된다.

기도와 호흡

애견이 많이 다친 상태에서 의식을 잃었다면, 애견이 숨을 쉬고 있는지 확인해 보아야 한다. 숨을 거의 쉬지 못하거나, 숨을 쉬지 않고 있으며, 혀가 검푸른 색이면, 애견의 입을 열어서 기도를 막고 있는 것을 꺼내 주어야 한다. 애견의 턱을 부드럽게 들어올려 목이 늘어나도록 하여 기도가 열리게 해야 한다. 응급 처치를 하였는데도 계속 숨을 쉬지 못하면 인공호흡을 해야 한다.

• 애견의 입이 열리지 않도록 꼭 붙들고 애견의 코에 입을 갖다 댄다.

• 애견의 코에 숨을 불어넣어 준다. 1분에 30회(공기를 한 번 불어넣은 후에 숨을 내뱉을 수 있도록 애견의 코에서 입을 떼어 주어야 한다).

• 애견의 몸집이 작은 경우, 애견의 뒷다리를 쥐고 팔을 쭉 벌려서 애견을 왼쪽에서 오른쪽으로 흔들어준다. 이렇게 하면 몸이 쏠리면서 횡격막에 체중이 반복적으로 가해지기 때문에 폐에 공기가 가득 차게 된다. 주의: 이 방법을 시행했을 때 애견의 몸에 있는 상처가 더욱 심해질 것으로 여겨지면 이 방법을 절대로 사용하면 안 된다.

• 애견이 스스로 숨을 쉬기 시작하거나, 수의사가 도착할 때까지 계속 인공호흡을 하는 것이 좋으며, 애견이 다시 살아날 가능성이 없을 때에는 인공호흡을 멈추어야 한다.

혈액 순환

호흡을 확인한 다음, 애견의 심장이 뛰는지 확인해 보아야 한다. 애견을 왼쪽 손으로 당겨 들고, 가슴에 귀를 대어보아야 한다. 이 때, 애견의 앞발 바로 뒤에 귀를 갖다 대어야 소리를 들을 수 있다. 맥박도 확인해 보아야 한다. 귀를 갖다 댄 부위나 애견의 허벅지 안쪽에 손가락을 갖다 대면 맥박을 잴 수 있다(91 페이지 참조). 심장이 뛰지 않고 있다면, 가슴을 눌러 주어야 한다. 흉부 압박법은 애견의 크기에 따라 달라진다.

• 몸집이 작은 애견(코커 스패니얼 정도의 크기까지)의 경우, 손으로 가슴을 눌러준다. 가슴을 눌러주기 위해서는 한 손을 애견의 흉부, 다리 바로 뒤쪽에 올려두고 부드러운 동작으로 가슴을 눌렀다가 놓았다가 한다. 이 때, 1초에 두 번씩 눌러 주어야 한다. 항상 손바닥으로 눌러 주어야 하고, 손가락을 사용하면 안 된다. 힘을 너무 많이 주면 갈비뼈가 부러질 수도 있으므로, 힘을 잘 조절해야 한다.

• 애견의 몸집이 큰 경우, 양손을 앞발 바로 옆, 왼쪽 가슴 부위에 갖다 댄다. 1초에 두 번씩, 일정한 속도로 압력을 주었다가 풀어준다.

어떤 방법을 사용하던 네 번 눌러줄 때마다 인공호흡을 두 번 해 주어야 한다. 애견의 심장이 다시 뛰거나, 수의사가 도

건강 관리

응급 상황들

화상

차가운 물로 화상을 입은 부위의 온도가 내려가도록 하여 통증과 화상의 정도를 줄여주는 것이 좋다(애견을 세울 수 있는 상황이라면 욕조나 싱크대에 애견을 넣고 약 10분 동안 차가운 물을 애견에게 뿌려주는 것이 좋다). 화상 부위를 차갑고, 축축하며, 깨끗한 천(손수건이나 행주)으로 덮어주고 애견의 체온을 보호할 수 있도록 알루미늄 코팅을 한 얇은 플라스틱 시트 등으로 덮은 후, 따뜻한 애견용 가방에 담아 빨리 병원에 데려가야 한다.

화학 약품으로 인한 화상

고무장갑을 끼고 차가운 물로 화학 약품이 묻은 부위를 씻겨주어야 한다. 혹은 애견을 욕조나 싱크대에 세워두고 화상을 입은 부위에 물을 계속 흘려주거나 정원에 있는 호스를 사용하는 것도 좋은 방법이다. 애견이 화학 약품이 묻은 부위를 핥지 못하도록 하고 화상을 입었을 때 해야 하는 응급 처치를 똑같이 취한다.

햇볕으로 인해 화상을 입었을 때

화상을 입었을 때와 똑같이 처치한다.

독극물

애견이 평소보다 너무 많이 침을 흘리거나 너무 졸려 하는 것 같은 증상은 독성이 있는 들쥐를 삼켰을 때 나타나는 증상(또한 쥐약을 먹었을 때도 마찬가지 증상을 보임)이 보이면, 즉시 의사에게 연락을 하고, 애견이 삼킨 물질의 이름을 얘기해 주어야 한다. 미리 어떤 물질을 삼켰는지 알려두면, 애견을 병원으로 데려가는 동안 의사가 해당 약품을 제조한 회사에 연락해 필요한 정보를 알아둘 수 있다. 애견의 소화기에 있는 독극물을 가능한 많이 제거할 수 있도록 애견이 구토하도록 만들라고 수의사가 지시할 수도 있다. 그럴 경우, 집에 있는 탄산나트륨을 한 알 혹은 두 알 정도 애견의 목구멍 안쪽에 넣어준다. 탄산나트륨이 없다면, 겨자와 소금을 물에 섞어서 자극할 수도 있

착할 때까지 탄복해 주어야 한다. 애견이 살아날 가능성이 없을 때 에는 멈추는 것이 좋다. 심장 마사지를 해 주는 동안 계속 맥박이나 심장 박동이 살아났는지 확인해야 한다.

상처 입은 애견 옮기기

애견이 상처를 입었을 경우, 함부로 움직이면 오히려 상처를 악화시킬 수 있으므로, 꼭 필요한 경우가 아니라면 옮기지 않는 것이 좋다. 그러나 만약 애견을 반드시 옮겨야 하는 상황이라면 87페이지에 나와 있는 안전하게 들어올리고 움직이는 방법을 참조하는 것이 좋다. 애견이 덩치가 큰 경우 안전하게 옮기기 위해서 도움이 필요할 수도 있다. 만일 혼자 있는 상황에서 덩치가 큰 애견이 의식을 잃고 있다면 코트나 담요 위로 부드럽게 밀어 올린 다음 조심스럽게 안전한 곳으로 끌고 가야 한다. 애견을 옮기기 전에 반드시 입에 재갈을 채워야 한다.

애견이 허리 높이에 있어야 움직이지 못하도록 하고, 관찰하고 치료하기가 수월하다. 따라서 가능하면 애견을 테이블이나 벤치 위에 올려두고 미끄러지거나 당황하지 않도록 그 위에 담요 등을 덮어두는 것이 좋다. 다음에 어떤 조치를 취해야 할 지 살펴보기 위해서 애견을 관찰할 때는 부드러우면서도 강하게 눌러서 애견이 움직이지 못하도록 해야 한다(목걸이를 끼고 있는 경우 목걸이를 잡아야 하고, 애견이 목을 만져도 싫어하지 않거나, 상처가 악화되지 않는 경우 목 부위를 팔로 감싸고 움직이지 못하도록 하면 된다). 손을 등 뒷부분과 가슴 쪽에 두면 필요한 응급 처치를 취하는데 도움이 된다. 애견이 움직이지 못하도록 쉽게 통제하려면, 어릴 때부터 통제하는 연습을 해야 한다.

상처를 입은 애견이 움직이지 못하도록 하고 옮길 때에는 침착하고 차분하게 행동해야 한다.
애견을 진정시킬 수 있도록 차분하고 조용하게 말을 걸어 주어야 한다. 힘을 이용해 너무 세게 움직이지 못하도록 하여 당황하도록 만들어서는 안 된다.

160 건강 관리

다. 응급 처치를 한 후 지체 없이 애견을 병원으로 데려가야 한다. 독성이 있는 모든 물질은 안전한 곳에 두어야 한다. 특히, 어린 강아지들은 호기심이 많으므로, 특별히 주의를 기울여야 한다.

뼈가 부러졌을 때

뼈가 부러져서 밖으로 툭 튀어나와 있는 경우가 아니라 하더라도, 애견의 뼈가 부러졌을 때 나타나는 증상이 있다. 가령 애견이 몸을 움직이면서 극심한 통증을 느끼거나, 몸을 제대로 움직이지 못하고 다리 형태가 이상하거나, 다리를 평소와 다르게 움직이거나, '골성알음(crepitus)' 이라고 하는 뼈가 서로 부딪히는 소리가 나면 뼈가 부러진 것이다. 애견이 가능한 조용하고 따뜻하게 있을 수 있도록 해 주고 즉시 병원으로 데려가야 한다. 상처를 입은 다리를 붕대나 부목으로 받쳐주면 도움이 된다. 그러나 반드시 차분하고 경험이 있는 사람이 처치를 해야 한다.

감전

일단 전원 공급을 차단한 다음, 애견이 숨을 쉬는지 확인한다. 만약 숨을 쉬지 않는다면 인공호흡을 한다(158페이지 참조). 전원 공급을 차단할 수 없는 상황이라면, 애견에게 다가가면 안 된다. 감전이 되면 대부분의 경우 화상도 입게 되는데, 앞서 설명한 대로 화상을 입었을 때의 응급 치료를 해 주어야 한다.

벌레에게 쏘이거나 물렸을 때

애견은 벌레에게 쏘인 부분을 미친 듯이 긁어댄다. 만약 목구멍 부위를 쏘였다면, 바로 병원에 데려가야 한다. 독이 부었을 때 그대로 내버려두면 기도를 막아 애견이 죽을 수도 있다. 다른 부위를 쏘였다면, 해당 부위 주변에 있는 털을 깎아내고 쏘인 부위를 직접 살펴보고 소금 용액으로 소독해 준다. 벌에 쏘이면, 벌이 쏜

자동차 사고

- 애견이 도로에서 사고를 당했고, 여전히 도로 위에 있다면, 일단 차들의 통행을 막고 안전하게 필요한 응급 처치를 취해야 한다. 가능한 빨리 병원에 연락을 해야 하고, 의사에게 애견의 증상에 대해 설명해 주어야 한다.

- 애견에게 조심스럽게 다가간다. 애견을 진정시킬 수 있도록 부드러운 목소리로 이야기한다. 필요한 경우, 애견의 상태를 악화시키지 않도록 조심하면서 안전한 곳으로 옮긴다. 애견을 들어올리거나 이동시키는 과정에서 상처를 악화시키면 안 된다. 가장 좋은 방법은 임시로 만든 들것에 애견을 부드럽게 밀어 올려서 이동시키는 것이다. 밖으로 드러나는 상처를 살피고, 목 뒤쪽에 혹이 생기거나 부어오르지 않았는지 살펴보아야 한다. 이런 증상들이 있을 경우 골절이나 충격으로 인해 부어 오른 것이다.

- 적절한 응급 처치를 취하고 전문가가 도착할 때까지 애견을 안전하고 따뜻하게 보호해 준다. 언뜻 보기에 특별한 외상이 없는 것 같아도 전문가의 검진을 받도록 해야 한다. 내부 출혈이 생긴 경우, 적절하게 치료해 주지 않으면 생명에 위협이 될 수 있다.

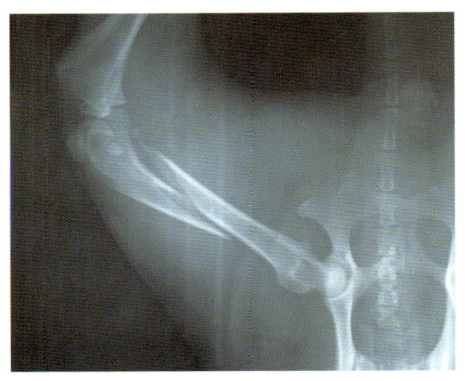

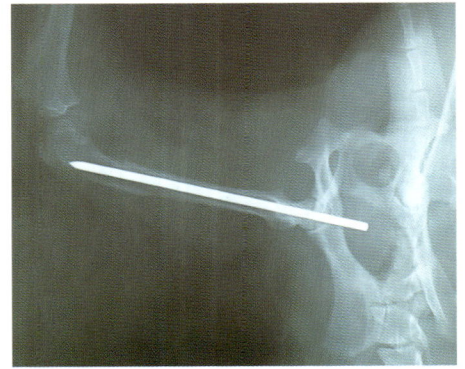

위 대퇴골의 골절 치료 전 X-레이 사진
아래 대퇴골 중심부에 핀을 삽입하여 대퇴골을 지지하고 치유되도록 처치한 후의 사진

자리에 침이 남아 있지만, 말벌은 침을 남기지 않는다. 침이 있으면, 족집게로 뽑을 수 있는지 판단하여, 뽑을 수 있을 것 같으면 조심해서 침을 뽑은 후에 탈지면에 수술용 알코올을 묻혀 닦아준다.

말벌이 쏘고 간 부위를 진정시키려면, 식초나 레몬주스를 묻혀 닦아주는 것이 좋다. 말벌이 아닌 다른 벌이 쏘고 간 자리를 진정시킬 때에는 물에 중탄산염을 섞어서 닦아주는 것이 좋다. 해당 부위를 깨끗하게 건조시킨 다음, 벌에 쏘인 부위가 부풀어 오르거나 따갑지 않도록 젖은 압박붕대를 조심해서 감아준다. 다른 곤충에게 쏘였을 때에는, 해당 부위를 깨끗하게 건조시킨 다음, 안티히스타민 스프레이나 연고를 뿌려 가렵거나 따가운 증상을 줄여준다.

물린 상처

애견은 다른 애견, 쥐, 뱀에 물릴 수 있다.
· 만일 다른 애견에게 물린 것으로 여겨지면, 물린 부위의 털을 깎고 상처 부위를 소금 용액으로 닦은 후에 용해한 소독 로션을 발라준다. 해당 부위를 건조시킨 다음에 상처 소독 가루를 뿌려준다. 하루에 두 번씩 이와 같은 방법으로 소독하고 약을 발라주어야 한다. 상처 부위를 항상 깨끗하게 관리하는 것이 중요하다. 상처 부위가 오염되면 곪거나 감염되어서 농양이 생길 수도 있다.
· 설치류 동물은 여러 종류의 질병을 옮기기 때문에, 쥐에게 물리면 특히 위험하다. 다른 애견에게 물렸을 때와 마찬가지로 응급 처치를 한 후에 병원에 데려가 항생 주사를 맞히고 상처 부위에 항생제 성분이 있는 가루를 뿌려 주어야 한다.
· 애견이 뱀에 물렸을 때에는 애견을 진정시켜, 달아나거나 몸을 움직이지 않도록 해야 한다. 몸을 움직이면 몸속에 들어간 독이 더욱 빨리 전신으로 퍼져나간다. 마음을 가라앉히고 즉시 병원에 연락해야 한다.

물에 빠졌을 때

애견이 물에 빠졌다면, 물 밖으로 애견을 꺼내어 폐에 들어간 물이 빠져 나오도록 애견을 거꾸로 든다(만약 애견의 덩치가 큰 경우, 엎드리게 한 후 등을 들어 올린다). 그런 다음, 애견을 바닥에 눕혀 호흡할 수 있도록 몸을 세게 문질러준다. 만약 애견이 숨을 쉬지 못한다면, 인공호흡(158페이지)을 시작하고 가능한 빨리 수의사의 도움을 받아야 한다.

이물질

대부분의 경우, 애견의 몸에 이물질이 끼었을 때 병원에 데려가 제거하는 것이 좋다. 애견이 이물질이 낀 부위를 발로 긁으면, 의사가 문제를 해결할 때까지 애견이 상처를 덧내지 않도록 부드럽게 잡고 있어야 한다. 애견의 눈에 풀 씨앗이 끼었을 경우, 주사기에 소금 용액을 담아 눈에 뿌려주면 제거할 수 있으며, 발에 가시가 박혔을 때에도 부드럽게 뽑아줄 수 있다. 그러나 가시를 뽑을 때에는 끝이 부러져 상처 속에 남아있지 않은지 확인해야 한다. 만일 상처 속에 가시가 남아 있으면, 병원에 데려가 치료를 받도록 해야 하며, 치료를 받지 않으면 곪을 수도 있다.

질식

애견이 질식했을 때에는 즉각적으로 조치를 취해야 한다. 애견이 움직이지 못하도록 하고 입을 열어 목구멍에 뭐가 들어 있는지 본다. 가장 주의해야 할 것은 목구멍에 들어 있는 이물질을 꺼내려고 하다가 오히려 더 깊숙이 밀어 넣어 문제를 더욱 심각하게 만들 수도 있다는 것이다. 만일, 옆에 도와줄 사람이 있다면 애견의 목을 막고 있는 물체를 꺼내는 동안 애견이 입을 다물지 못하도록 잡고 있어달라고 부탁하는 것이 좋다.

만약 애견의 목을 막고 있는 것이 기도에 꽉 끼어 있다면, 꺼내려고 하지 않는 것이 좋다. 꽉 끼어있는 물체를 꺼내려고 하면 문제가 더욱 심각해질 수 있다. 대신, 애견을 바닥에 눕히고, 애견의 뒷다리를 쥐고 사람의 무릎까지 들어올려, 사람의 무릎 사이에 다리를 끼운다.

양손을 가슴 양쪽에 올리고 빠른 동작으로 가슴을 눌러 애견이 기침을 하게 만든다. 5-6번 정도 눌러주면 애견이 기침

주인이 애견에게 막대기를 던져주고 물어오도록 시켰을 때 막대의 조각이 부러져 내와 기도를 막는 경우가 많다. 애견에게 절대로 막대기를 던져 주어서는 안 되며, 대신 적당한 장난감을 던져주는 것이 좋다(32페이지 참조).

을 한다. 이물질이 빠져 나오고 난 후, 애견이 쉴 수 있도록 한 후, 병원에 데려가 검사를 받게 한다. 여러 가지 방법을 시도해도 목에 낀 물체를 빼낼 수 없을 때에는 즉시 병원에 데려가야 한다.

경련

애견이 경련을 일으키면 건드리지 말고, 주위에 있는 물건들을 치운다. 그런 다음 빨리 병원에 연락을 한다. 발작을 하게 되면 위험하고, 죽을 수도 있다.

애견이 평소처럼 움직이지 못하거나, 이상한 걸음걸이를 하면 절고 있는 것이다.

다리를 절 때

애견이 갑자기 다리를 절면, 나머지 다리로 체중을 지탱하기가 힘들어지거나, 걷기가 힘들어진다. 다리나 발바닥에 이물질이 끼어있지 않은지 살펴보고, 뼈가 부러진 것은 아닌지 확인한다. 가능한 빨리 병원에 데려가야 한다.

쇼크

사고나 부상, 끔찍한 경험을 한 후에 쇼크가 생기면 혈압이 급격하게 떨어질 수 있으며, 이는 생명을 위협할 수 있다. 쇼크가 오면 피부가 차가워지거나, 혈액 순환이 잘 안 되기 때문에 입술과 잇몸이 창백해지고, 현기증이 나고, 맥박이 빨라지고, 눈을 뜨고 있지만 눈이 보이지 않는다. 애견을 알루미늄 코팅을 한 얇은 플라스틱 시트로 감싸서 체온을 보존하고, 주위를 조용하게 해 준다. 애견의 몸을 부드러운 손놀림으로 강하게 마사지하여 혈액 순환이 잘 되도록 한다. 마사지를 할 때, 몸에 있는 상처를 악화시키지 않도록 주의해야 한다. 가능한 빨리 병원에 데려가는 것이 좋다.

출혈이 있는 상처를 입었을 때

대부분의 베인 상처나 찢어진 상처는 저절로 빠른 속도로 아문다. 상처 부위를 소금물을 적신 깨끗한 탈지면으로 닦아주어 항상 청결한 상태를 유지하는 것이 치료의 전부이다. 상처를 입은 후 처음 피를 흘릴 때에는, 그 양이 많을 수도 있지만, 피가 흐르면서 상처에 있는 여러 이물질을 함께 씻어가기 때문에 감염이 될 가능성을 줄일 수 있다. 그러나 다음과 같은 경우라면 즉각 병원에 데려가야 한다.

- 상처에서 선홍색의 피(동맥혈)가 뿜어져 나올 때
- 검붉은 피(정맥혈)가 멈추지 않고 나올 때
- 상처가 깊고 심각해서 걱정이 되고, 꿰매야 할 때
- 총에 맞은 것처럼 보일 때
- 피부가 손상되었을 때. 피부가 손상되면 겉에서 볼 때에는 손상 부위가 적은 것 같지만 안으로 들어갈수록 상처가 깊어져 감염될 가능성이 높아진다. 피부에 이물질이 박혔을 때에는 이물질을 건드렸을 때 상처가 더욱 심해질 수 있을 것처럼 보이거나 피가 많이 날 것처럼 보이면 아예 건드리지 않는 것이 좋다(박혀있는 채로 두면, 그 물체가 마개 역할을 하여 과다 출혈을 막아준다).
- 베인 상처. 베인 상처가 있으면 힘줄이 손상되어 발가락이나 다리에 영향을 줄 수도 있다.

상처가 심하지 않다면, 깨끗한 탈지면으로 가볍게 눌러 주는 것만으로도 피를 멈추게 할 수 있다. 일단 피를 멈추게 한 후에, 소금물로 닦아주면 된다. 동맥이나 정맥이 손상되어 피가 흐르는 경우, 상처에서 심장 쪽으로 연결되는 부위를 흘러가는 동맥이나 정맥을 찾을 수 있다면 그 곳을 눌러주면 피를 멈추게 하는데 도움이 된다. 이 때, 상처를 직접 누르지는 않는 것이 좋다. 만약 동맥이나 정맥을 찾지 못했다면, 탈지면으로 상처 부위를 눌러주는 것도 피가 멈추게 하는데 도움이 된다. 가능하다면, 상처 부위를 높게 하는 것이 좋다. 상처 부위를 심장보다 높게 하면 중력의 작용으로 피가 덜 나게 된다.

내부 상처

몸 내부에 상처가 있음을 나타내는 증상은 다음과 같다. 비정상적으로 부풀어 오른 복부, 입, 코, 귀, 눈, 성기(암캐가 발정기일 때 성기에서 출혈이 있는 것과 헷갈리면 안 된다), 항문 등에서의 출혈, 소변과 대변의 혈흔, 쇼크, 피부에 멍이 든 자국. 이런 증상이 있을 때에는 즉시 병원에 데려가는 것이 좋다.

유용한 정보

상처 주위의 털을 깎아 줄 때에는 가위의 날이 구부러지고 모서리가 둥글게 처리된 것을 사용해야 한다. 가위의 날에는 깨끗한 물을 묻혀서 사용해야 하는데, 끓였다가 식힌 물을 사용하는 것이 좋다. 물을 묻힌 가위를 이용하여 상처 부위의 털을 깎으면 털이 젖은 가위 날에 묻기 때문에, 상처 속에 털이 들어갈 위험이 줄어든다. 털을 씻어 낼 때에도 같은 방법으로 물에 적셔주면 된다.

자주 받는 질문

Q 붕대를 얼마나 느슨하게 혹은 세게 묶어야 합니까?

A 동물 병원에서 실시하는 응급 처치 강좌를 듣지 않았다면, 직접 붕대를 감지 말고 병원에서 붕대를 감아주도록 하는 것이 좋습니다. 만약 붕대를 너무 세게 감으면, 혈액 순환이 안 돼 애견에게 해가 될 수도 있습니다. 동물 병원에서 어떤 붕대를 사용하는지, 어떻게 사용하는지 배워두는 것이 좋습니다.

상처를 더욱 악화시키는 행동

상황	하지 말아야 할 것
상처	상처에 이물질이 들어있을 때, 혹은 뼈가 튀어나와 있을 때 직접 압력을 가하거나, 상처에 든 이물질을 직접 빼내려고 하면 안 된다. 이런 조치를 취할 경우, 피가 더 많이 날 수도 있으므로, 병원에 데려가는 것이 좋다.
심각한 출혈	지혈을 하기 위해 압박 붕대를 사용하면 피가 흐르지 못하기 때문에 상태를 더욱 심각하게 만들거나 생명을 위협하는 위험 요인이 될 수 있으므로, 압박 붕대는 사용하지 않는 것이 좋다.
흉부 압박	가슴 부위에 부상을 입은 것으로 의심되면 흉부 압박을 하면 안 된다.
질식	애견의 입과 목구멍에 끼여 있는 물질을 억지로 꺼내려고 하지 말고, 161페이지에 나와 있는 방법을 이용해 기침을 하도록 하는 것이 좋다. 만약 모든 방법에 실패하면, 애견을 병원에 데려가야 한다.
화상	한꺼번에 많은 양의 차가운 물을 상처 부위에 쏟아 부으면 체온이 급격하게 떨어져 애견이 죽을 수 있으므로, 조금씩 부어주어야 한다. 159페이지 참조.
감전	전원을 끄지 않고 애견을 만지면 사람도 감전될 수 있으므로, 애견을 만지기 전에 꼭 전원을 꺼야 한다.
화학 물질로 인한 화상	장갑을 끼고 보호 장비를 착용한 다음 애견을 만져야 한다. 그렇지 않으면, 화학 물질로 인해 사람도 화상을 입을 수 있다.
경련	경련을 일으키는 애견이 움직이지 못하도록 하면 안 된다.
골절	부러진 뼈를 고정시키려고 하면 안 된다. 그대로 내버려 두고 병원에 데려가는 것이 좋다.
독극물	수의사가 특별한 지시를 하지 않는 한 애견이 토하도록 하면 안 된다.
싸움	애견끼리 싸우고 있을 때 손으로 이들을 떼어놓으려고 하면 안 된다. 긴 빗자루 손잡이나 무기를 이용해 떼어놓아야 한다.
눈 상처	애견의 눈 속에 이물질이 들어있는 것으로 보일 때에는 눈에 붕대를 감거나 누르면 안 된다.
줄을 삼켰을 때	애견이 싫어하면 입이나 항문을 통해 이물질을 빼내려고 당기면 안 된다. 병원에 데려가는 편이 좋다.

자주 생기는 질병

애견은 여러 종류의 질병에 걸리는데, 이들 중 대부분은 치료가 가능한 것이다. 애견이 병에 걸리면 반드시 의사에게 연락하고 가능한 빨리 치료를 받을 수 있도록 하여야 하며, 약물과 치료 등에 관한 의사의 지시를 따라야 한다. 키우고 있는 애견에 대해 가능한 자세한 정보를 주면 의사가 좀 더 효과적으로 치료하는데 도움이 된다. 다시 말해서, 자신이 키우는 애견에 대해서 잘 알고 있으면 애견을 잘 키우는 데에도 도움이 되지만, 애견의 생명을 구할 수도 있다. 수의사에게 알려줘야 하는 자세한 정보는 다음과 같다.

Checklist
- ✓ 애견의 증상
- ✓ 증상이 시작된 때
- ✓ 증상이 지속된 기간
- ✓ 애견의 행동의 변화

시력 손상

시력 손상은 그 정도에 따라 여러 가지로 나뉘어 진다. 심각한 경우 앞을 전혀 볼 수 없거나 밝고 어두운 것을 구별하는 정도로 시력이 약해질 수도 있다.

증상

특별한 이유 없이 애견이 가구나 다른 물체에 부딪히거나 주인을 찾지 못하는 경우가 있다. 특히, 주인이 다른 사람들과 섞여 있는 경우 더욱 힘들어한다. 나이가 많은 애견의 경우 밝은 곳이나 어두운 곳에서 시력에 문제를 보이는 경우가 많기 때문에, 밖에 나가는 것을 꺼려한다.

원인

다양한 원인이 있을 수 있다. 가령, 상처를 입거나, 유전 질환, 특정 상태 등으로 인해 시력이 약해질 수 있다. 애견이 나이가 들면 수정체가 퇴화되면서 자연스럽게 눈동자에 이물질이 나타난다.

대처 방법

애견의 시력이 약해지고 있으면 주저하지 말고 바로 병원으로 데려가야 한다.

치료

원인에 따라 치료 방법이 달라지지만, 만약 시력을 완전히 잃었다면 치료하는 것이 불가능하다.

눈에 이물질이 있거나 뿌옇게 보일 경우 시력에 문제가 있는 것이다. 그러나 대부분의 애견은 한쪽 눈이나 양쪽 눈의 시력이 사라져도 잘 적응한다.

이상 눈물 생성

이 질환은 유루증이라고도 부른다. 눈물을 흘리면 눈에 있는 먼지나 이물질이 밖으로 빠져 나오게 되며, 눈물이 흐르는 과정에서 눈꺼풀도 관여를 하기 때문에 눈이 더욱 건강해진다.

증상

눈물이 지나치게 많이 흘러나온다. 얼굴의 털이 하얀색인 경우 유루증의 증상을 보이면 쉽게 알아차릴 수 있다. 애완견의 경우 눈꺼풀이 크고 처져 있기 때문에 유루증에 걸릴 가능성이 크다.

원인

한 쪽 혹은, 양쪽의 눈물관에 이물질이 끼여서 막히거나, 감염이 된 경우, 혹은 얼굴에 상처가 있거나, 부상으로 인한 상처나 과도한 전액 생성으로 인한 결과로 유루증이 나타나기도 한다. 유전적인 결함으로 인해 눈물관이 제 기능을 하지 못하는 경우도 있다. 속눈썹이 안으로 자라서 눈을 찔러서 유루증이 생기는 경우도 있다.

대처 방법

병원에 데려가야 한다.

치료

감염이 있는 경우 항생제를 처방 받아서 사용해야 한다. 눈물관이 막힌 경우 마취 후, 눈물관을 뚫어준다. 치료하는 것보다 미리 질병에 들지 않도록 예방하는 것이 더 중요하므로 미지근한 물을 이용해 주기적으로 눈을 씻어주어 이물질이 눈 속에 남아있지 않도록 해 주어야 한다. 만약 자신이 기르는 애견이 유루증에 걸릴 위험이 큰 종류라면 더욱 세심하게 관리해 주어야 한다.

치주 질환

치주 질환은 잇몸과 이빨과 관련된 질환이다.

증상

입 냄새가 나고, 잇몸이 부풀어 오르고 아프며, 식욕이 사라지고 침을 많이 흘리게 된다. 애견의 이빨에 치구(음식 찌꺼기와 침이 섞여서 형성되는 끈적끈적한 막으로 이빨에 붙어 있으며 치구에는 박테리아가 많음)나 치석(미네랄이 쌓여서 형성되는 물질) 등이 생겼을 때 치료해 주지 않으면 신장이나 심장에 질병이 생길 수 있다. 이빨과 닿는 부분에 황갈색의 반점이 생긴다

원인

치은염(잇몸에 염증이 생기는 질환)이 생기거나 이빨 사이에 음식물이 끼면 박테리아가 들러붙어 이빨을 썩게 한다. 신장에 문제가 생겨도 같은 증상을 보인다.

대처 방법

애견의 이빨 상태를 항상 청결하게 유지시켜 주어야 한다. 질병을 예방하고, 애견의 이빨을 살펴보고, 문제가 생겼을 때 미리 발견할 수 있도록 주기적으로 애견의 이빨을 닦아 주어야 한다. 정기 검진을 받을 때에는 항상 이빨 검사도 함께 받도록 한다.

치료

치은염에 걸렸다면 입에 소독 스프레이를 뿌려 주면 도움이 된다. 소독 스프레이를 사용할 때에는 먼저 의사와 상의해야 한다. 애견에게 부드러운 통조림 음식만 주면 이빨에 좋지 않으므로, 밥을 줄 때마다 곡류나 비스킷 등 딱딱하고 씹을 수 있는 음식을 함께 주어야 한다. 이런 음식을 먹으면 이빨을 깨끗하게 유지하는데 도움이 된다. 만약 애견이 이빨을 깨끗하게 해 주는 역할을 하도록 만들어진 장난감을 잘 가지고 논다면, 이 장난감을 사 주는 것도 좋은 방법이다. 애견에게 뼈를 던져주고 물어오도록 하면 이빨을 손상시킬 수 있으므로 자제하는 것이 좋다.

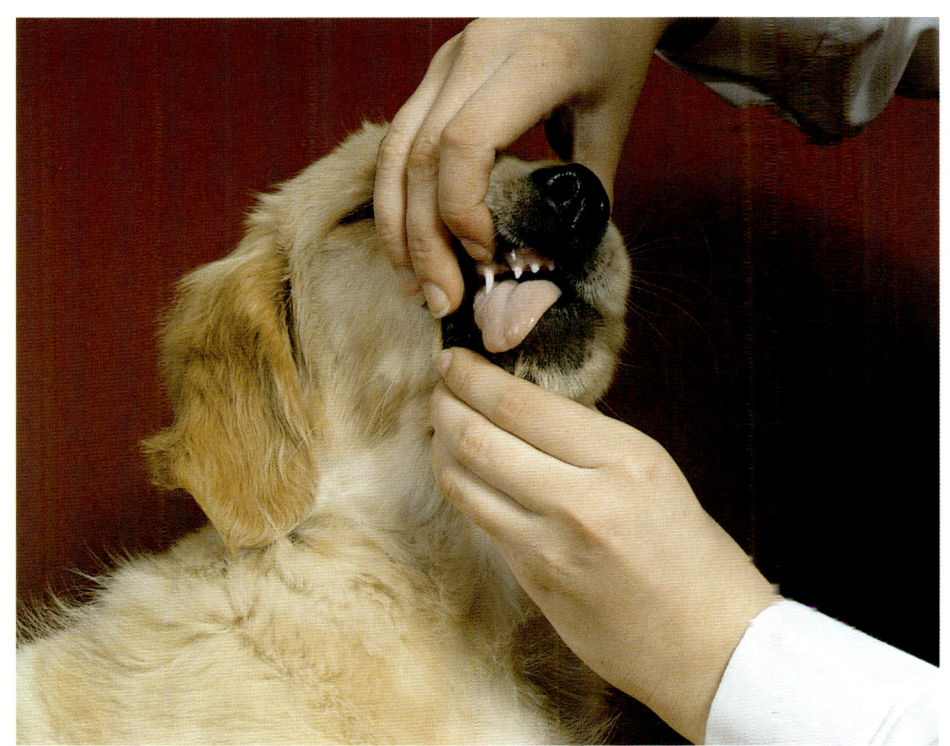

이빨에 치석이 쌓이면 이빨이 썩고 잇몸 질환이 생기게 된다

요실금

요실금은 소변을 보고자 하는 욕구를 자제하지 못하는 질병을 뜻하는 것으로 수캐보다 암캐에서 더 흔히 찾아볼 수 있는 질환이다. 중성화 수술을 받은 암캐에게서 가장 흔하게 나타난다.

증상

암캐가 쉬려고 엎드리거나 자다가 소변을 보게 된다. 스스로 조절하는 것이 아니라 자신의 의지와는 상관없이 소변이 흘러나온다. 수캐가 흥분하거나 운동을 하는 동안 소변을 보면, 행동상의 문제일 가능성이 크다.

원인

요실금에는 여러 가지 원인이 있을 수 있다. 가령 요도 판막에 이상이 있거나, 애견의 소변계가 선천적으로 이상이 있거나, 요로결석증(소변계에 녹지 않는 칼슘성분의 결정체가 생기는 것), 전립선암(수캐의 경우) 등이 그 원인이 될 수 있다. 요실금은 나이가 많은 암캐, 덩치가 중간 이상인 애견에게서 자주 나타난다.

대처 방법

애견을 병원에 데려갈 때에는, 최근에 눈 소변을 가지고 가는 것이 좋다. 소변을 함께 가지고 가면 요실금의 원인이 무엇인지 밝히기가 쉬워진다. 애견이 아무데나 소변을 본다고 해서 벌을 주거나 야단을 치는 것은 좋지 않다. 애견이 잠을 자는 침구도 소변으로 인해 더럽혀지기 쉬우므로, 침구를 자주 바꾸어주고 청소해 주는 것이 좋다. 가능하면 매일 갈아주는 것이 좋다.

치료

방광에 문제가 있는 경우 수술이 필요할 수도 있으며, 요도가 소변이 흘러가지 않도록 막아주는 기능을 좀 더 제대로 할 수 있도록 하려면 약물 치료만으로도 효과를 볼 수 있다. 요실금이 있다고 해서 그 자체만으로 생명이 위험한 것은 아니지만, 요실금이 생기는 원인에 따라 위험할 수도 있다. 따라서 애견이 요실금 증세를

이 사실을 아십니까?

만약 집에서 기르는 암캐가 요실금의 증상을 보이면, 특수 침대를 구입하거나 만들어주는 것이 좋다. 애견의 잠자리에 두꺼운 폴리에틸렌 백을 덧씌워 소변이 스며들지 않도록 한 후, 그 위에 신문지를 여러 겹 덮고, 다시 담요나 타월로 덮어주면 된다. 이렇게 대비를 해 두면 실수를 하더라도, 신문지를 버리고 담요를 씻어주기만 하면 된다.

보인다면 병원에 데려가 보는 것이 좋다.

항문낭 질병

항문낭이 감염되는 질환을 일컫는 것이다. 배변을 할 때 항문낭에서는 유분이 있으며, 밝은 갈색빛을 띠는 액체가 분비된다. 이 액체는 애견들 사이에서 각 무리와 애견을 식별하는데 사용되는 것으로 추정되며, 애견이 변을 볼 때마다 함께 쌓이게 된다.

증상

항문을 지나치게 많이 핥고, 배변을 할 때 소리를 내고, 옆구리를 물고, 엉덩이를 땅에 대고 질질 끈다(70페이지 참조). 항문낭 부위가 부풀어 오르고, 감염된 항문낭 부위에 궤양이 생겨 터지면 피와 고름 악취가 나는 갈색 액체가 나온다.

원인

항문낭 부위에 액체가 두꺼워지면 감염의 원인이 되어, 평소와 다른 형태를 나타내게 되고 항문낭이 차오르게 된다. 애견이 이 액을 빠른 속도로 만들어 내거나 항문 주변의 근육에 변화가 있으면, 항문낭에 이 액체가 지나치게 많이 담겨 있을 수 있다. 이 액체가 가득 차면 항문낭이 감염될 가능성이 커진다. 일단 감염이 되면 애견이 힘들어하고 통증을 느낀다.

대처 방법

앞서 설명한 증세를 보이면 즉시 병원에 데려가야 한다. 항문낭에서 분비물이 발견되면 즉시 치료해 주어야 한다.

치료

수의사가 직접 항문낭 속에 들어있는 물체를 꺼내면 즉각적으로 불편한 느낌이 사라진다. 그러나 만약 감염이 되어 있으면 마취를 하고 항문낭을 씻어 준 다음, 항생제로 마무리해 주어야 한다.

고창

항문을 통해서 가스가 밖으로 배출되는 질환이다.

증상

소리가 나고, 애견 주변에서 이상한 냄새가 난다.

원인

애견이 소화하기 힘든 음식을 주거나, 애견이 음식을 씹지 않고 삼켜서 음식을 먹을 때 공기와 함께 삼키거나, 심각한 소화 장애가 있을 때, 사람이 먹고 남은 음식 찌꺼기를 무심코 주었을 때 고창 증세가 나타난다.

대처 방법

애견에게 주는 먹이가 질이 나쁘면 제품을 바꾸어서 좀 더 좋은 제품을 주는 것이 좋다. 만약 애견이 음식에 욕심이 많다면, 음식 그릇에 크고, 부드럽고 깨끗한 돌을 넣어서 음식을 먹을 때 조심스럽게 골라먹도록 만들어야 한다. 이렇게 하면 음식을 먹는 속도가 줄어들어서 도움이 된다. 만약 이런 조치를 취했는데도 호전되지 않는다면 병원에 데려가서 심각한 원인이 있는지 확인하도록 한다.

치료

식생활을 바꾸어 주거나 문제가 되는 음

식을 주지 않으면 금방 치료할 수 있다.

전염성 호흡기 질환(케늘 코프)
전염성이 매우 높은 질환이다.

증상
기침을 많이 하게 되는데, 특히 힘을 주거나 목에 줄을 매고 있는 상태에서 앞으로 나아가려고 할 때 기침이 심해진다. 기침을 심하게 하여 구역질을 할 수도 있고, 가끔 점액질도 분비되기도 한다. 코에서 분비물이 나오고 고열이 나기도 한다(사상충이나 탄성적인 기관지 질환이 있을 때에도 유사한 증세를 보인다).

원인
보데텔라 브론키셉티카라고 하는 박테리아가 원인으로, 고양이에게도 영향을 미친다. 개 파라인플루엔자 바이러스와 함께 나타나기도 하고 따로 나타나기도 한다.

대처 방법
일단 애견이 감염되면 다른 동물들과 격리시켜야 한다. 크는 며칠 이내로 증상이 사라지고 10~14일 이내에 완전히 회복하게 된다. 단 증상이 지속되면 병원에 데려가야 한다. 증상이 심각한데 치료하지 않고 그냥 두면 폐에 손상이 갈 수도 있다.

치료
항생제를 투여한다.

당뇨
당뇨는 호르몬 수능 문제로 인해 발생하는 질환으로, 혈당 수치를 조절할 수 없게 된다.

증상
식욕이 증가하는데 특히 소변 양이 많아지거나, 무기력해지고, 체중이 줄어드는 증상이 함께 나타나며, 백내장이 생길 수도 있다. 암캐들은 발정기가 시작되면 당

애견을 애견 보호 센터에 며칠 동안 맡길 예정이라면, 반드시 케늘 코프 예방 접종을 맞은 뒤 한다.

뇨와 비슷한 증상이 나타나기도 한다.

원인
췌장에서 생산되는 인슐린이 부족하거나 혈당 수치가 증가하면 당뇨가 생긴다. 당뇨가 생기는 것은 몸에 이상이 있거나 노화로 인해 췌장에서 인슐린을 생산하지 못한다는 뜻인 경우가 많다. 저먼 셰퍼드 도그, 래브라도 리트리버, 로트와일러, 사모예드와 같은 일부 종에서는 당뇨가 유전된다. 그러나 다른 종류의 애견에게서도 당뇨가 나타날 수 있으며, 특히 8세 이상의 애견에게서 많이 나타난다. 상상 임신을 하면 혈액 내에 있는 프로게스테론이라는 호르몬의 수치가 올라가기 때문에, 중성화 수술을 하지 않은 암캐는 당뇨에 걸릴 위험이 세 배 이상 높으며, 체중이 많이 나가는 애견은 성별에 관계없이 당뇨에 걸릴 위험이 높아진다.

대처 방법
당뇨의 증상을 보이면 가능한 빨리 병원에 데려가 검사를 받도록 하는 것이 좋다.

치료
당뇨를 치료하려면 애견에게 주기적으로 인슐린을 주사해 주어야 하고 다른 치료도 병행해야 하기 때문에 시간과 비용이 많이 든다. 당뇨가 만성 질환으로 발전하기 전에 진단을 하고 치료를 하면 성공적으로 치료할 수 있는 가능성이 높아진다. 매일 아침 애견의 소변을 검사해서 포도당 수치를 재고 필요한 인슐린의 양을 계산하여 정확한 양을 주사해 주어야 한다. 체중 조절, 중성화 수술, 약물 치료, 특수 식단, 운동량 증가 등의 처방을 함께 활용하면 치료에 도움이 된다.

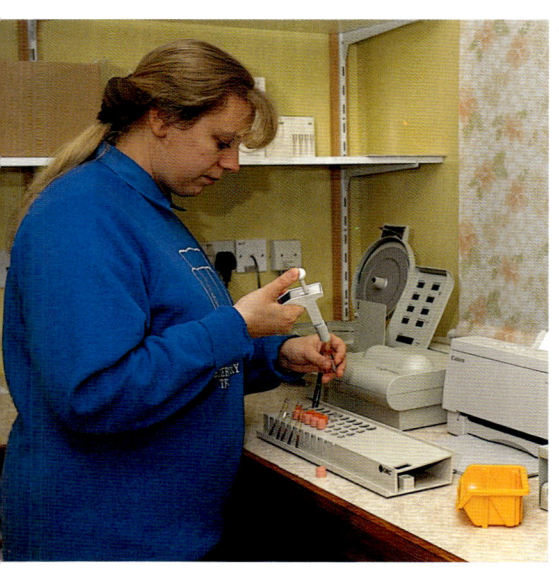

당뇨를 앓고 있는 애견의 소변을 검사할 때에는 X-레이 검사와 함께 초음파 검사도 함께 실시하여서 정확하게 진단을 한다.

구토

구토를 하는 것은 어떤 질병에 걸렸을 때 나타나는 하나의 증상으로, 구토 자체는 질병이 아니다.

증상

애견의 위와 소장 속에 들어 있던 것이 입을 통해 밖으로 나온다.

원인

구토를 하게 되는 원인은 다음과 같다.
- 식생활의 갑작스러운 변화
- 먹어서는 안 되는 음식 섭취
- 배변 이상
- 일사병
- 당뇨, 신장 이상, 간 질환, 박테리아 감염 등 혈액의 화학 성분에 영향을 주는 질병
- 위 속에 이물질이 있을 때
- 위염전
- 위암
- 기생충
- 두려움과 스트레스
- 머리에 외상이 가해졌을 때
- 개 파르보바이러스나 디스템퍼와 같은 질병 감염
- 풀과 같이 구토를 일으키는 물질을 먹었을 때

대처 방법

평소와 마찬가지로 가끔씩 구토를 하는 것은 정상적인 행동으로, 특별한 조치를 취할 필요가 없다. 애견이 갑자기 계속해서 구토를 하거나, 토사물의 양이 많거나, 피가 섞여 있다면, 병원에 데려가야 한다. 만약 애견이 음식을 너무 많이 먹어서 경련을 하듯 구토를 하지만 심각하지는 않은 상황이라면 병원에 데려갈 필요는 없으며 24시간 동안 굶기면 도움이 된다. 이 기간 동안에 먹을 것은 주지 않더라도 마실 물을 주어서 탈수되지 않도록 해야 한다. 24시간이 지나면 스크램블드 에그, 삶은 닭고기 등과 같이 가벼운 식사를 조금씩 주고 점차 원래대로 식사를 늘려 가면 된다. 만약 구토가 멈추지 않거나, 혹은 멈추었다가 음식을 먹은 후에 다시 구토를 하면 가능한 빨리 병원에 데려가야 한다.

애견에게 주기적으로 기생충 치료제를 먹이고, 음식을 한꺼번에 너무 많이 먹지 못하도록 하고, 식단을 갑자기 변화시키지 않고, 자동차를 타고 이동하기 전에 음식을 먹이지 않고, 항상 일정한 양의 먹이를 주면 구토를 어느 정도 예방할 수 있다.

치료

심하게 구토를 하는 경우라면, 애견이 탈수되지 않도록 링거 주사를 맞힌다. 만일 소화기 내에 이물질이 끼어있는 경우라면, 이물질을 제거하기 위한 수술을 해야 할 수도 있다.

애견이 쓰레기통을 뒤질 수 없도록 하여, 남아 있는 음식물 찌꺼기를 먹지 않도록 유의해야 한다.

설사

구토와 마찬가지로 설사도 다른 질병이 있을 때 함께 나타나는 하나의 증상으로, 설사 자체가 질병은 아니다.

증상

냄새가 나는 묽은 변을 본다. 기름기가 많은 변을 보거나 평소와 색깔이 다른 변을 보더라도 설사로 간주하며, 적은 양의 변을 자주 보는 것도 설사로 간주한다. 애견이 대장염(대장에 염증이 생기는 질환)에 걸렸다면, 대변에 점액과 선홍색의 피가 많이 섞여 나온다. 대장염의 또 다른 증상으로는 '결리'라는 것이 있는데, 대소변이 마려운데도 잘 나오지 않는 증세를 뜻한다. 결리를 변비로 잘못 생각하는 경우가 종종 있다.

원인

설사는 단순히 음식을 너무 많이 먹어서, 혹은 스트레스로 인해 나타나는 증상일 수도 있다. 내장에 기생충이 있어도 설사를 할 수 있으며 소화기에 이물질이 있거나 곰팡이에 감염되었을 때에도 설사를 할 수 있다.

대처 방법

애견이 아무것도 먹지 못하도록 하고, 물만 적당량 주어야 한다. 설사가 심각하면, 애견에게 수분을 공급해 줄 수 있도록 포도당 한 테이블스푼과 소금 한 티스푼을 물 1리터에 섞어(157페이지 참조) 애견에게 먹이고 병원에 데려간다. 애견을 항상 볼 수 있는 곳에 두고, 설사를 하는 시간, 농도, 색깔, 양 등을 기록해 두어 의사가 좀 더 쉽게 설사의 원인을 알아내고 효과적으로 치료할 수 있도록 한다.

치료

설사 치료는 설사를 하는 원인에 따라 달라진다. 내장에 있는 기생충이 원인이라면 구충제를 먹여 기생충을 없앨 수 있고, 감염으로 인해 설사를 한다면 항생제를 먹이면 된다. 설사를 하면 탈수가 되어, 내장에 치료가 불가능할 정도로 손상이 갈 수가 있으며 (특히 신장에 무리가 갈 수 있음) 심하면 죽을 수도 있다. 설사를 심하게 하거나, 설사를 오랫동안 계속 하거나, 변속에 피가 섞여 있으면, 그 원인이 무엇이든 (음식을 너무 많이 먹어서 설사를 하는 경우 제외) 병원에 데려가 빨리 치료해야 한다.

장염

장염은 장에 염증이 생겨서 나타나는 질환으로, 장염에 걸리면 설사를 하게 된다.

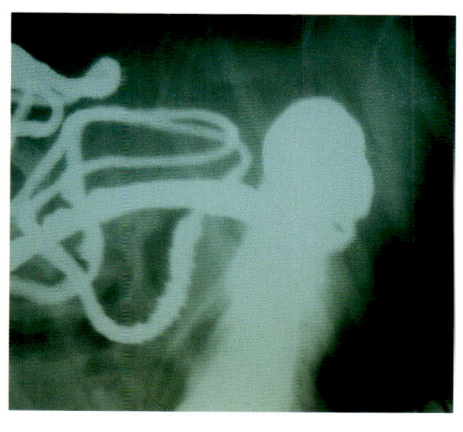

애견의 변을 병원에 가져가 검사를 하면 설사의 정확한 원인을 찾을 수 있다. 대장염이 재발하면 X-레이 촬영과 황산바륨 용액 검사를 통해 가장 효과적인 치료 방법을 찾을 수 있다.

증상

설사를 하고, 묽은 변에 혈액이 섞여서 나타나면 장염이다.

원인

대장균이나 캠필로박터 박테리아가 장염을 유발하는 주 원인이다. 이질 증상을 보이게 된다.

대처 방법

음식을 주지 말고 즉시 병원에 데려간다.

치료

주기적으로 카올린을 먹이고, 항생제를 이용해 빨리 치료해 주어야 한다.

이 사실을 아십니까?

애견이 동물을 매개로 하는 질병에 걸려서 설사를 할 수도 있다. 이런 경우라면, 설사가 함께 살고 있는 사람에게도 전염될 수 있다. 캠필로박터와 살모넬라가 이런 경우에 속하는데, 이 두 질병은 모두 유해한 박테리아로 인해 발생하는 것이다. 애견의 질병이 가족에게 전염되는 것을 막으려면, 애견을 만진 후에는 항상 손을 깨끗이 씻어야 하며, 특히 식사를 하기 전에는 반드시 손을 씻어야 한다. 이런 질병에 감염된 애견은 격리시키고, 24시간 동안 따뜻한 물과 죽히즐을 주어야 하며, 동물 병원이나, 약국 등에서 카올린 용액을 구입해 2시간에 한 번씩 애견에게 먹이는 것이 좋다. 24시간 동안 굶은 후에, 애견에게 주는 음식의 양을 서서히 늘려나가는 것이 좋다. 조리한 닭고기, 토끼 고기, 생선 등이 회복기에 있는 애견에게 도움이 된다.

따뜻한 차 안에 애견을 오랜 시간 동안 두면, 날씨가 덥지 않더라도 일사병에 걸릴 수 있다. 10분 이상 애견을 혼자 차에 두어서는 안 되며, 바람이 들어올 수 있도록 항상 창문을 약간 열어 두어야 한다.

일사병

지나치게 더운 곳에서 오래 있을 때 체내의 온도 조절 메커니즘이 작동을 하지 않아 열이 나는 것을 말한다.

증상

어지럽고, 아주 고통스럽다. 우선, 애견은 몸을 쭉 뻗고 숨을 헐떡인 다음 침을 흘리고 술에 취한 것처럼 비틀거린다. 만일, 적절한 치료를 해 주지 않으면, 애견은 쓰러져 혼수상태에 빠져 결국 죽게 된다.

원인

차에 오랫동안 있어서 일사병에 걸리는 경우가 많다. 장거리 여행을 하거나 차 안에 오래 내버려 두면 일사병에 걸린다. 차 안은 환기가 잘 되지 않고 실내 온도가 아주 빠른 속도로 위험 수치까지 올라간다. 여름뿐 아니라 봄이나 가을처럼 햇살이 뜨겁지 않을 때에도 마찬가지이다. 직사광선이 내려 쬐는 야외에 우리를 설치해 두고 밖으로 나갈 수 있는 문을 열어두지 않거나, 날씨가 더울 때에 오랫동안 운동을 해도 일사병에 걸릴 수 있다.

대처 방법

애견이 일사병에 걸리면 빠르게 대응을 해야 한다. 만일 증세가 심각하지 않다면 애견을 시원한 곳으로 옮기는 것만으로 도움이 되고 시원한 공기가 계속 공급되기만 해도 회복할 수 있다.

치료

심각한 경우라면, 호스(물줄기가 가늘게 나오는 스프레이를 이용하는 것도 좋음)를 이용해 차가운 물로 애견의 체온을 낮추어 주거나 차가운 물을 그릇에 담아와 조금씩 뿌려주는 것도 좋다. 아주 심각한 경우라면, 젖은 수건으로 머리까지 덮어 주고 (코와 입에는 수건을 덮으면 안 됨) 차가운 물을 끼얹어 준다. 가능한 빨리 병원에 데려가는 것이 좋다. 일단 애견이 일사병에 걸리면 머리 부분의 온도를 낮추어 주는 것이 무엇보다 중요하다. 머리의 온도를 빨리 낮추어 주지 않으면, 머리가 열을 받아서 뇌사 상태가 될 수 있다.

관절염

애견의 관절에 염증이 생기는 것이다. 애견에게서 나타나는 관절염은 골관절염과 외상 관절염, 두 가지로 나누어진다.

증상

관절이 붓고, 잘 걷지 못하며, 걸을 때 다리를 절기도 한다.

원인

골관절염은 하나의 질환이기도 하고 혹은 고관절 형성 장애와 같은 다른 질환으로 인해 나타나기도 한다. 골관절염은 진행성 질환으로 통증이 심하며 병에 걸린 애견의 삶의 질에도 많은 영향을 끼치게 된다. 하나 이상의 관절에 영향을 주기 때문에, 골관절염에 걸린 관절과 애견의 전반적인 건강 상태에 따라 병의 심각성이 달라진다. 몸무게가 많이 나가는 애견은 골관절염에 걸릴 가능성이 더욱 높다.

외상 관절염은 직접적인 관절 부상으로 인해 나타나는 것이다. 예를 들어서, 교통사고를 당하거나 운동을 하다가 다리를 삔 경우에 외상 관절염이 나타난다. 영양이 부족한 경우, 특히 어릴때 영양분을 제대로 공급 받지 못하면 외상 관절염이 생길 수 있다. 관리를 잘 못 하거나, 노화로 인해서 외상 관절염이 나타날 수도 있고, 유전 질환인 경우도 있다.

대처 방법

의사에게 물어보면 어떤 조치를 취해야 하는지 설명을 해 준다. 관절염의 원인에 따라 대응 방법이 달라지며 원인에 맞는 치료를 하게 된다. 의사의 지시에 따라 세심하게 관리를 해 주어야 효과를 볼 수 있다. 수영을 하면 관절에 무리를 주지 않으면서도 근육을 단련시킬 수 있기 때문에 수영을 시키는 것이 좋다.

애견의 움직임을 자세히 살피고 X-레이 촬영을 하고 관절액을 분석하면 관절염이 얼마나 심각한 지 알아볼 수 있다.

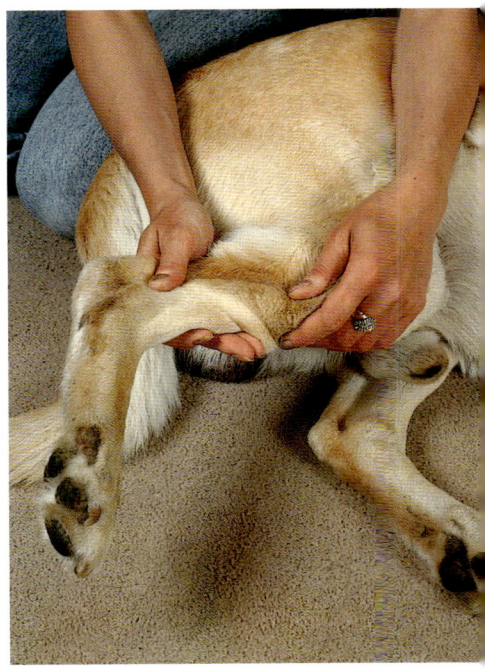

치료

관절염을 치료할 때에는 염증을 치료하는 약과 진통제를 함께 먹이고, 경우에 따라 수술을 해야 할 수도 있다. 골관절염에 걸린 애견은 심각하게 다루어야 한다. 애견이 걸을 수 없게 되어서야 병원을 찾으면 안 된다.

개선충증

동물에서 다른 동물로 전염되는 감염성이 매우 높은 질환으로 개선충증에 걸리면 털이 빠진다.

증상

계속해서 피부를 긁어서 피부가 붉어지고 벗겨지며 군데군데 털이 빠진다.

원인

사르콥티스 스케비아이라고 하는 외부 기생충이 그 원인이다. 이 기생충이 몸에 붙어 있는 설치류 동물 등과 부딪히게 되면 병이 옮을 수 있으며, 이 기생충이 있는 자리를 지나가기만 해도 병이 옮는다.

대처 방법

병원에 데려가서 치료를 받도록 해야 한다. 개선이 사람에게도 옮을 수 있다. 이 질병에 걸린 애견을 만질 때에는 일회용 장갑을 이용하고 만진 후에는 반드시 손을 깨끗이 씻는다.

치료

처방 받은 물약을 사용하여 감염된 부위에 발라 주면 기생충이 죽는다. 의사에게 애견이 사용한 침대와 애견이 돌아다니는 집을 청소하는 방법에 대해 물어보고 지시를 따르는 것이 좋다.

지루성 피부염

피지선에서 분비물이 과다하게 분비되는 질병을 뜻한다.

증상

손상된 피부가 각질처럼 일어나고 기름

기가 많아 보이며 염증이 있는 경우도 있다.

원인

다양한 원인이 있다. 박테리아 감염, 음식 알레르기, 기생충 감염, 샴푸 등 털 관련 제품이 맞지 않는 경우, 갑상선 기능부전, 쿠싱 병, 당뇨 등이 그 원인이 될 수 있다. 유전 질환인 경우도 있다.

대처 방법

병원에 데려가 원인을 찾아야 한다.

치료

의사가 처방한 치료 방법을 따라야 한다. 식생활이나 샴푸, 컨디셔너 등을 바꾸고, 주기적으로 기생충을 관리하고 올바른 방법으로 털을 관리하는 등 사소한 변화만으로도 개선시킬 수 있는 경우도 있다.

탈모증

털이 지나치게 많이 빠지는 증상이다.

증상

국소 부위의 털이 많이 빠지거나 상당히 넓은 부위의 털이 많이 빠진다.

피부에 이상이 있을 때 좀 더 정확하게 진단을 하고자 한다면, 병원에 데려가 통증이 없는 방법으로 피부를 조금 떼어내어 검사를 하는 것이 좋다.

원인

스트레스와 벼룩 피부염.

대처 방법

병원에 데려가 원인을 찾아야 한다(지루성 피부염 참조).

치료

치료 방법은 원인에 따라 달라지므로 의사가 원인에 알맞은 치료 방법을 알려준다. 스트레스로 인해 털이 빠진 경우, 다시 털이 정상적인 상태로 자라게 된다.

음식 알레르기

애견은 하나 이상의 음식 성분에 대해 알레르기 반응을 보일 수 있다.

증상

피부가 가려워서 계속 긁는다. 심지어 피부가 벗겨질 때까지 긁는다.

원인

한 가지 이상의 음식 성분이 원인인 경우가 많다. 알레르기를 가장 많이 유발하는 성분은 밀, 젖소의 젖으로 만든 우유, 붉은색 고기 등이다.

대처 방법

식생활을 바꾸고 점차 한 가지의 자연 식품만을 먹여 어떤 차이가 있는지 살펴본다(닭고기, 양고기, 쌀이 효과가 좋다). 6주 이상 대체 식단을 먹이고, 실질적인 변화가 있는지 살펴본다. 인공 첨가제가 들어간 먹이를 주어서는 안 된다. 심한 경우 병원에 데려간다.

치료

인공 첨가제가 전혀 들어가지 않았거나, 소량만 들어간 질이 좋은 먹이를 준다.

백선

피부가 곰팡이에 감염되었을 때 나타나는 것이다.

증상

애견이 자꾸 몸을 긁고, 원형 탈모가 나타나며, 감염된 부위의 모서리 부분이 부어오르고 비늘처럼 된다.

원인

진균과 피부 사상균과 같은 곰팡이가 그 원인이다. 이런 곰팡이의 포자는 바람에 날려 오거나 땅에 묻혀 있기도 하다.

대처 방법

백선을 유발하는 곰팡이는 모든 동물에게 옮길 수 있는 것이기 때문에 애견이 사람에게 옮지 않도록 조심해야 한다. 의사

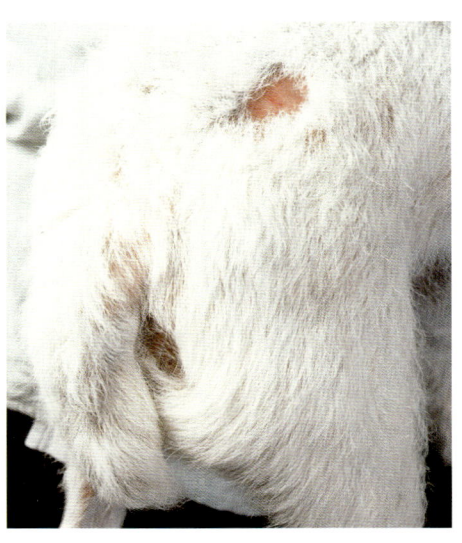

백선 감염의 뚜렷한 징후로는 원형 탈모와 비늘 같은 모양으로 벗겨지는 피부 등을 들 수 있다.

에게 진료를 받는 것이 중요하므로, 가능한 빨리 병원에 데리고 가야한다.

치료

의사가 처방 해 준 곰팡이 세정제를 이용하면 곰팡이를 없애는데 도움이 된다. 곰팡이 치료제를 발라주어도 도움이 된다.

이염

이염은 귀 주변의 피부에 염증이 생기는 것으로, 애견에게서 자주 나타나는 질환이며 한 쪽 귀만 이염이 생기기도 하고, 양쪽 귀에 모두 생기기도 한다.

증상

애견이 자꾸 귀를 긁고 머리를 흔들어대며, 귀에서 냄새가 나거나 분비물이 나오고 귀와 귀 안쪽이 붉어진다. 다른 사람이 귀 주위를 만지려고 하면 날카로운 소리를 내기도 한다.

원인

귀 부위에 통풍이 제대로 되지 않을 때 귀지가 쌓여서 문제가 된다(스패니얼 등 귀가 처진 종류는 이염이 생길 가능성이 크다). 귀지가 지나치게 많이 쌓이면 귀가 가려워지고, 귀지가 점점 더 많이 쌓이게 된다. 귀지가 쌓이게 되면 건강한 애견에게는 큰 해가 되지 않는 곰팡이와 박테리아가 자라기에 좋은 조건이 형성되는 것이다. 귀에 귀 진드기나 다른 이물질이 생기거나 피부에 문제가 생기면 이염이 되는 것이다.

대처 방법

가능한 빨리 애견이 따가워하는 귀 주변에 생긴 증상을 의사에게 보여야 한다. 귀에 이물질이 끼어 있는 것으로 의심될 때에도 빨리 병원에 데려가야 한다. 귀에 이물질이 있을 때에는 직접 빼려다가 애견의 귀를 완전히 망쳐놓을 수도 있으므로 직접 손을 대지 않는 것이 좋다. 의사의 처방 없이 물약, 연고, 약 등을 애견의 귀에 넣거나 면봉을 포함한 딱딱한 물체를 애견의 귀 속에 넣으면 귀에 손상이 갈 수 있으므로, 그 어떤 것도 의사의 지시 없이 넣어서는 안 된다.

귀에서 분비물이 있을 때에도 마음대로 건드리지 말고, 의사가 볼 수 있도록 그냥 두는 것이 좋다. 의사가 분비물을 보아야 원인을 찾아낼 수 있기 때문이다.

치료

치료 방법으로는 애견의 귀 속에 주사를 이용해 약물을 떨어뜨리거나, 귀약이나 연고를 발라주는 방법 등이 있다. 어떤 방법을 사용하던 간에, 의사가 처방한 방법을 정확하게 따라야 하며, 의사가 지시한 기간 동안 빠뜨리지 않고 계속 약을 주어야 한다. 계속해서 이염이 생기는 심각한 경우라면, 수술이 필요할 수도 있다. 이염을 제대로 치료를 하지 않으면, 만성 질환이 되어 심각한 문제를 야기하거나 귀의 다른 부분에도 손상이 갈 수 있고, 애견의 청각에도 이상이 생길 수 있다.

귀 진드기

애견에게서 흔히 찾아볼 수 있는 기생충이다.

증상

귀를 계속 긁고 머리를 흔든다. 귀에 귀지가 쌓이고, 검은 반점이 생기면 귀에 진드기가 있을 가능성이 높다. 검은 반점은 피가 말라붙어서 생긴 것이다. 진드기는 귀 속에 있는 관을 따라 아래로 내려가 중이를 감염시킨다. 중이가 감염되면 균형 감각을 잃게 된다. 애견은 머리를 똑바로 들고 있지 못하거나 심하면 넘어질 수도 있다.

원인

애견, 고양이, 야생 설치류에서 흔히 볼 수 있는 귀 진드기가 원인이다.

대처 방법

일단 귀에 진드기가 생기면 병원에 데려가야 한다. 만일 치료해 주지 않으면 애견이 방향 감각을 상실하게 된다. 귀 진드기는 애견이 아닌 다른 동물들도 감염시키고 여러 증상을 유발할 수 있으므로 귀 진드기에 감염된 애견과 접촉을 한 모든 동물은 치료를 받아야 한다.

치료

증상이 심각하지 않다면, 의사가 귀에 넣는 약을 처방 해준다. 애견이 따가워하면 염증을 완화시켜주는 약도 처방 해준다. 귀에 진드기가 생긴 것을 일찍 발견하면 쉽게 치료할 수 있다.

개 파르보바이러스 장염

'파르보바이러스' 혹은 '파르보' 라고도 불리는 이 질환은 어린 애견이 감염될 경우 통증이 심한 위장 질환, 혹은 심장 질환(파르보바이러스 심근염)을 일으킨다.

증상

고열로 인해 행동이 불편해지고 24시간 정도가 지나면 심각하게 구토를 하며, 혈흔이 있는 설사를 하게 된다. 설사로 인해 탈수 증상이 나타날 수 있으며 체력이 급격하게 떨어져 치명적인 손상을 야기할 수도 있다. 어린 강아지의 경우 심장이 손상될 경우, 극심한 통증과 함께 무기력해지고 갑작스러 죽을 수도 있다(강아지 돌연사).

원인

파르보바이러스에 감염된 애견의 입, 코, 변 등에 들어 있는 전염술이 높은 바이러스로 인해 감염된다.

대처 방법

파르보바이러스에 감염된 것으로 의심되면 즉시 병원에 데려가야 한다.

치료

바이러스 자체를 치료할 수 있는 방법은 없지만(바이러스가 심장 근육을 공격하면 갑자기 죽게 됨) 항생제를 투여하면 이차 박테리아 감염을 예방하거나 줄일 수 있다. 빨리 치료하면, 생존 가능성이 높아진다. 일단 생존하면, 오랜 기간 동안 바이러스로 인해 통증을 느끼지는 않는다.

주의: 사람을 공격하는 파르보바이러스도 있지만, 이 바이러스는 개 파르보바이러스 장염과는 아무런 관련이 없다. 개 파르보바이러스는 사람에게는 아무런 해를 끼치지 않는다.

의사의 처방을 받은 물약을 귀에 떨어뜨리면 귀에 있는 진드기를 빨리 없앨 수 있다.

방광염

방광에 염증이 생기는 것으로 암캐와 수캐에서 모두 나타난다. 그러나 암캐에게서 좀더 이 나타난다.

증상
적은 양의 소변을 자주 보거나, 소변에 혈흔이 비치기도 하며, 소변을 볼 때 힘들어하고, 소변이 탁하고 냄새가 난다.

원인
방광이 박테리아로 감염되어서 방광염이 나타난다. 결석으로 인해 질환이 나타나기도 한다.

대처 방법
병원에 데려가서 치료를 받도록 해야 한다.

치료
항생제를 투여한다.

유방암

유방암은 중성화 수술을 하지 않은 암캐에게서 가장 흔하게 나타나는 질환으로 전체 유방암 중 절반 정도는 악성이다. 점점 병세가 나빠지고 치료하지 않고 그냥 두면 사망한다.

증상
암캐의 유방(젖꼭지)에 혹이 생긴다.

원인
정확한 원인은 알려지지 않고 있지만 호르몬이 영향을 미치는 것으로 여겨진다.

대처 방법
발견하는 즉시 병원에 데려가야 한다.

치료
다양한 치료법이 있다.
- 수술을 통한 종양 제거
- 종양을 없애거나 줄이기 위한 화학 치료법
- 죽은 조직을 제거하기 위한 방사선 치료법
- 온열 요법: 초음파나 전자기파를 이용해 종양 부위에 고열을 투사하는 방법

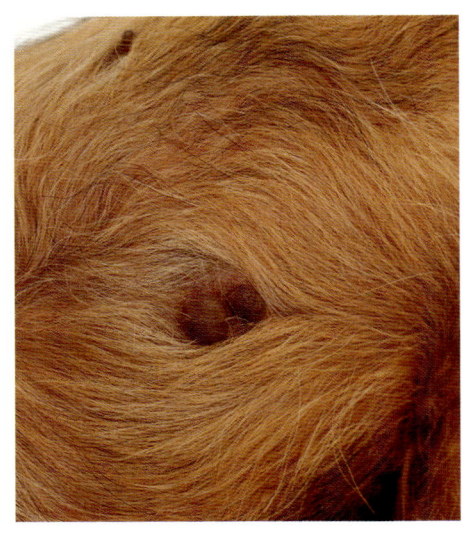

암캐가 유방암에 걸리면 젖꼭지에 혹이 나타난다.

원인을 알 수 없는 혹과 부스럼

신체 곳곳에 여러 크기의 혹이 생기는 것을 일컫는다.

증상
피부 표면에 혹이 생기거나, 혹은 피부 아래쪽에 혹이 있는 것이 느껴진다.

원인
다양한 원인이 있다. 피지선이 막힌 경우, 종양, 지방질 축적, 종기, 피부 아래에 박혀 있는 가시 등이 원인이 된다.

대처 방법
즉시 병원에 데려간다.

치료
원인에 따라 치료 방법이 달라진다. 암이 그 원인이라면 유방암에서 설명한 것과 같은 방법을 사용해야 하고 다른 원인이 있다면 항생제나 외과적 치료 방법을 이용해 좀 더 빠르고 쉽게 치료할 수 있다.

변비

변비는 애견이 변을 보지 못하거나 평소보다 변의 양이나 횟수가 적어진 경우를 뜻한다. 변비는 질병이라기보다 하나의 증상으로, 그 원인은 다양하며, 나이가 많은 애견에게서 더 흔히 나타난다.

증상
변이 너무 건조하거나 변을 볼 때 너무 힘들어하면 변비에 걸린 것이다. 모든 애견마다 생활 방식이 다르지만, 보통 하루에 1-4번 정도 변을 보는 것이 가장 적당하다. 만일, 애견이 변을 보는 횟수가 이 범위 안에 들어가지 않으면 어떤 문제가 있는지 면밀히 관찰해야 한다.

원인
박테리아 감염, 바이러스 감염(개 파르보 바이러스, 개 디스템퍼), 결리(대장옆의 한 형태), 소화기에 이물질이 낀 경우, 음식 알레르기나 먹이의 갑작스러운 변화, 충분한 섬유질을 먹지 못하는 식생활, 운동 부족, 수캐의 경우 전립선 확대 등이 그 원인이 된다.

대처 방법
변비가 걸린 것으로 여겨지면, 상태가 악화되거나 불편해할 수 있으므로 병원에 데려가는 것이 좋다.

치료
주기적으로 운동을 시키고 올바른 먹이를 주면 대부분의 변비를 예방할 수 있다. 변비가 만성화 되어서 병원에 데려갔다면 의사의 지시를 따르는 것이 좋다.

개 디스템퍼

경척증이라고도 부른다.

증상

갑작스레 열이 올라가고 노랗고 혈흔이 섞인 설사를 하게 되며 구토도 한다. 기침을 하고 킁킁거리며 코에서 고름 같은 물질이 분비된다. 병이 진행되면 발바닥이 점점 굳어지고 갈라진다.

원인

공기에 떠도는 바이러스나 신체 접촉을 통해 감염된다.

대처 방법

개 디스템퍼에 걸린 것으로 여겨지면 즉시 병원에 데려가야 한다.

치료

개 디스템퍼 바이러스를 치료할 수 있는 방법은 없다. 그러나 항생제를 투여하면 수반되는 증상을 완화시킬 수 있다. 병에 걸린 후 사망하는 경우가 많다. 발병 후 몇 개월이 지나면, 발작을 하고, 방광과 장에 이상이 생기고 마비가 와서 회복하지 못한다.

개 렙토스피라병

개 렙토스피라병은 심각한 박테리아성 질환으로 두 가지로 나눌 수 있다. 렙토스피라 이크테로 헤모리지는 쥐와 쥐의 소변을 통해 감염되고, 렙토스피라 카니콜라는 개 렙토스피라병에 걸린 개의 소변과 접촉하였을 때 감염된다.

증상

증상은 다음과 같다.
- 개 렙토스피라 이크테로헤모리지: 고열, 굼뜬 행동, 조갈증, 다뇨증, 식욕 감퇴, 구토, 위통, 호흡 곤란, 구취, 구강 궤양, 설사
- 개 렙토스피라 카니콜라: 식욕 감퇴, 굼뜬 행동, 황달, 잇몸 출혈, 설사, 밝고 노란 소변. 36시간 이내에 사망한다.

원인

위에서 설명한 박테리아가 그 원인이다.

대처 방법

즉시 병원에 데려가야 한다.

치료

항생제를 사용하면 렙토스피라 카니콜라의 활동을 억제할 수는 있지만, 죽음을 막을 수는 없다. 가까스로 살아나더라도 치명적인 신장 장애가 나타난다.

위 확장증

흔히 우확대증이라고도 부르는 이 질환은 저먼 셰퍼드 도그, 로트와일러, 그레이트 데인, 세터 등과 같이 가슴 부위가 넓은 애견에게서 흔히 찾아볼 수 있다.

증상

불안해하고, 침을 흘리며, 구역질을 하고 우울해 한다. 병이 진행되면 위가 부풀어 오르고, 체력이 약해지고 심장 박동이 빨라진다. 빨리 치료해 주지 않으면 고통스럽게 죽어가게 된다.

원인

위의 무게가 늘어나 불필요한 압력이 가해지면 그 질환의 원인이 된다. 밥을 먹고 바로 운동을 하거나 힘든 운동을 한 후 바로 먹이를 주면 이 질환의 원인이 되고 유전적일 결함을 갖고 있는 경우도 있다. 장에 고리가 생겨서 장이 꼬이게 하고 통로를 막는다.

대처 방법

위 확장증이 의심되면 즉시 병원에 데려가야 한다.

치료

쇼크 상태를 치료하기 위해 주사를 주어야 하고, 그런 다음 튜브를 이용해 위에 있는 공기를 빼낸다. 꼬여 있는 장을 풀어주기 위해서 수술이 필요한 경우도 있다. 신속하게 대응하지 않으면, 애견이 사망한다.

간질

반복적으로 경련과 발작이 일어난다.

증상

갑작스러운 행동을 보이고, 이유도 없이 짖으며, 평소와 다르게 공격적인 행동을 하거나 경련을 일으키고, 발작을 하며, 턱과 다리를 격렬하게 움직인 후에 몸이 굳고 눈은 허공을 응시한 채 의식을 잃는다.

원인

뇌의 전기적 이상으로 인해 중추 신경계에 장애가 생기면 간질이 나타난다. 박테리아 감염, 바이러스 감염, 뇌종양, 혈액 내의 칼슘 양이 적은 경우, 비정상적으로 혈당 수치가 낮은 경우, 신장 질환, 간 질환, 중독 등도 그 원인이 된다.

대처 방법

발작을 하고 있을 때 건드리면 안 된다. 주변에 있는 물건을 치워 다치지 않도록 한다. 가능한 애견이 조용히 머무를 수 있도록 하고, 주변을 어둡게 만들어 준다. 애견이 발작 상태에서 벗어날 수 있도록 편안하게 하고 진정시키기 위해서 차분하고 조용한 목소리로 말을 한다.

발작

상태에서 완전히 벗어날 때까지 기다린 후 병원에 데려간다. 혹은 병원에 연락해 의사에게 방문하도록 요청을 해도 된다.

치료

치료를 시작하기 전에 원인을 확실하게 밝혀야 한다. 만일 주기적으로 발작을 한다면 항경련약을 처방하게 된다.

바이러스성 간염

루바르드 병, 혹은 전봇대 병이라고도 불린다. 이 질병은 간염에 걸린 애견과의 직접적인 접촉을 통해서 감염되기도 하고 간염을 앓고 있는 애견의 소변을 통해 감염되기도 한다. 뿐만 아니라, 대변이나 침을 통해서도 전염된다.

증상
가벼운 증상일 때에는, 초기에 우울증의 증세와 함께 식욕이 떨어지면서 고열이 난 후, 회복기에 접어든다. 회복기가 1주일 정도 지나고 나면 애견의 눈이 푸른색으로 변한다. 좀 더 심각한 경우에는 림프선이 부풀어 오르고 구토를 하고 설사를 한다(혈흔이 비치는 경우도 있다). 뿐만 아니라, 간의 팽창으로 인해 위에 통증이 오기도 한다. 가장 심각한 경우에는 바로 사망하기도 한다.

원인
개 아데노바이러스라고 하는 바이러스가 간에 침입하였을 때 발병한다.

대처 방법
간염이 걸린 것으로 추정되면 즉시 병원에 데려가야 한다.

치료
심각한 경우 대부분 사망한다. 심각하지 않은 경우는 이차 감염을 막기 위한 항생제 치료, 수혈, 주사 등의 치료를 받은 후 회복한다. 그러나 회복 후 몇 개월 동안 다른 애견에게 병을 옮길 수 있다.

신장 질환

신장이 제 기능을 하지 못하는 질환이다.

증상
계속해서 갈증을 느끼고, 한 번에 너무 많은 양의 소변을 보거나, 소변을 지나치게 자주 보기도 하며, 구토, 설사, 식욕 감퇴, 체중 감소, 입 냄새, 빈혈 등이 나타난다.

원인
다양한 원인이 있는데, 감염이 되었거나, 신체 손상이 있을 때, 신장 내에서 혈액의 불순물을 걸러주는 역할을 하는 네프론이 제 기능을 하지 못하면 신장 질환이 생긴다. 특히, 네프론이 기능을 하지 못할 때에는 만성적인 신장 질환이 생긴다. 네프론에 이상이 있는 경우는 매우 심각하며 치료가 어렵고 회복될 가능성이 매우 적다. 5세 이하의 애견에게서 매우 드물게 나타나는 질환이다.

대처 방법
신장에 이상이 생기면 생명이 위험할 수도 있다. 집에서 기르는 애견의 신장에 이상이 있는 것으로 생각되면, 지체하지 말고 바로 병원에 데려가야 한다.

치료
신장 질환에 걸린 애견을 치료하려면 시간이 오래 걸리고, 치료를 받는 동안 링거를 맞아야 할 수도 있다. 뿐만 아니라, 신장 질환이 있는 애견을 위한 특수 음식을 먹여야 하고, 편안하게 생활할 수 있도록 해 주어야 하며, 처방 된 약을 정확하게 주어야 한다. 신장 질환이 있는 애견은 질환으로 인해 죽을 수도 있고, 주인이 애견을 안락사 시키는 쪽을 선택할 수도 있다.

심근증

심장 근육에 생기는 질환이다.

증상
다음 증상 중 하나만 나타나는 경우도 있고, 여러 가지 증상이 복합적으로 나타나는 경우도 있다: 호흡 곤란, 갑작스러운 기침, 복부 팽창, 체중 감소.

원인
유전적인 질환인 경우가 많고, 대부분의 경우 덩치가 큰 애견에게서 많이 나타난다.

대처 방법
애견이 항상 차분하게 생활할 수 있도록 하고 지나치게 힘을 많이 쓰도록 하지 않는다.

치료
조기 발견하면 수술을 통해 치료할 수 있다.

운동 장애

정상적으로 운동을 하기가 힘들어지는 질환이다.

증상
평소와 같은 정도로 운동을 하는데 통증과 불편함을 느낀다.

원인
관절에 염증이 생기거나(관절염), 구상 관절, 특히 고관절에 이상이 있는 경우에 많이 나타난다. 박테리아 감염 등으로 인해 근육에 이상이 생기면, 근질환이라고 하고, 근육에 염증이 생기면 근염이라고 한다.

대처 방법
애견의 몸이 젖었을 때 완전히 말려주어야 한다. 몸이 차갑고 물기가 있으면 이상이 있는 관절에 무리가 간다. 의사의 처방을 받은 진통제만 사용해야 한다. 진통제를 사용하면 통증을 느끼지 못하기 때문에 애견이 아픈 관절을 사용하여 더 큰 손상을 야기할 수 있다.

치료
애견이 24-36시간 정도 가볍게 다리를 저는 등, 가벼운 근질환이 발생한 경우는 쉽게 증상을 완화시킬 수 있다(우리 속에 넣어두는 등 행동 반경을 줄이는 것이 중요하다). 만약 좀 더 오랜 기간 동안 다리를 절면 병원에 데려가서 검사를 하고 필요하다면 X-레이 촬영도 하는 것이 좋다. 관절에 이상이 있으면 염좌라고 하는데, 연골이나 인대에까지 이상이 있을 수도 있다. 그 자체로서는 치명적인 결과를 초래하지 않지만, 통증이 있을 수 있다. 적절하게 치료해 주지 않으면, 염좌가 골관절염으로 이어질 수 있다. 골관절염이 생기면 그 상태가 영구적으로 지속된다.

비만

애견도 비만이 될 수 있다. 전체적으로 피하지방이 많아져 살이 찌는 상태를 뜻한다.

증상

애견의 갈비뼈 아래로 살이 지나치게 많아지게 되며 피부아래에 있는 지방을 쉽게 볼 수 있으며, 특히 운동을 할 때 지방이 드러나게 된다. 살이 너무 많이 찌면 숨을 쉬기가 어려워지고 운동을 점점 싫어하게 된다. 걸음걸이가 둔해지고 게을러진다. 살은 찌고 운동은 하지 않으면, 관절에 무리가 오게 되고, 심장 질환이나 주요 장기 이상 등 비만과 관련된 여러 가지 질병이 생길 수 있다.

원인

노화, 주인이 먹이를 지나치게 많이 주는 경우, 살이 찌는 먹이를 먹는 경우 등이 그 원인이 된다.

대처 방법

어떻게 먹이를 줄 것인지 의사와 상의하는 것이 좋다.

치료

애견이 좀 더 많이 뛰어 놀 수 있도록 만들어 주는 것이 좋다. 의사가 제시하는 식단을 엄격하게 지키면 전체적인 칼로리가 낮아져서 살을 빼는데 도움이 된다.

노쇠

나이가 들어서 육신적인 능력이 퇴화한다.

증상

점점 부주의한 행동을 하게 되고, 방향을 잘 찾지 못하며, 문제를 일으키게 된다. 요실금 증세를 보이기도 한다.

원인

뇌세포가 노화되어 더 이상 교체되지 않을 때 이런 현상이 발생한다. 뇌에 영향을 주어 더 빠른 속도로 노화되도록 만들기도 한다.

대처 방법

병원에 데려가는 것이 좋다. 애견에게 충분히 관심과 사랑을 보여 주어야 한다. 애견의 두뇌와 체력이 저하되는 속도를 둔화시킬 수 있는 특수 식단 등이 있는지 의사에게 물어보도록 한다.

치료

치료 방법은 없지만 약물 치료와 식단 조절을 병행하면 삶의 질을 개선시킬 수는 있다.

연령에 관계없이 비만은 아주 무서운 질병이다. 체중이 많이 나가면 수명이 줄어든다.

보완 치료

요즘은 점점 더 많은 수의사들이 애견을 포함하여 아픈 동물들을 치료할 때 자연 요법을 사용하려고 한다. 자연 요법이라는 것은 지금까지 사용해 온 합성약과 전통적인 치료법에 반대되는 개념으로 자연적으로 오랫동안 내려오는 민간요법을 이용해 치료를 하는 것이다. 좀 더 전체적인 관점에서 바라보면 질병 자체만 치료하려고 할 것이 아니라, 애견을 전체적으로 치료하려는 것이다. 이런 관점에서 진료를 할 때 진단을 하는 부분은 다음과 같다.

Checklist
- ✓ 전체적인 건강
- ✓ 정신 건강
- ✓ 환경
- ✓ 운동
- ✓ 일상생활
- ✓ 사회적 활동
- ✓ 영양(음식과 물)
- ✓ 위생

어떤 것이 치료에 포함되는가?

수의사나 애견 치료사는 질병의 원인이 무엇인지 알아낸 후, 어떤 치료를 할 것인지 결정한다. 어떤 경우에는, 치료라는 것이 단순히 애견의 생활환경이나 운동량에 변화를 주거나, 식생활을 바꾸어 애견의 소화계에 좀 더 적합하게 바꾸는 것이 전부일 수도 있다. 또 다른 경우, 애견을 아프게 하는 원인을 치료하여 원하는 결과를 얻고자 하는 것일 수도 있다(침을 놓는 경우 포함). 사람이나 다른 애완동물 등, 친구가 생기면 근심, 걱정으로 인해 생겼던 건강 문제가 완화되는 경우도 있다.

이런 치료법이 효과가 있는가?

많은 사람들과 수의사들은 자신들이 사용하는 방법이 올바르다고 믿으며, 현대 치료법이 성공하지 못한 부분에서 자연 요법이 어떻게 성공적으로 치료를 해 냈는지 많은 예시를 열거할 수 있다. 기 치료나 풍수와 같이 과학적으로 그 효과를 밝혀내기 힘든 경우도 있지만, 이런 치료법은 오랜 기간 동안, 심지어 수천 년이 넘도록 사용되어 온 경우가 많다. 만약 효과가 없었다면 그토록 긴 시간 동안 전해져 내려오기는 힘들었을 것이다. 대부분의 보완 치료는 경험이 많은 사람이 올바르게 시술한다면, 가장 안 좋은 상황이래야 효과를 볼 수 없는 것일 뿐, 커다란 부작용은 없다. 오히려, 기적적인 치료 효과를 본 경우가 상당수이다.

향기 요법을 쓸 때에는, 애견에게 냄새를 맡아보고 직접 아로마를 선택하도록 하면 효과가 더 좋아진다.

건강 관리

꽃을 이용해서 치료를 할 때에는, 마시는 물에 꽃잎을 띄우거나, 작은 조각으로 주거나 입에 직접 꽃잎을 넣어주는 방법 등이 있다.

유용한 정보

애견이 식생활, 운동, 건강 등에 있어서 건강한 삶을 영위하고 있다면, 질병이 생길 가능성이 더욱 줄어들게 된다.

언제 보완 요법을 시도할까

보완 요법은 여러 방법들끼리 서로 보완이 가능하며 다른 요법과 함께 사용할 수 있으며, 현대 의학에서 사용하는 방법과도 함께 사용할 수 있기 때문에 보완 요법이라고 불린다. 어떤 질환이냐에 따라 달라지기는 하지만 두 가지 이상의 요법을 동시에 사용하면 더 빨리 효과적으로 병을 치료할 수 있다.

치료사 찾기

점점 많은 수의사들이 보완 치료 요법을 사용하고 있다. 따라서 경험이 있고 믿을 만한 치료사를 찾는 것은 어렵지 않을 것이다. 만약 평소에 애견을 담당했던 의사가 지금 필요한 부분의 보완요법을 익히지 않았다면, 다른 치료사를 알려줄 것이다. 인터넷을 통해서도 보완 요법을 잘 하는 치료사를 찾을 수 있다.

개에 관한 사실

애완동물을 키우는 사람들은 보완 치료법을 그저 모든 방법을 사용해 보았는데도 효과가 없었을 때 사용하는 방법쯤으로 치부할 것이 아니라, 시도해 볼 가치가 있는 방법으로 생각해야 한다. 보완 요법으로 치료할 수 있는 질병의 범위는 다양하다. 몇 가지만 예를 들어도, 독극물을 먹었을 때, 당뇨, 골관절염, 치은염, 변비, 암, 신경 불안, 격퇴성 피부병, 내장 기생충, 피부 기생충, 분비샘 기능 장애 등을 치료할 수 있다.

자주 받는 질문

Q 제 애견을 담당하는 수의사는 고지식한 사람이라 다른 대체 치료법이 있다는 사실을 받아들이지 않습니다. 그러나 저는 가능하다면 제 애견에게 보완 요법을 사용해 보고 싶습니다. 어떻게 해야 할까요?

A 만약 현재 애견을 담당하는 수의사가 보완 치료를 하는 치료사에 대한 정보를 주지 않는다면, 보완 치료를 함께 병행하는 병원을 찾아가십시오. 당연히 그렇게 하실 권리가 있습니다. 사실, 애견의 건강이 가장 중요한 것이지, 의사의 기분이 중요한 것은 아닙니다. 동네에 있는 동물 병원을 다 돌아보고 (동네에 적당한 병원이 없다면 좀 더 멀리 가 보는 것도 좋음) 애견에게 가장 적합하고 가장 마음에 드는 병원을 선택하시면 됩니다. 그러나 멀리 가면 멀리 갈수록 응급 상황이 발생했을 때 불편하다는 사실을 기억해야 합니다.

애견을 위한 보완 치료 요법

치료법	어떻게 하는가
지압	치료사가 손가락을 이용해 몸에서 아픈 부위를 눌러주어 침을 사용했을 때와 똑 같은 효과를 낸다.
침	가느다란 구리, 혹은 철로 된 바늘을 아픈 부위에 피부 속으로 넣어주는 것으로, 질병을 완화시키고 정신적, 신체적 스트레스를 줄여주는 것이다. 이 치료법은 통증을 완화하고, 다친 부위를 치료하고, 신체에서 행복한 기분을 느끼도록 하는 화학 물질을 더 많이 분비하도록 하고, 식욕을 돋워 주고 원기를 회복시켜 준다.
향기 요법	질병을 치료하기 위해 추출한 식물 오일을 사용한다(사용법에 따라 희석을 하기도 하고 하지 않기도 하며, 베이스 오일에 섞어서 사용하기도 한다). 애견에게 냄새를 맡아보고 오일을 고르게 하여 그 오일을 애견의 몸에 발라주기도 하고, 애견에게 적당한 것을 사람이 골라 발라주기도 한다. 향기 요법은 벼룩 치료부터 감정적인 불안까지 다양한 문제를 해결하기 위해 사용할 수 있다.
생화학 조직 소금	동종 요법의 일종으로 전압을 가한 12개의 미네랄 소금을 사용한다.
척추 교정 지압 요법	관절, 특히 척추가 비뚤어졌을 때 인위적으로 원래대로 맞추는 방법이다. 등에 통증이 있거나, 다리를 절 때, 관절이 손상되었을 때 특히 유용한 방법이다.
크리스탈과 보석	크리스탈에서 나오는 에너지 파장을 통해 정신적, 신체적 질병을 고칠 수 있다. 일단 어떤 질병으로 인한 증상인지 밝혀지면, 치료사는 애견에게 적당한 크리스탈을 골라 애견이 쉬고 있을 때에나 잠을 잘 때 옆에 두도록 한다.
맥 찾기	맥을 찾는 것만으로 치료가 되는 것은 아니지만, 아픈 애견 위에 막대나 추를 올려서 진료하면 어떤 질환인지 밝혀낼 수 있다.
전기-크리스탈 치료	전기-크리스탈 치료를 하면 소량의 전기에서 발생하는 에너지장을 통해 크리스탈의 치료 효과를 높여줄 수 있다. 통증 없이 치료를 하기 위해 특수한 도구를 사용한다.
풍수	풍수는 고대 중국에서 사용하던 방법으로 애견이 살고 있는 환경을 애견의 정신적, 신체적 행복을 극대화시킬 수 있도록 바꾸어주는 것을 뜻한다. 침도 풍수에서 파생되어 나온 방법이다.
꽃 치료	특정 꽃잎에서 추출한 에센스를 물에 띄워 그 속에 담겨 있는 치료 성분을 물이 흡수하도록 하여, 에센스를 보존할 수 있도록 알코올(보통 브랜디를 사용)을 첨가해 준다. 이렇게 만들어진 에센스는 분노, 공격성, 소심한 성격, 쇼크 등 다양한 행동 장애를 치료하는데 도움이 된다. 애견이 정신적이거나 감정적인 문제와 관련이 있는 신체적인 질환을 앓고 있을 때, 그 질병을 치료하는 데에도 도움이 된다.

애견을 위한 보완 치료 요법

치료법	어떻게 하는가
허브 치료	식물을 이용한 치료법으로 먹기도 하고 바르기도 한다. 예를 들면, 버드나무는 살리실산(아스피린)을 만드는 재료이고 디기탈리스라는 심장 치료제는 디기탈리스라고 하는 식물을 원재료로 한다. 당아욱을 우려내어 부어 오른 부위를 담그면 붓기가 빠지고, 뼈가 부러졌을 때 컴프리라고 하는 식물을 먹으면 도움이 된다.
동종 치료 요법	치료의 기운을 발산하는 '역동화'라고 부르는 특수한 과정을 통해 동물, 광물, 야채 등을 이용해 치료를 하는 방법을 일컫는다. '같은 것이 같은 것을 치료한다'는 원칙을 따르는 것이다. 만일 어떤 물질을 사용했을 때 부작용이 생기면, 그 물질을 소량만 사용하여 증상을 고칠 수 있다. 흔히 치료제로 사용하지 않는 것들을 치료에 많이 사용하는데 납, 뱀의 독, 비소, 달걀 노른자, 동물의 조직 등도 치료에 사용된다.
홍채 진단법	눈에 있는 홍채를 보고 병을 진단하는 방법이다. 색깔이나 모양의 미묘한 변화만 보고도 치료사는 건강 상태가 어떤지, 몸의 어느 부위가 아픈지, 해당 질병에 대해 이후에 애견이 어떤 성향을 갖게 될 지 알 수 있다.
운동 생리학	에너지장을 통해 내장과 연결되어 있는 근육에 어떤 문제가 있는지 알아보는 방법이다.
안마	자석을 이용해 혈액이 아픈 부위로 더 잘 흘러가도록 하여 빨리 치료되도록 하는 방법.
자석 치료	근육과 관절을 부드럽게 풀어주어 근육과 관절에 생긴 이상을 바로잡아 통증을 완화시켜주는 방법.
물리 치료	질병, 부상, 기형 등을 치료하기 위해 아픈 부위를 만져 주거나, 마사지를 해 주고, 운동을 시키며, 초음파 기계와 같은 특수한 기계를 사용하기도 하고, 증상에 맞춰 뜨겁거나 차가운 것을 갖다 대는 방법이다.
전자 심령 현상 연구	치료사가 애견에게서 조금 떨어져, 애견이 질병을 앓는 원인이 무엇인지 판단을 한 다음 (털 뭉치가 원인이라면 멀리서 지켜보면 털 뭉치가 보인다) 블랙 박스라고 불리는 특수 전자 기기를 이용해 치료 에너지 파장을 쏘아주는 것이다.
반사 요법	특정 관절 부위에 힘을 주어 질병이 있는 장기를 치료한다.
기 치료	아픈 부위에 손을 올려 치료하는 방법으로, 치료사의 몸에 있는 치료 기운이 아픈 사람, 혹은 동물에 전달된다. 이런 종류의 치료는 그 효과를 항상 장담할 수 있는 것은 아니지만, 암과 같이 치료할 수 없는 질병에 효과적이다. 그 효과는 애견에 따라 다르다.
마사지	부드럽고 반복적인 손동작으로 마사지를 해 주는 방법으로, 마사지를 통해 마사지를 받는 사람의 몸에서 뇌파를 생성하여 정신적, 신체적 치료를 돕는 것이다.

나이가 많은 애견 돌보기

애견은 나이가 들어도, 건강 상태만 좋다면 주인에게 훌륭한 친구가 되어줄 수 있으며, 강아지일 때와 마찬가지로 함께 어울릴 수 있다. 나이가 들면 반응이 예전만큼 민첩하지 않고 물어 오라고 장난감을 던져주어도 재빠르게 행동하지 못하지만 어렸을 때 느꼈던 즐거움을 여전히 느낄 수 있다.
나이가 많이 든 애견은 오랜 시간 동안 가만히 앉아서 조용히 쉬고 싶어 하지만, 그렇다고 해서 외면을 해서는 안 된다. 애견이 만족하고 최고의 행복을 느낄 수 있도록 해 주려면, 다음 체크리스트에 나오는 사항들이 필요하다.

Checklist

- ✓ 많은 사랑과 관심
- ✓ 항상 따뜻하게 보호해 주는 배려
- ✓ 손톱과 이빨에 대한 각별한 주의
- ✓ 식생활에 대한 세심한 배려
- ✓ 신체 상태에 따른 운동
- ✓ 털 관리 도와주기
- ✓ 1년에 두 번씩 건강 검진
- ✓ 화장실이아닌 곳에 배변을 보는 것에 대한 인내와 이해
- ✓ 변화 없는 일상생활
- ✓ 큰 변화가 없는 삶
- ✓ 충분한 잠

집에서 기르던 애견이 나이가 들어서 주인과 더 많은 시간을 함께 보내고 싶어 한다면, 충분히 관심을 기울여주고 사랑을 보여 주어야 한다. 필요하다면 밤에 잠자리를 주인과 같은 방으로 옮겨주어도 된다. 집에 사람이 없을 때 라디오를 낮은 소리로 틀어주면 덜 외로워한다.

나이가 들면 활동량이 줄어들기 때문에 살이 찌기가 쉽다. 살이 찌면 심장과 근육에 무리가 가기 때문에 항상 주의를 기울여야 한다. 마찬가지로, 특별한 이유 없이 식사를 잘 하지 않아 살이 급속하게 빠지는 경우도 있다.

노화의 징후

애견이 나이가 드는 징후를 알아차리기란 그리 어렵지 않다. 편하게 생활하려고 하고 잠을 자는 시간이 평소보다 많아진다. 움직임이 줄어들고, 시력이나 청력이 나빠지는 경우도 있다. 털이 검정색인 애견의 경우, 몸통 부분의 색깔에는 변화가 없지만 입 주위의 털이 회색빛으로 변하고, 눈 부위까지 회색으로 변하기도 한다.

생활 습관

가능하면 나이가 많은 애견이 즐거워할 수 있도록 맞추어 주는 것이 좋다. 애견이 이상한 행동을 보인다면 만성 질환이나 정신 질환으로 인한 경우가 많다(사람으로 치자면 알츠하이머 병이라고 볼 수 있는 뇌의 퇴화 현상이 나타나는 것이다). 예를 들어서, 이전에는 항상 깔끔하게 행동했던 애견도 가끔 화장실이 아닌 곳에 변을 보거나, 의자나 카펫 등을 더럽히기도 한다. 만약 이런 일이 발생하면, 실수를 해도 큰 문제가 되지 않는 곳에 애견을 두는 것이 좋다. 그렇다고 해서 애견을 가두어 두거나, 가족 가까이에 다가오지 못하게 해서는 안 된다. 이런 행동은 잔인하고 올바르지 못하다. 스스로 통제할 수 없는 행동상의 잘못으로 인해 애견을 혼내거나 실내에 있는 특정한 곳에 가까이 가지 못하도록 하는 것도 역시 올바르지 못하고 잔인하다.

애견이 활동적인 성향이 있고 몸이 건강하다면, '만약 애견이 운동을 하지 않게 된다면', '더 이상 운동을 할 수 없게 된다면' 등의 가정을 해 보고 평소와 다름없이 충분히 운동을 시켜주는 것이 좋다. 애견이 필요로 하는 것에 대해 충분히 관심을 갖고 지켜본다면 언제, 어느 정도로 조절을 하는 것이 좋을지 애견의 표정이나 행동을 통해 알 수 있게 된다.

만약 청력이나 시력이 예전 같지 않다고 하더라도, 애견은 여전히 삶을 즐길 수 있다. 그러나 애견의 상황에 맞추어 명령하는 법을 바꾸어서 애견이 주인이 원하는 바를 알아차릴 수 있도록 해야 한다. 시력을 잃어버린 애견에게는 박수를 쳐 주는 것이 도움이 되고 청력을 잃어버린 애견에게는 손이나 불빛 등을 이용하여 시각적인 신호를 보내주는 것이 도움이 된다.

휴가를 갈 때 애견을 관리하는 법은 102-103페이지에 나와 있다.

개에 관한 사실

노인과 마찬가지로, 나이가 많은 애견은 일상생활이나 삶이 변화가 일어나는 것을 싫어하며, 큰 변화가 생기면 적응을 잘 하지 못한다. 만약 변화가 일어날 수밖에 없는 상황이라면, 애견이 점차 적응할 수 있도록 배려해 주어야 한다.

식생활

나이 많은 애견을 위해 특수 제조된 먹이를 주는 것이 좋다. 이런 먹이에는 나이가 많은 애견이 최상의 상태를 유지하기 위해 필요로 하는 모든 영양 성분이 들어 있으며, 노쇠로 인한 증상을 완화시켜주거나 지연시켜주는 역할도 한다. 나이가 많은 애견은 간과 관련된 질환을 앓게 될 가능성이 크므로 단백질의 함량이 낮은 식단을 제공해 주는 것이 좋다. 애견에게 줄 음식에 관한 자세한 정보는 의사에게 문의하는 것이 좋다. 나이가 든 애견은 이전과는 달리 주어진 음식을 잘 지켜내지 못할 수도 있다. 따라서 만약 집에서 다른 애견도 함께 키우고 있다면, 나이 든 애견의 먹이를 빼앗아 먹거나 먹이를 먹고 있을 때 괴롭히거나 겁을 주어서 달아나게 하지 못하도록 가르쳐야 한다.

자주 받는 질문

Q 사람의 나이와 애견의 나이를 비교하면 어떻게 되나요?

A 애견의 종류에 따라서 평균 수명이 다르기 때문에, 종류에 따라 달라집니다. 평균적으로 보았을 때 애견이 한 살일 때, 사람으로 치면 14살 정도이며, 그 이후 한 살씩 먹을 때마다 7년씩 더하면 됩니다.

애견의 나이	사람의 나이
1	14
2	21
3	28
4	35
5	42
6	49
7	56
8	63
9	70
10	77
11	84
12	91

수의학이 발달하고 나이 든 애견을 위한 음식이 발달함에 따라 애견은 좀 더 오랜 기간 동안 행복한 삶을 살 수 있게 되어가고 있습니다. 일반적으로, 몸집이 작은 애견은 몸집이 큰 애견보다 더 오래 삽니다. 예를 들어서, 아이리시 울프하운드는 8~9년 밖에 살지 못하지만, 요크셔 테리어는 15살 때까지 건강하게 생활할 수 있습니다.

나이 든 애견의 시력과 청력이 제 기능을 하지 못하면 특정한 산책로에 익숙해지도록 하여 안전하고 편안하게 산책할 수 있도록 도와주어야 한다. 실내에서도 모든 것을 항상 같은 자리에 두어 머릿속에 그리고 있는 길을 따라 갈 수 있도록 하고, 길을 가다가 부딪히거나 다치지 않도록 한다.

흔한 질병

나이가 들면, 애견의 신체 조직도 쇠퇴하게 된다. 주인과 수의사가 모두 노력을 한다 하더라도 노화를 막을 수는 없으며, 예방할 수 있는 것이 아니다. 애견이 7세(덩치가 큰 종류는 5세)가 되면

이 사실을 아십니까?

나이 든 애견에서 자주 보이는 질환 중 하나는 '노인성 분리 불안'이라고 하는 것으로, 밤이 되어 식구들이 모두 잠들었을 때 주로 나타난다. 혼자 잠에서 깨어나서 불안해하면서 돌아다니게 된다. 극도의 불안감을 보이며 짖기도 하고 숨을 헐떡거리기도 한다. 심각한 경우, 주변에 배설을 하기도 한다. 사람으로 치자면 심각한 공황 증세와 비슷하다. 종양과 같이 이런 행동을 유발하는 특별한 원인이 없다면 약물을 이용해 애견의 불안을 치료하여 문제를 해결할 수 있다(대체 치료가 도움이 되는 경우도 있다). 한 가지 흥미로운 사실은, 어렸을 때 불안 증세를 보인 애견이 나이가 들어서도 유사한 증상을 보일 가능성이 높다는 것이다.

일 년에 두 번씩 병원에 데려가 정기 검진을 받도록 하여 질병이 생길 경우 조기에 발견할 수 있도록 해야 한다. 나이가 많은 애견이 걸리기 쉬운 질병들은 다음과 같다.
- 간 질환
- 관절 질환, 관절염
- 털과 피부 손상
- 소화 기능 약화로 인한 변비
- 이빨과 잇몸 질환
- 민첩성이 떨어져서 생기는 부상
- 체온 조절 기능 약화로 인한 감기
- 요실금
- 청력 손실
- 노쇠
- 시력, 청력 줄어
- 비만 관련 질환
- 식욕 감퇴
- 심장 질환

이런 질환이 나타나면 병원에 데려가야 한다. 일찍 데려가면 일찍 데려갈수록 성공적으로 치료를 할 수 있는 가능성이 커지며, 애견이 남은 삶을 좀 더 편하게 살 수 있다.

우정

원래 키우던 애견이 나이가 들면 새로운 새끼 강아지를 한 마리 더 기르려고 생각하는 사람들이 있다. 원래 키우던 애견의 성격과 본능에 따라 좋은 결정이 될 수도 있고, 나쁜 결정이 될 수도 있다. 만약 원래 키우던 애견이 새끼 강아지를 좋아한다면, 여생 동안 행복하게 지낼 수 있다. 그러나 만약 새끼 강아지를 좋아하지 않는다면, 집에 다른 애견을 데려오는 것을 몹시 못마땅해 하

유용한 정보

나이가 많은 애견을 돌볼 때에는 세심하게 주의를 기울여야 한다. 일 년에 두 번씩 병원에 데려가 건강 검진을 받도록 하여 질병이 생길 경우 빨리 치료할 수 있도록 해야 한다. 일부 병원에서는 나이가 많은 애견의 경우 진료하는데 더 많은 시간이 필요하다는 점을 인식하고 이들만을 위한 클리닉을 따로 운영하고 있다. 관절염 등으로 관절이 굳어져서 스스로 털을 관리하기가 힘들어지므로 털에 신경을 더 많이 써 주어야 한다. 특히, 꼬리와 같이 닿기 힘든 부분을 세심하게 관리해 주어야 한다. 만일 야외에서 정기적으로 운동을 하는 경우가 아니라면 주기적으로 발톱도 깎아 주어야 한다.

애견이 나이가 들면 이빨이 썩거나 약해지고 잇몸에 염증이 생기는 경우가 많다. 이런 상태가 되면 부드럽고 물기가 많은 먹이를 주어서 쉽게 먹을 수 있도록 해 주어야 한다. 애견의 이빨이 좋은 상태를 유지할 수 있도록 껌과 뼈(38-45페이지 참조) 등을 주는 것이 좋다.

여 우울해지고 소극적으로 변하고, 음식을 먹지 않을 수도 있으며, 심하면 병에 걸리기도 한다. 만약 집에서 그 동안 애견을 한 마리만 키우고 있으며, 이 애견이 다른 애견과 함께 생활한 적이 없다면, 다른 애견을 데려오지 않는 것이 좋다. 또 한 가지 고려해야 할 사항은 강아지는 나이가 들수록 나이가 많은 애견을 압도하려고 들 것이다. 그럴 경우, 나이가 많은 애견은 삶이 더욱 힘들어질 수도 있다.

헤어져야 할 시간

애견은 나이가 들수록 점점 더 잠을 많이 자게 되고, 몸을 움직이는 것을 싫어한다. 애견의 몸이 어느 정도는 변화가 있더라도 정상적으로 기능을 하면, 애견은 상당히 편안하게 생활할 수 있다. 방광과 장이 제 기능을 하지 못하게 되고, 다리를 움직일 때 고통스러워하면, 의사와 상담을 해야 한다. 이런 상황에 처했을 때 애견에게 해 줄 수 있는 가장 인간적인 도리는 애견이 고통 없이 위엄을 잃지 않고 죽을 수 있도록 안락사를 시켜주는 것이다 (애견의 죽음과 안락사에 대한 정보는 186-189페이지 참조).

애견의 죽음

함께 생활하던 동물이 죽거나, 죽음이 임박하면, 그 동물을 사랑하며, 키운 사람에게 상당한 영향을 미치게 된다. 많이 사랑했던 애완동물을 잃게 되는 것은 가족이나 친한 친구가 죽는 것과같다. 사람들은 각기 다른 방식으로 슬픔을 달래지만, 모두가 맞닥드리는 슬픔의 단계는 다음 체크리스트에 나오는 것과 같다.

Checklist
- ✓ 죽음에 대한 예견
- ✓ 충격
- ✓ 부인
- ✓ 분노
- ✓ 좌절
- ✓ 수용

왜 애견이 죽는가

애견이 죽는 이유는 다음 두 가지이다.

1. 사고나 질병으로 인한 갑작스러운 죽음
2. 사고를 당하거나, 나이가 들어서, 혹은 질병이 걸렸는데 치료 방법이 없거나, 애견의 삶의 질이 더욱 나빠질 것으로 보일 때 사용하는 방법인 안락사.

사고나 질병으로 인해 애견이 죽는 경우는 애견의 죽음을 받아들일 준비를 할 수 없기 때문에, 너무도 당연하게 커다란 충격으로 다가온다. 후자의 경우라면 받아들이기는 쉽지 않더라도, 어느 정도 마음의 준비를 할 수 있게 된다. 애완동물을 기르는 사람들은 애완동물이 죽으면 스스로를 비난하고, 자신이 다르게 행동했더라면 죽음을 막을 수 있었을지도 모른다고 생각하면서 비통해 한다. 이것은 아주 자연스러운 반응이다. 그러나 슬퍼한다고 해서 이미 일어난 일을 바꿀 수 있는 것은 아니다. 살아있는 사람을 위해서 가장 중요한 것은 사랑하는 애완동물과 함께 한 행복했던 시간들을 떠올리고 그 기억들을 소중하게 간직하는 것이다.

안락사

갑작스럽게 죽음을 맞는 것보다 안락사를 시키는 것이 가장 인도적인 방법이다. 자연스럽게 애견이 죽어야 할 때가 되었는데 삶을 억지로 연장시키면 애견이 고통스러울 뿐 아니라, 애견과 주인 모두에게 힘든 기억이 될 수 있다. 애견을 안락사를 시키는 과정에 대해서 읽는 것은 애견을 기르는 사람에게는 쉬운 일은 아니겠지만, 안락사를 시키는 방법에 대해서 이해하는데 도움이 된다.

우선, 수의사에게 먼저 이야기를 하고 집에서 안락사를 시키는 것이 좋을지 동물 병원에서 안락사를 시키는 것이 좋을지 결정해야 한다. 애견이 죽은 후 시체를 어떻게 처리할 것인지도 미리 이야기하는 것이 좋다. 의사와 주인이 서로 동의하면, 날짜를 정해야 한다. 이 때, 날짜를 너무 늦추면 아파하는 애견을 지켜보는 주인의 마음이 힘들 뿐 아니라 애견이 더 오래 고통을 받아야 하기 때문에, 가능한 빨리 날짜를 정하는 것이 좋다.

동물 병원에서

동물 병원이 조용한 날짜를 정하거나, 일반 고객이 이용하는 출입구와 다른 출입구를 이용해 대기실에서 기다리는 사람들과 부딪히지 않고 병원으로 들어가고 나올 수 있는 곳을 이용하는 것이 좋다. 기분이 혼란스럽고 스스로 운전을 할 수 있는 상황이 아닐 가능성이 크므로, 다른 사람에게 대신 운전해 줄 것을 부탁하

이 사실을 아십니까?

수의사들은 애완동물들을 안락사시키기는 하지만, 동물을 사랑하는 사람으로서, 주인들만큼이나 큰 고통을 느낀다. 특히, 안락사를 시키는 애완동물을 잘 알고 있는 경우라면 더욱 힘들어한다. 수의사가 안락사를 시킨다고 해서 애완동물의 죽음에 아무런 감정이 없는 것은 아니다. 의사들도 감정의 동요가 있지만, 그 동물을 위해서, 그리고 주인을 위해서 강인해져야 하는 것이다. 수의사들은 애완동물이 죽었을 때 주인이 얼마나 고통스러워하는지 예전보다 잘 이해하고 있으며, 이런 슬픔을 달래주는 방법도 훨씬 잘 알고 있다. 따라서 훨씬 세심하고 주인을 잘 배려하는 서비스를 제공해 준다.

는 것이 좋다. 애견을 안락사 시킨 후 다시 집으로 데려올 예정이라면, 담요를 준비해 가서 애견의 몸을 감싸주는 것이 좋다. 가능하면 동물 병원에 갔다가 올 때 편안하고, 스트레스를 받지 않고, 조용한 가운데 이동하는 것이 좋다. 애견이 죽는 모습을 볼 수 있다면, 마지막 순간에 함께 있어 주어도 된다. 만약 애견이 죽는 모습을 보는 것이 힘들다면, 의사와 간호사에게 부탁하는 것이 좋다. 주인이 몹시 힘들어하면, 애완동물도 힘들어하기 때문에, 애견이 죽을 때 평화롭지 못할 수도 있다.

집에서

집에서 안락사를 시키면 비용은 더 많이 들지만, 병원까지 갈 수 없거나, 애견이 너무 아파서 움직일 수 없거나, 애견이 자동차를 타고 이동하는 것을 힘들어하거나, 좀 더 편안하고 익숙한 곳에서 안락사를 시키는 것이 좋다고 생각한다면 집에서 하는 것이 좋다. 수의사와 간호사에게 참석해 줄 것을 요청해야 한다. 간호사는 필요한 조치를 할 수 있도록 도움을 주고, 주인과 애견이 모두 차분하게 행동할 수 있도록 해 주어, 안락사 절차를 가능한 침착하게 치를할 수 있도록 해 준다.

안락사를 시키는 날에도, 평소와 똑같이 하루를 보낼 수 있도록 해 주어야 한다. 그러나 애견이 싫어하지 않으면, 평소보다 더 세심하게 케어를 하고 많이 안아주어야 한다. 애견은 왜 주인이 평소보다 더 많이 애정을 보이는지 알지 못할 수도 있지만, 그렇다 하더라도 더 아껴주는 것이 좋다. 더 많이 애정을 보이고 안아주면 남은 시간을 더욱 소중하게 보낼 수 있을 뿐 아니라, 한결 기분이 나아진다.

안락사 과정

적절하게 시행하면, 안락사는 매우 빠르고 고통 없이 끝난다. 애견이 매우 힘들어하거나, 애견을 다루거나 제어하기가 힘들면 의사가 안정제를 주사한다. 한 쪽 앞다리의 털을 깎아서 혈관을 찾는다. 마취제를 이 혈관에 주사하면 애견이 졸음을 느끼고 의식을 잃고 곧 죽는다. 다리에서 혈관을 찾기가 어려우면 심장이나 신장에 바로 주사를 주기도 한다. 이런 상황이 되면, 주인은 차

개에 관한 사실

애견을 보내주어야 할 때가 되었는데도 그 사실을 받아들이지 못하고 미루기만 하는 사람들이 있다. 이런 행동은 이해는 되지만, 결국 해야 할 일을 미루는 것에 지나지 않는다. 애견을 진정으로 사랑하는 주인이라면 자신보다 애견의 행복을 더 중요하게 여겨야 한다. 자신이 얼마나 큰 아픔을 느끼고 있든, 애견이 덜 고통 받을 수 있도록 배려해야 하는 것이다.

애견을 잃어버리는 슬픔을 감당하기는 힘들겠지만 고통 받고 있는 애견이 더 이상 힘들어하지 않도록 도와줄 수 있는 가장 좋은 방법이 애견을 안락사를 시키는 것이라는 사실을 받아들여야 한다.

분하고 효과적으로 애견을 붙들고 있는 것을 힘들어 할 수도 있다. 이 때, 노련한 간호사가 애견을 다루고, 차분하게 안락사 과정을 이끌어 나가면 큰 도움이 된다.

안락사를 시킨 후

주인이 원한다면, 의사가 애견의 시체를 처분한다. 주인의 바람에 따라 묻어주기도 하고 화장을 하기도 한다. 애완동물의 사체를 집으로 가져갈 수 있는 곳이라면, 집으로 데려와 정원에 묻어주어도 된다. 무덤의 깊이는 1m 정도가 적당하며 물이 흐르는 곳에서 멀리 떨어진 곳에 묻어야 한다(지역 환경 단체어 연락하면 정보를 얻을 수 있다). 애완동물을 위한 묘지에 묻을 계획이라면, 직접 연락하여 비용 등에 대한 정보를 얻을 수 있다.

슬픔

애완동물이 죽은 후에 슬픔을 느끼는 것이 치유 과정 중 가장 중요한 부분이라는 것을 깨닫는 것이 중요하다. 얼마나 오래 슬퍼하는지 그 시간이 정해져 있는 것은 아니다. 다른 사람들보다 좀더 쉽게 죽음을 받아들이고 회복하는 사람도 있고, 여러 달, 심지어 여러 해가 흘러도 충격에서 벗어나지 못하는 사람이 있다. 오랫동안 슬픔에 빠져 있는 것도 정상적인 것이다. 슬픔이 얼마나 오래 지속되던 간에, 슬퍼하고 싶을 때 슬픔을 느끼는 것을 두려워할 필요는 없다. 슬픔을 숨기고 자꾸 삼키면 정신적, 신체적 건강에 나쁜 영향을 주게 된다.

가장 필요할 때 도움을 주어라

애견을 잃은 슬픔에서 벗어났다고 생각했는데도 예기치 못한 순간에 다시 슬픔이 찾아오기도 하고 다시 슬픈 감정에 휩싸이기도 한다. 가령, 무언가 애견의 기억을 떠올리게 하면 다시 슬픔에 잠기는 것이다. 이런 감정 또한 정상이다. 그러나 필요할 때 가족이나 친구에게 기대는 것을 두려워해서는 안 된다. 또한 전화나 편지, 이메일 등을 통해서 애완동물을 잃은 후에 느끼는 슬픔에 대한 카운슬링 서비스를 활용하는 것도 좋은 방법이다(동물 보호 단체나 애완동물보험회사에서 이런 서비스를 많이 제공하고 있다). 만약 참을 수 없는 정도의 슬픔이 생각했던 것보다 훨씬 오래 지속되면 이런 감정을 이해하는 의사를 찾아가는 것도 좋은 방법이다. 슬픔이 오래 지속되면, 끝없는 슬픔을 줄여나가고 다시 정상적으로 생활할 수 있도록 또 다른 카운슬링을 받거나, 처방약을 복용할 수도 있다. 슬픈 감정을 공유하고 이해하는 전문 상담사를 만나서 카운슬링을 받으면 도움이 된다.

아이들과 애견

나이에 따라, 아이들은 애견의 죽음에 다르게 반응한다. 대부분의 아이들은 애완동물의 죽음을 지켜보면서 처음으로 죽음이라고 하는 불가피한 삶의 한 부분을 관찰하게 되는 것이다. 부모가 사랑하던 사람이나 애완동물을 잃었을 때 그 슬픔에 대해 상담을 해주는 전문가를 만나서 아이들이 애완동물의 죽음을 어떻게 받아들이도록 하고, 어떻게 설명해 주는 것이 좋은지 물어보는 것이 좋다. 제 삼자의 이런 도움은 아이에게 더할 나위 없이 소중하다.

아이들이라고 해서 애완동물이 죽었을 때 덜 슬퍼하는 것이 아니다. 어린 시절에 아끼던 애완동물이 죽는 것을 지켜보면 아이들의 행동, 건강, 학습 능력, 사회화 등 여러 가지 측면에 오랫동안 영향을 주게 된다. 애견이 죽었을 때, 아이들에게 애견이 잠이 든 것이라고 얘기하면 안된다. 그럴 경우, 아이들이 그릇된 희망을 가질 수도 있다. 아이들은 부모가 애견이 잠이 든 것이라고 이야기하면 언젠가 다시 일어나 돌아올 것이라고 믿을 수도 있다.

아이의 나이와 정신 상태에 따라 애견이 죽은 후 그 시체를 보여줄 것인지 결정하는 것이 좋다. 노련한 상담가에게 문의하면 가장 좋은 방법을 알려줄 것이다.

함께 살았던 다른 애완동물의 슬픔

애완동물이 죽었을 때 애완 동물을 길렀던 주인만이 슬퍼하는 것은 아니다. 한 집에서 함께 생활했던 다른 애완동물들도 슬퍼한다. 함께 살았던 다른 애완동물들에게 이미 죽은 동물의 시체를 보여주고 죽음을 받아들이도록 하고, 작별 인사를 할 수 있도록 하는 사람도 있다. 가장 좋은 방법은 남아 있는 애완동물이 예전처럼 일상생활을 할 수 있도록 하고, 애완동물들 사이에서 새로운 위계질서를 잡아가도록 해 주어야 한다. 애완동물이 죽은 지 얼마 안 되는 상황에서, 겨우 평정을 찾은 일상 속에 새로운 동물을 한 마리 더 데려와 문제를 일으키는 것은 좋지 않다.

유용한 정보

애견의 무덤을 만들고, 비석, 나무, 관목, 식물 등을 이용해 애견이 어디에 있는지, 애견이 생전에 어떠했는지를 표시해 두면 치료에 도움이 된다. 애견 생각에 슬플 때 찾아가서 눈물을 흘릴 곳이 있고, 슬픔이 어느 정도 가라앉으면 기쁜 마음으로 애견을 찾아갈 수 있는 곳이 생기는 것이다. 혹은, 자신이 길렀던 애견의 일생을 기리며 동물 구조 단체에 일년에 한 번씩, 혹은 한 번 정도 기부를 하는 것도 좋은 방법이다. 애견 잡지에 부고를 싣거나, 애견의 부고를 실을 수 있도록 만들어진 웹사이트에 알리는 것도 좋은 방법이다. 검색 엔진에서 '애견을 잃어버린 사람들의 모임'이라고 치면 여러 개의 사이트를 찾을 수 있다.

건강 관리

새로운 애견을 기를 때가 되었다는 생각이 들면, 동물 보호 단체에 가면 좋은 주인을 기다리고 있는 애견들이 많이 있다는 사실을 조심해야 한다.

자주 받는 질문

Q 저는 나이가 많습니다. 그래서 제가 애견보다 먼저 죽으면 애견이 어떻게 될 지 걱정이 됩니다. 만약 제가 먼저 죽더라도 애견이 제대로 보살핌을 받을 수 있도록 하려면 어떻게 해야 하나요?

A 건강이 좋지 않은 노인들이나 애견보다 자신이 먼저 죽을 것이라는 것을 알고 있는 사람들은 이런 문제에 대해서 많이 걱정을 합니다. 만약 애견을 계속 돌봐줄 수 있는 친척이 없다면, 동물 보호소에 연락을 하면 책임을 다해 애견을 키워줄 집을 찾아 원래 주인이 동의하면 그 집에서 키울 수 있도록 조치를 취해 줍니다. 죽은 후에 이런 절차가 이루어지도록 하려면, 애견을 키우던 주인 혹은 대리인이 보호소에 연락해 그 전에 준비해 두어야 할 것들을 미리 챙겨 두어야 합니다. 미리 준비를 해 두어야만 주인이 죽은 후에 애견이 보호소나 새 집으로 갔을 때 받을 스트레스와 혼란을 줄일 수 있습니다.

유용한 정보

애견이 죽은 후, 집에서 기르던 애완동물들에게 도움이 될 거라는 막연한 생각만으로 새로운 애견을 데려오는 것은 좋지 않다. 새로 데려 온 애견과 성공적으로 잘 어울리는 경우도 있지만, 나머지 애완 동물들이 새로운 애견을 침입자로 간주하는 경우도 많다. 새로운 애견을 한 마리 더 기르고 싶다면 감정적으로, 신체적으로 새로운 식구를 준비가 되었는지 생각해 보아야 한다.

찾아보기

ㄱ
가구에 올라가기 126
가축 76
간질 175-176
감전 160
강박적인 행동 63
강아지 20-21, 24-25, 94-97, 153
　먹이(급식) 43, 44, 95
　우유 먹이기 152
　젖 떼기 152
　집에 데려오기 54
　훈련 112-115
개를 잃어버렸을 때 53
개선충증 171
건강 28-29, 80, 90-91
　보완 치료 178-181
　약 먹이기 142-143
　응급 처치 37, 156-163
　자주 생기는 질병 165-177, 184-185
　점검 57, 93, 140-143
　피부색 135
건독 15, 16
겁먹었을 때 60
경계할 때 61
경련 161
고창 166-167
골격 130-131
공격성 60, 61, 70, 86
관심 끌기 49, 63, 126-127
관절염 170-171
교배종 13-14
교통사고 160
구강 위생 97, 139, 140
구걸하기 63
구조 센터 25, 26
구토 168

ㄴ
귀 101, 138, 141
　귀 자르기 15
　귀 진드기 173
근육계 131
길게 소리내기 62, 68
길들이기 66-67
꼬리 자르기 15
꼬리 흔들기 69, 71

ㄴ
나이가 많이 든 애견 26, 182-185
난소 제거 수술 145, 146
뇌쇠 177
노화의 징후 183
놀이시간 49, 52, 61, 72, 88-89, 95
놀이 훈련 113
눈 101, 136, 141, 164-165
늑대 64-65

ㄷ
다른 애견 소개하기 56, 83
다리를 절 때 162
다친 애견 87, 159
단백질 39
당뇨 167-168
도로에서의 안전 123
독극물 50-51, 159-160
동물 복지 기관 25
되돌아오기 훈련 117
두꺼비 독 51
두드리기 86
두 번째 애견 82-83
뒤쫓기 70
디스템퍼 175
땅파기 70
떠돌이 개 25-26
뛰어오르기 115

ㄹ
렙토스피라병 175

ㅁ
막대 51
만지기 86
맥박 90
머무르기 훈련 119
먹이 38-45, 95
　나이 많은 애견 184
　알레르기 172
　풀이나 배설물 먹기 72
　훈련용 먹이 110
먹이 그릇 30
명령 86, 108-109, 117-122
목걸이 33, 90, 111, 112
목 둘레를 감싸는 체인 34
목양견 15, 16
목욕 98, 101
몸을 낮추고 구르기 120
물 30, 39, 72
물기 107, 160-161
　물기 놀이 115
물약 143
물어뜯기 127
물어오기 122
물에 빠졌을 때 161
미각 139
미네랄 39
민첩성 훈련 77

ㅂ
바디 랭귀지 60-63, 68, 69, 71, 73
바이러스성 간염 176
밥그릇(먹이 그릇) 30
방광염 174
배달하는 사람들 75
배변 73, 124
배변 훈련 114
배설물 70, 72, 90, 137
배설물 집게 30
백선 172
뱀에게 물린 경우 51
벌 81
벼룩 93, 142

변비 174
보상 95, 108, 109, 118
　음식 훈련 108, 109, 115, 120
　훈련용 먹이 110
보완 치료 178-181
보육 시설 77, 102
보험 47, 97
복종 62
부스럼 174
분노의 전이 22
분양 비용 25, 82
불꽃놀이 92
붕대 162
브리더(사육사) 25
비만 40, 90, 177
비수렵견 ☞ 실용견
비타민 39-40
빳빳이 세운 꼬리 69
뼈 43, 70, 130-131
　뼈가 부러졌을 때 160

ㅅ

사냥하기 66, 70
사람과의 접촉 75
사람의 얼굴을 핥는 것 71
사역견 16
사육사 ☞ 브리더
사회화 49-50, 74-75, 94, 124
산고와 출산 149-151
산책(걷기) 10-11, 56-57, 117
　운동 장애 176-177
상동증 63
상처 162
생명 징후 91
생활공간 47, 86
생활 습관 183
생활양식 12-13, 18-19, 48
서열과 관련된 행동 69-70
설사 169
섬유질 40
성장의 단계 154-155
성적인 성숙 148

소변보기 73, 90, 124
　요실금 166
소유 행동 68-69
소화계 134
쇼크 162
수명(애견의) 81
수의사 47, 76, 141
순종 13-17, 27
순종견의 특성 15-16
순환계 133, 158-159
시력 손상 164
신장 질환 176
신축성 있는 애견 줄 34
실내 환경 46-47
　실내에서의 안전 51-52
실내에서의 행동 훈련 124-125
실용견 16
심근증 176
쓰레기통 뒤지기 72-73

ㅇ

아이들과 애견 11, 13, 21, 88-89
　애견의 죽음 188
아이와 애견 23
안락사 185, 186-187
안전 50-52, 88, 106-107, 123
앉기 명령 118
알레르기 17, 172
알약 143
애견 들어올리는 법 87, 159
애견을 돌보는 사람 102
애견의 유래 65
애견 재분양 81
애견 집 35-36
애견 품평회 27
애완견 15, 16, 17
애완동물 가게 25, 26
약 먹이기 142-143
어울림(애견간의) 82
엉킨 털 101
영양소 38-40, 44
예방접종 97, 143

요실금 166
우리(애견 집) 35-36, 37
운동 장애 176-177
유대감 형성하기 83
유루증 165
유방암 174
유선염 152
위생 45, 72, 89, 97, 139, 140
위 확장증 175
으르렁거리기 68
음식 훈련 108, 109, 115, 120
응급 처치 37, 156-163
의사소통(목소리를 통한) 86, 108-109, 117-122
의사소통(행동을 통한) 86
이름표 33
이빨 97, 139, 140
이상 눈물 생성 165
이염 172
일사병 170
임신 149, 155
입 101, 139, 140, 165
입 언저리를 핥을 때 62

ㅈ

자간 151
자동차 여행 55, 77, 102-103
자세(애견의) 68, 69, 71, 73
잠(수면) 63, 71-72
잠자리 30-32, 55
잡종 13-14, 21
장난감 32, 48-49, 57, 102-103
장염 169
점검 57, 93, 140-143
정소 제거 146
정원에서의 안전 50-51
죽음(애견의) 186-189
줄(가죽끈) 33-34, 111, 112-113, 116-117
중성화 수술 21, 144-147
지루성 피부염 171
지루함 48
지방 40

진드기 142
질식 161
짖기 53, 62, 68

ㅊ
천식 17
청각 138
체벌 95-96
체중 42
　비만 40, 90, 177
초콜릿 44
촉각 139
치주 질환 165
칭찬 ☞ 보상

ㅋ
칼로리 40, 42-43
케늘(애견 집) 37
케늘 코프 167
코 137, 141

콩 장난감 48
크레이트 35-36, 114
쿵쿵거리기 61, 70

ㅌ
탄수화물 39
탈모증 171
털 135
　털갈이 100
　털 관리하기 36, 77, 96-97, 98-101
　털의 종류 99
　털이 엉킬 때 101
털갈이 100
털 관리하기 36, 77, 96-97, 98-101
털의 종류 99
테리어 15, 16

ㅍ
파르보바이러스 장염 173
파티 92

풀 72
풀을 긁어대기 73
피부 135
피임 147

ㅎ
하운드 15, 16
하품하기 62
항문낭 질병 166
해외여행(애견과 함께) 103
해충(벌레) 89, 93, 97, 142, 172
행동상의 문제 125
행방불명된 애견 53
헐떡거리기 132
호흡 91, 132, 158, 167
혹 174
화상 159
후각 137
휴가 22-23, 102-103

도움을 주신 분들

Executive Editor Trevor Davies
Managing Editor Clare Churly
Executive Art Editor Leigh Jones
Designer Jo Tapper
Picture Library Assistant Luzia Strohmayer
Senior Production Controller Manjit Sihra

Photographic Acknowledgements in Source Order

Ardea/John Daniels 5 top right, 8 left, 8 bottom right, 12, 24, 128 bottom, 148, 149, 151, 184
Bruce Coleman Collection/Jane Burton 129 top left, 152
Corbis UK Ltd/George Lepp 142 centre/Touhig Sion 177/Jean-Bernard Vernier 51 top
Frank Lane Picture Agency/Foto Natura 18 bottom right, 77 bottom, 187/Gerard Lacz 58 bottom right, 62 bottom left/Minden Pictures 51 bottom/Martin B Withers 169
Family Life Picture Library/Angela Hampton 29, 142 top, 170 bottom, 172
Getty Images/Deborah Gilbert 38
NHPA/Susanne Danegger 9 bottom left, 49
/E A Janes 84 bottom right, 97 bottom

Octopus Publishing Group Limited 32 top, 66, 101 bottom, 167/Jane Burton 1, 2-3, 154, 155, 156, 157/Stephen Conroy 44/Steve Gorton 50, 54, 55, 58 top right, 59 top left, 59 top right, 60 bottom right, 60 bottom left, 61 top centre, 61 top left, 61 top right, 61 bottom right, 61 bottom left, 62 top, 62 bottom right, 63 top left, 63 top right, 63 bottom, 65, 67, 70, 71 bottom, 82 top, 82 bottom, 89 top, 91 bottom, 124, 129 top right, 137, 139, 145, 185/Rosie Hyde 4, 5 bottom right, 5 bottom left, 7 top right, 7 bottom right, 7 bottom left, 9 top right, 23, 28, 36 bottom, 43 top, 57, 62 centre left, 62 centre right, 68, 84 top right, 85 top left, 85 top right, 85 bottom left, 90, 92, 94, 95, 97 top, 100 left, 100 right, 101 top left, 101 top right, 104 left, 104 top right, 107, 110 left, 112, 113 bottom, 138, 147, 153, 162/Rosie Hyde/ Stonehenge Veterinary Hospital 168 top, 171 /Ray Moller 14 top, 15, 17, 18, 46/Angus Murray 5 centre right, 6, 7 top left, 8 top right, 9 top left, 10, 14 centre, 14 bottom, 21, 30, 31, 32 bottom, 33 top, 34, 35, 37, 39, 42, 45, 47, 48 top right, 48 bottom right, 59 bottom left, 60 top left, 60 top right, 62 centre, 71 top, 72, 73, 74, 75, 81, 84 left, 85 bottom right, 86, 87 left, 87 right, 87 centre, 88, 89 bottom, 91 top, 96, 104 bottom right, 105 top left, 105 top right, 105 bottom right, 105 bottom left, 108, 109, 110 right, 111 left, 111 right, 113 top, 114, 114 right, 115, 116 left, 116 right, 116 centre, 117 left, 117 right, 118 left, 118 right, 118 centre, 119 top left, 119 top right, 119 bottom right, 119 bottom left, 120 left, 120 right, 120 centre, 121 top left, 121 top right, 121 bottom right, 121 bottom left, 122 top, 122 centre, 122 bottom, 123 top, 123 bottom right, 123 bottom left, 123 bottom centre, 125 left, 125 right, 126 top, 126 bottom right, 126 bottom left, 127 top left, 127 top right, 127 bottom right, 127 bottom left, 127 bottom centre
/Tim Ridley 5, 11, 22, 26, 33 bottom, 48 left, 52, 53, 58, 76, 77 top, 80, 83, 103, 106, 182, 189
/L Wickenden 36 top, 40 top, 40 centre, 40 bottom
RSPCA Photolibrary/David Dalton 9 bottom right, 27/Cheryl A Ertelt 159, 164/Angela Hampton 141/Robert Jones 170 top/Nikita Ovsyanikov 64/Tim Sambrook 102/Colin Seddon 144
Shoot Photographic/John Daniels 43 bottom, 69, 128 top, 140, 142 bottom, 183
Solitaire Photographic/Angela Rixon 129 bottom right, 129 bottom left, 165, 173
Warren Photographic/Jane Burton 13, 93, 158, 160 top, 160 centre left, 160 bottom left, 161, 168 bottom, 174, 178
Your Dog Magazine 179